清华
汇智文库
QINGHUA
HUIZHI WENKU

聚学术精粹·汇天下智慧

清華汇智文库
QINGHUA HUIZHI WENKU

危险品运输车辆路径优化

理论与方法

| 张　萌　王能民　何正文◎著

清華大學出版社
北　京

图书在版编目（CIP）数据

危险品运输车辆路径优化：理论与方法 / 张萌，王能民，何正文著. —北京：清华大学出版社，2020.7

（清华汇智文库）

ISBN 978-7-302-55818-7

Ⅰ. ①危…　Ⅱ. ①张…　②王…　③何…　Ⅲ. ①公路运输－危险货物运输－交通运输安全－研究　Ⅳ. ① U492.8

中国版本图书馆 CIP 数据核字 (2020) 第 110932 号

责任编辑：吴　雷
封面设计：李伯骥
版式设计：方加青
责任校对：王荣静
责任印制：宋　林

出版发行：清华大学出版社
网　　址：http://www.tup.com.cn，http://www.wqbook.com
地　　址：北京清华大学学研大厦 A 座　　**邮　　编：**100084
社 总 机：010-62770175　　**邮　　购：**010-62786544
投稿与读者服务：010-62776969，c-service@tup.tsinghua.edu.cn
质 量 反 馈：010-62772015，zhiliang@tup.tsinghua.edu.cn
印 装 者：三河市少明印务有限公司
经　　销：全国新华书店
开　　本：170mm×240mm　　**印　张：**12　　**插　页：**1　　**字　数：**202 千字
版　　次：2020 年 7 月第 1 版　　**印　次：**2020 年 7 月第 1 次印刷
定　　价：89.00 元

产品编号：087260-01

序 一

习近平总书记在中共十八届五中全会强调，实现“十三五”时期发展目标，破解发展难题，厚植发展优势，必须牢固树立并切实贯彻“创新、协调、绿色、开放、共享”的发展理念。绿色发展是“五大发展理念”中的重要组成，建立绿色低碳循环发展产业体系是基于中国当前现实背景下的新要求。

企业污染是环境污染源的主要组成，由于企业长期以来采取高投入、高消耗的增长模式，在此模式下“绿色”与“增长”两者处于失衡的状态，即为了“增长”放弃了“绿色”，导致了人口、资源与环境三者的矛盾日益突出，威胁到人类赖以生存的空气、土地、水资源。中国经济发展进入新常态，需求侧和供给侧都发生了重大变化，企业增长模式转型是供给侧改革的重要基础。互联网信息技术的迅猛发展和快速普及使得企业所面临的经营环境产生了新的变化，企业发展面临前所未有的挑战。企业原有的增长模式已不能满足快速发展的需要，新技术、新业态、新商业模式驱动企业重构其增长模式与价值链，实现绿色转型。企业实施绿色增长模式实现可持续运营，对企业践行绿色发展理念、实现环境友好，具有重要的现实意义。

基于这一现实需求，王能民团队从企业绿色增长模式与价值链重构的理论体系和实际需求出发，撰写了“企业绿色增长”系列专著。王能民教授自2000年开始，投身绿色 / 闭环供应链管理的研究，长期从事可持续运营与管理领域的教学和科研工作，从理论上探讨企业如何实现绿色与可持续运营，基于中国情景发现其影响因素及运行机理，同时将理论与业界实践相结合，其研究成果在企业运营中得到了有效应用，取得了经济、环境、社会三方共赢。王能民教授主持了包括国家自然科学基金重点项目在内的国家级基金项目 6 项，其研究成果在 IEEE TEM、EJOR、IJPR、IPJE 等国际主流期刊上发表了近 50 余篇，获得了省部级奖励 11 项。这套专著系列是其团队依托国家自然科学基金重点项目“企业绿色增长模式与价值链重构”的阶段性研究成果，具有较高的理论创新和实践应用价值。

这套系列专著中已经撰写完成的《企业绿色增长模式与价值链重构》一书探讨了本土企业如何实现“绿色”与“增长”的协同，以实现从劳动力和资源驱动到创新驱动的转型与升级；涵盖了企业绿色增长模式与价值链重构的内涵特征与演变规律、决策优化、驱动力与协调机制、绩效提升路径、政策创新等各个方面的内容；从理论上回答了企业绿色增长模式的理论内涵、系统框架、运营规律，是目前国内外学术界关于企业绿色增长模式的首次系统论述，可为企业实现绿色增长模式提供理论指导和决策支持。《再制造集成物流网络优化：理论与方法》一书系统整理了再制造集成物流网络优化和设计的相关理论和优化方法，以及不同实践模式下的物流网络优化设计问题和企业实践中的典型案例；从理论上回答了企业绿色增长模式的具体实现途径，即再制造模式以及新业态如电子商务模式条件下，集成物流网络的设计需要考虑的关键因素及其相互影响的规律，以及如何实现全局优化以提升供应链上的环境友好和经济绩效。该研究成果可为企业实现再制造提供理论指导、具体方法与工具。《危险品运输车辆路径优化：理论与方法》一书，从绿色运营出发，抓住企业绿色增长模式中关键环节之一即危险品运输问题，以实现安全运输和经济运输为目标，梳理了危险品运输车辆路径优化从研究背景到理论基础与研究进展，从风险和成本双目标出发研究了危险品运输车辆路径优化的基本问题，在此基础上研究不同实际情景下接近危险品运输实际运营的复杂问题，同时将研究成果应用到业界实践；该成果从理论上扩展了危险品运输领域的研究成果，可为企业绿色安全运营提供方法支持。

这套系列专著出版，是王能民团队认真践行绿色发展理念的具体行动。该研究成果具有前沿性和开拓性，抓住了业界最新发展的业态与模式，结合绿色发展的理念，在理论上探讨和回答了企业绿色增长模式运营的规律，以及具体实现的途径，拓展和发展了可持续运营领域的研究成果。此外，该研究成果理论性与实践性兼备，在理论上发展和丰富了企业增长模式的成果，较为系统和完整地提出企业绿色增长模式的理论框架，抓住企业绿色增长运营的关键点，从运营层面研究了企业如何推动和实施绿色增长模式，有关再制造集成物流网络优化、危险品运输的车辆路径等方面的成果可为企业实践绿色增长模式提供方法支持。总之，本书适合作为该领域研究者的参考书，亦可作为企业从业者和政府相关部门管理人员的参考资料。该系列专著为企业绿色增长模式与价值链重构领域的发展做出了一定的贡献。

欧阳晓平

中国工程院院士、能源学部副主任

2020 年 5 月 9 日于西安

序 二

随着环境问题日益突出，各国政府日益认识到地球生态环境的极度脆弱以及环境污染对人类可持续发展的严重威胁。企业如何实现从“绿色”与“增长”对立到“绿色”与“增长”协同、从劳动力和资源驱动到创新驱动的转型与升级，是我国现在亟待解决的问题。绿色增长和发展得到了学界和业界的高度关注，学界不少学者从企业、供应链、政府、社会组织等不同视角研究了绿色增长和发展的理论问题，形成了一系列科研成果；业界不少著名企业如光大国际等开始了绿色增长和发展的实践，形成了可持续运营与管理的新业态与新模式，在提升企业竞争力的同时实现了经济、环境、社会的多方共赢。

尽管学界和业界在可持续运营与管理领域里取得了巨大的成果，但目前仍不能完全解决企业决策者面临的实际问题，在理论上目前缺乏对企业绿色增长模式相关理论、方法与工具的系统总结，在业界中也缺乏对企业实施绿色增长和发展的新业态与新模式的经验总结。基于这一背景，王能民教授团队对其所承担的国家自然科学基金重点项目所取得的阶段性成果进行了总结，出版了这一套系列专著，为学界和业界提供参考，对推动绿色发展理念的实践、为业界提供中国绿色解决方案都具有积极意义。

可持续运营与管理是王能民教授团队的主要研究方向之一，王能民教授自2000 年始就开始持续从事该方面的研究，作为负责人承担了国家自然科学基金重点项目在内的国家级项目多项，在本领域科学研究、人才培养、社会服务等方面取得了可喜的成绩，得到了学术同行们的赞赏与认可。这次出版的系列专著是其团队对企业绿色增长模式与价值链重构的理论与方法的梳理，以及所从事科研工作的总结和拓展。

在该系列专著中，王能民教授团队将其最新的研究成果进行了归纳和总结。在《企业绿色增长模式与价值链重构》一书中，重点从企业绿色增长模式与价值链重构的系统内涵、运作规律、实施方法以及外部环境等角度，建立了企业绿色增长模式与价值链重构的理论与方法体系。在《再制造集成物流网络优化：理论与方法》中抓住再制造最新发展的业态与模式中物流网络中网络选址、库存管理、车辆路径优化等问题，从概念、模型、方法与决策等层面建立了再制造集成物流网络优化的理论与方法体系。在《危险品运输车辆路径优化：理论与方法》一书中，从安全运营的角度研究了企业运营中危险品运输的车辆路径优化问题，结合业界运营最新业态与模式的情景，提炼并建立了相应的适合业界运营实际情景的理论模型，并基于问题的性质建立了新的求解与决策方法体系。该系列专著的内容具有新颖性，有利于开拓研究者的视野，同时为业界实践绿色增长模式提供了方法支持。相信该系列专著的出版对促进企业绿色增长模式与价值链重构的相关研究和业界实施绿色运营具有积极的作用。

黄伟　讲席教授

国家特聘专家

南方科技大学商学院院长、西安交通大学客座教授

2020 年 5 月 10 日于深圳

序 三

随着国际竞争环境的变化和绿色消费理念的深入，绿色已经成为企业提高竞争力的重要手段。与此同时，经济、社会与环境三者矛盾的日益突出要求企业必须关注绿色化经营，重构价值链、实施绿色增长模式是企业实现绿色化转型的重要途径之一。国内外一批著名企业已经开始了卓有成效的绿色实践，取得了商业绩效、环境绩效、社会绩效的三方共赢，越来越多的企业认识到实施绿色发展理念可以更好地满足消费者对绿色的需求从而赢得市场，并且可以大幅度降低成本。

王能民教授长期从事绿色 / 闭环供应链等领域的研究工作，作为项目负责人承担了包括国家自然科学基金重点项目在内的国家级基金 6 项，其研究成果发表在 IEEE Tran. 等国际主流期刊上，其成果在光大国际、中石油等企业得到了有效应用，取得了良好的经济效益、环境效益和社会效益。本次出版的系列专著，是其团队承担的国家自然科学基金重点项目阶段性成果，具有重要的现实意义，对企业实施绿色增长模式具有一定的决策参考价值；同时在理论上有一定的创新性，拓展和发展了可持续运营与管理领域的研究成果。

王能民教授团队在这套系列专著的撰写过程中一直遵循“从实际抽象到理论，再从理论回归实际应用”的基本原则，强调理论与实践两者的融合。《企业绿色增长模式与价值链重构》一书按照“理论准备→理论分析与实证研究→政策建议→企业应用”的思路展开。《再制造集成物流网络优化：理论与方法》一书按照“理论基础→基本问题→基于不同回收模式的研究问题→企业应用”的思路展开。《危险品运输车辆路径优化：理论与方法》一书按照“理论基础和研究综述→基本问题→不同实际情景下的研究问题→危险品运输实践”的思路展开。

在这套专著中针对性地提炼了一系列具体的科学问题，并且对每个具体的科学问题都进行抽象、分解和细化，对不同的问题采用了相应的研究方法；对于复杂问题，也使用了博弈论、运筹与优化、统计与案例分析等多学科、多方法的集成，在研究方法上有所创新。这套系列专著内容具有系统性和深入性，形成了一个较为完备的知识体系，同时，这套系列专著在解决问题的同时也有利于建立系统的理论和方法，对于该领域的研究者有直接的帮助。相信本系列专著的出版，对于推动可持续运营与管理领域的研究、帮助企业有效实施绿色增长模式实现绿色转型，都有一定的积极作用。

朱庆华

上海交通大学安泰经济管理学院教授

2020 年 5 月 9 日于上海

序 四

为解决日益突出的环境问题，党中央提出把生态文明建设提高到与经济建设、政治建设、文化建设、社会建设同样重要的战略高度，政府出台了一系列法律法规来推动企业实施绿色增长。愈加严厉的环境管理制度要求企业实现绿色转型，在“增长”的同时必须保证环境友好；加之，参与国际竞争的企业也会面临各国政府一系列的绿色环保制度，绿色壁垒是企业参与国际竞争所必须面对和解决的问题。如何实现绿色转型是企业当前急需面对的问题。

基于这一背景，王能民教授团队依托其承担的国家自然科学基金重点项目的阶段性成果，撰写了这套企业绿色增长模式与价值链重构系列专著。王能民教授长期从事该领域的研究工作，这套专著中融入了王能民教授团队相关研究成果的核心思想与精华，包含一系列科学问题以及深入的理论分析。在理论分析的同时，这套系列专著也非常注重实践。王能民教授与多家国际知名企业如光大国际等保持着良好的合作关系，这套专著涉及的研究成果大多在企业中得到了应用。《企业绿色增长模式与价值链重构》一书分析了促进企业实施绿色增长模式的调控机制与政策创新，提出了推动企业实施绿色增长模式的措施、策略与政策建议；《再制造集成物流网络优化：理论与方法》一书收集了再制造集成物流网络的典型案例，研究了再制造集成物流网络优化方法，并且提出了一系列决策建议；《危险品运输车辆路径优化：理论与方法》一书整理了大量危险品运输事故的案例并分析了这些事故发生的主要原因和决策关键，给出了理论研究成果在实际路网上的应用，并且提出了一些管理启示和政策建议。

这套系列专著充分体现了内容的理论性和实践性，能够保证理论联系实际。相信这套系列专著既可以为相关领域的研究提供一些有价值的贡献，也可为面临变革挑战的企业和政府管理部门提供解决实际问题的决策支持。

车阿大　教授

西北工业大学管理学院院长

2020 年 5 月 10 日于西安

前言

资源、环境、人口三者矛盾日益突出，环境问题已成为全球可持续发展的关键，确保环境的可持续能力是联合国千年发展目标的重要内容。经济增长和绿色友好是经济增长模式需要平衡的关键，全球发展历程证明：为了追求经济增长而失去绿色友好、先发展后治理的模式并不具备可持续性，会导致环境恶化、治理成本高昂，绿色发展是全球政府、企业、社会组织、个人都十分重视的问题。习近平总书记高度重视绿色发展，指出“绿水青山就是金山银山”；党的十九大报告中也提出“加快生态文明体制改革，建设美丽中国”。

如何实施绿色发展、确保环境的可持续能力，是学界和业界持续关注的热点问题。企业是绿色发展的基础单元，实施绿色增长模式是建立竞争优势，获取商业绩效、环境绩效共赢的关键。笔者团队自2000年始，开始了绿色/闭环供应链、可持续运营与管理领域的研究，主要集中在绿色/闭环供应链的运营决策与优化等问题。团队之所以能在本研究领域得以坚持与探索，并取得一点成绩，要感谢很多方面。感谢教育部和国家自然科学基金委员会的支持，本团队的研究得到了国家自然科学基金重点项目“企业绿色增长模式与价值链重构”（71732006）的资助，为我们团队的研究提供了十分重要的帮助。感谢学界前辈和同仁的指导和支持，他们在理论前沿、研究规范、方法指导等众多方面给了团队全面的指导，为团队指明了前进的方向。感谢业界的支持和参与，在研究过程中，团队成员和光大国际等企业的同志展开了深入而卓有成效的交流，为团队了解现实需求、提炼科学问题提供了重要的支撑，同时还与光大国际等合作承担了联合国工作指南的任务，为全球范围内传播中国绿色发展方案发挥了一定的积极作用。

本次出版的系列专著即为国家自然科学基金重点项目“企业绿色增长模式与价值链重构”（71732006）阶段性的研究成果，是对我们团队前期研究的归纳和总结。《企业绿色增长模式与价值链重构》重点从概念内涵、系统体系、实施模式、运营环境等方面对企业绿色增长模式进行了较为系统与全面的研究，以便学界和业界全面了解企业绿色增长模式。《再制造集成物流网络优化：理论与方法》《危险品运输车辆路径优化：理论与方法》则从再制造与绿色安全等角度，从物流网络与车辆路径等具体运营决策问题出发，对企业实施绿色增长模式进行了较为深入的研究，为企业实施绿色增长模式提供了方法支持和决策参考。

本系列专著既可为可持续运营与管理领域的研究者提供参考，也可供业界实施绿色增长模式借鉴。由于我们团队研究水平和能力有限，加之在本系列专著中期望探索形成关于企业绿色增长模式较为完整的内容结构，不妥、欠成熟和错漏之处在所难免。恳请相关专家及广大读者批评指正，并积极提出建设性的意见，共同推进可持续运营与管理领域的学术研究，为业界实施绿色增长模式贡献力量。

王能民　教授

2020 年 5 月 18 日于西安

目 录

第1章 绪论

1.1 危险品运输车辆路径优化的背景和意义

在经济和社会快速发展的环境下，化工行业、石油能源行业等经济支柱产业的工业生产活动日益增多，对相关原材料和加工产品的需求量也在不断增加。据统计，全世界化工品的年产量已超过4亿吨，有8万余种化工品在市场上进行流通，其中有相当一部分都属于危险品。国际化学品安全规划署的统计数据显示，每年有1000～2000种新发现的化学品，它们中85%以上都具有危险性质。

危险品运输是实现危险品在不同地域之间位移、满足不同用户需求、保障供应链正常运转的重要环节，我国95%以上的危险品涉及异地运输。近年来，危险品运输迎来了快速发展，在我国每年通过道路运输的危险品超过10亿吨，占危险品运输总量的60%以上，占公路运输总量的30%以上，且呈现上升趋势；运输的危险化学品约有3 000多个品种，其中易燃易爆油品的运输量在1亿吨以上，液氯的运输量在400万吨以上，液氨的运输量在300万吨以上。2017年我国危险品全行业货物运输量已超过16亿吨，实现大于10%的年增长。数据显示，截至2017年6月，我国从事危险品运输的相关企业为10 928家，危险品运输车辆超过21万辆，总吨位超过220万吨。

危险品，如汽油、炸药、油漆等，不同于普通货物，具有易燃、易爆、毒害、腐蚀、放射性等危险性质，在运输、装卸、生产、使用、储存、保管过程中，能在一定的条件下引起燃烧、爆炸等现象。一旦危险品在运输过程中发生事故，会对事故地点附近的人员产生重大伤害并造成严重的财产损失。例如，易爆危险品一旦发生爆炸，会对运输路线造成严重危害，如损坏桥梁或隧道，有可能使得运输路线交通瘫痪，甚至造成重大的人员伤亡；运输剧毒危险品的车辆发生事故，有可能会导致剧毒危险品泄露到路段沿线的水域中，污染水资源，影响水域附近的居民生活和生产；带有放射性的危险品更是存在严重的长期潜在威胁，有可能危害运输路径沿线的居民区和名胜古迹等，一旦发生事故，会产生灾难性的后果。

伴随着危险品物流的高速发展，危险品运输过程中的事故层出不穷。2011 年 7 月京珠高速河南信阳段，一辆卧铺客车在行驶过程中突然发生爆燃，客车继续前行 145 米与道路中央护栏发生刮蹭后停车；该客车违法运输了 15 箱共 300 公斤的偶氮二异庚腈，属于易燃危险品；事故共造成 41 人死亡，6 人受伤，直接经济损失 2 342.06 万元。2014 年 7 月沪昆高速湖南邵阳段，一辆载有乙醇的轻型货车与前方的大型客车发生追尾，碰撞发生后，乙醇发生大量泄漏并起火燃烧，最终导致 5 辆车被烧毁；该轻型货车未取得危险品运输资质，非法加装可移动的塑料罐体用于运输乙醇；事故共造成 54 人死亡，6 人受伤，直接经济损失超过 5 300 万元。2015 年 1 月荣乌高速山东莱州段，因桥面结冰，一辆小型面包车侧滑失控，与此同时，在面包车后方的一辆重型罐式货车采取紧急避让措施并侧滑失控，该重型罐车与路中心护栏碰撞后停在快车道内，后方驶来的大型客车与罐车相撞，导致重型罐车所载的汽油发生泄漏，泄漏的汽油起火燃烧并顺桥面向西南方向漫延；事故共造成 12 人死亡，6 人受伤。发达国家也面对着危险品运输事故的威胁，根据美国交通部的统计数据，近年来，美国每年发生危险品运输事故 1 万多次，伤亡数百人并造成数千万美元的经济损失，如表 1-1 所示。危险品运输问题逐渐成为社会和公众关注的热点，在国务院印发的《道路交通安全“十三五”规划》中也强调了提高危险货物道路运输安全环保水平的重要性。

表 1-1　美国近年的危险品运输事故和损失

年　　份	危险品运输事故数	伤亡人数	经济损失（美元）
2009	14 818	201	6 800 余万

续表

年 份	危险品运输事故数	伤亡人数	经济损失（美元）
2010	14 799	169	7 100 余万
2011	15 029	165	12 500 余万
2012	15 446	185	7 800 余万
2013	16 058	171	8 700 余万
2014	17 408	163	8 200 余万
2015	16 859	390	10 800 余万
2016	18 287	182	7 900 余万
2017	17 491	153	6 900 余万
2018	19 866	148	11 400 余万
合计	166 061	1927	88 700 余万

资料来源：美国交通部网站（U.S. Department of Transportation）。

由于危险品的危险特性，在运输决策时，风险是一个必须考虑的重要因素。同时，车辆路径安排合理与否对于危险品运输的安全至关重要，如果缺少合理的车辆路径规划，很容易导致运输风险增大，危害危险品的运输活动。例如，江西省上饶县沙溪镇发生的事故，一辆载有 2.4 吨甲胺的槽罐车发生泄漏，造成 595 人中毒，37 人死亡，并且大面积污染了事故地附近的树木和农作物；事故车辆没有选择更安全的 320 国道，而是沿乡镇道路行驶，途中槽罐阀门损坏致使事故发生，对周边密集的居民和环境产生了严重的危害。

然而一般的车辆路径优化主要考虑成本的最小化，已无法满足危险品运输的实际需求，将风险纳入考虑范畴的危险品运输车辆路径优化就应运而生。伴随危险品运输量的日趋增大，危险品运输事故频发，且事故危害极大。在此背景下，如何在危险品的物流配送中综合考虑运输成本与运输风险，安全且高效地实现运输活动就成为一个重要的科学问题。学者们针对危险品运输开展了大量研究工作，并取得了诸多成果，危险品运输车辆路径优化已成为研究的热点之一。

研究危险品运输车辆路径优化，一方面可通过构建贴合实际的数学模型，以及设计有效的求解算法，弥补现有研究的不足或空白之处，拓展现有研究领域的理论成果；另一方面也可为危险品物流企业决策者选择车辆运输路径或为政府相关管理部门管理危险品运输提供理论依据和决策支持。

1.2 危险品运输车辆路径优化的研究内容和发展趋势

危险品运输车辆路径优化主要涉及危险品运输和车辆路径优化这两方面的研究内容，是二者结合的产物，可视为一种特殊货品运输的车辆路径优化问题。对于一般的车辆路径优化问题，常涉及 O-D（origin-destination）点对间的路径选择问题、车辆路径问题等研究问题；而危险品运输车辆路径优化需在上述研究问题中，将运输风险纳入决策的范畴。

一部分学者致力于研究如何度量危险品的运输风险，如 Erkut 等（2005）总结了 8 种常见的风险度量方式，包括传统风险、人口覆盖、事故率、感知风险、期望 - 方差风险、负效用风险、最小最大风险、条件风险。另一些学者则改进一般的车辆路径优化模型，这些研究成果主要集中于危险品运输路径选择问题和危险品运输车辆路径问题两个方面。在这些研究中，其一，通常是改造一般车辆路径优化问题的优化目标，改为对运输风险的考量；其二，同时考虑运输成本（通常可用运输时间等代替）最小和运输风险最小，研究多目标的车辆路径优化问题，如图 1-1 所示。

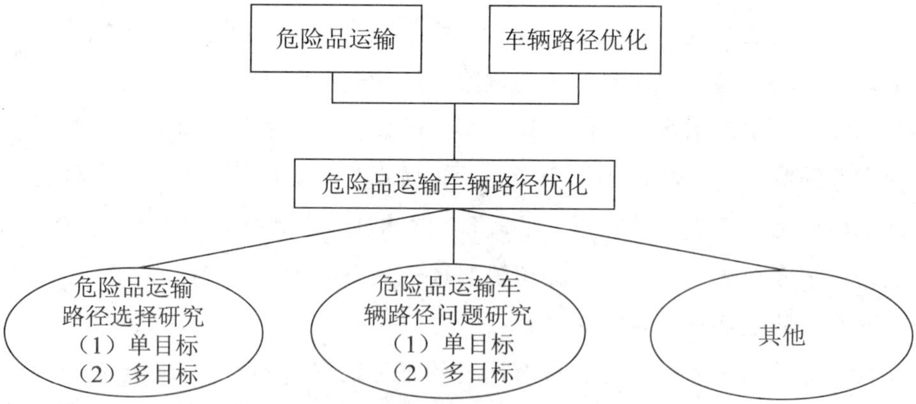

图 1-1　危险品运输车辆路径优化的主要研究内容

危险品运输和路径选择问题联合进行研究开始较早，历经多年的发展，至今仍保持着一定的热度。大量学者投身于此类研究工作，形成了一系列的研究成果。早期的危险品运输路径选择研究主要针对单目标危险品运输路径选择问题。在此类研究中，学者们将一般的路径选择问题以距离最短（或时间最短、成本最小等）的优化目标改为运输风险最小，构建数学模型，设计算法求解并得出危险品运输车辆的路径。由于研究单目标优化问题难以体现决策者在风险和成本这两个目标之间的权衡，学者们展开了对多目标危险品运输路径选择问题的研究。伴随着多目标优化问题求解技术的发展，此类问题也拥有了为数较多的研究成果。不同于单目标危险品运输路径选择研究，多目标问题的优化目标通常需要考虑风险和成本两个方面，或是以风险和成本最小为双目标，或是从描述风险的多个角度提出多个风险目标，构建多目标的危险品运输路径选择模型，并设计算法求解，给出危险品运输车辆的路径。

危险品运输路径选择研究主要是针对 O-D 点对间的车辆路径进行优化。然而，危险品物流公司在决策时常常需要安排整个车队的运输路线，结合危险品运输和车辆路径问题所进行的研究可以解决这一问题。虽然对车辆路径问题（vehicle routing problem，VRP）的研究始于 1959 年，至今已经历了长足的发展，但对危险品运输车辆路径问题的研究在进入 21 世纪后才逐渐成为热点。

危险品运输车辆路径问题也分为单目标和多目标两类。类似于单目标危险品运输路径选择问题，单目标危险品运输车辆路径问题也主要是在一般车辆路径问题的基础上考虑与风险相关的特殊优化目标或约束条件。而多目标的危险品运输车辆路径问题可以体现决策者在风险和成本这两个目标之间的权衡，在 2010 年前后，这类问题成为危险品运输车辆路径优化的主要研究方向。至今，对多目标危险品运输车辆路径问题的研究历经了 10 年左右的发展，虽然在成果数量上少于路径选择问题，但相较而言，多目标危险品运输车辆路径问题更贴近现实中决策者所面临的实际问题，此类研究也是未来的重要研究方向。

虽然学者们已经针对危险品运输车辆路径优化进行了大量研究工作，但是相对一般货品运输的车辆路径优化而言，这些研究工作的数量仍然较少，危险品运输车辆路径优化研究至今仍保持着一定的热度和良好的发展趋势。目前，现有研究与实际情况也存在着一定的差距，仍无法完全解决决策者面对的所有实际问题，存在诸多可改进和完善的空间，也有很多新的问题尚待解决。

第一，在风险度量方面，Erkut 等（2005）已总结了 8 种风险度量方式，其中传统风险，即风险定义为事故发生率和事故后果的乘积，在相关研究中使用率最高。但是结合传统风险之外的其他几种风险度量对危险品运输车辆路径优化所进行的研究较少；并且其他风险度量主要出现在危险品运输路径选择问题之中，在车辆路径问题的研究中则更为少见。

第二，现有研究中少有细化所运输危险品品种的工作。危险品的种类多样，各品种的危险品具有不同的危险特性和事故后果。例如，有毒气体在事故后有可能发生泄漏和扩散，易燃液体形成流淌火会造成事故后果扩大等。虽已有部分研究考虑到特定品种危险品的特性，但此类研究数量较少，所涉及的危险品种类也有限。如何细分各类危险品，并结合它们各自的特性对危险品运输车辆路径优化进行研究是危险品运输车辆路径优化的重点之一。

第三，现有研究所考虑的特殊网络仅包括时变网络、双层网络等，但是尚缺少结合网络的拓扑结构所进行的研究。网络包含一般网络、方格式网络、环形放射式网络等多种各具特色的拓扑结构，尤其是在城市内进行运输决策时，网络的拓扑结构是一个需要考虑的重点。例如，西安市的路网是典型的方格式网络、上海市的路网则具有环形放射式的特点。在不同拓扑结构的网络中进行运输活动必然会存在不同的特殊性。

第四，目前的研究均认为运输的参与者（如危险品运输车辆的驾驶员）是完全理性人，但现实情况并非如此理想。在假设运输参与者为不完全理性的条件下对危险品运输车辆路径优化的研究也是一个重要的方向。

第五，多目标的危险品运输车辆路径优化是目前研究的主要趋势，但是现有研究中对于多目标优化问题的求解仍须进一步完善。现有研究中采用的方法多为加权法、分层求解法、几种多目标进化算法等。但是这些方法均存在缺陷，例如加权法面临权重选取的困境，分层求解法无法体现各目标之间的权衡，进化算法无法求得完整的帕累托前沿等。ε 约束法可求得完整的帕累托前沿，具有一定的优势，但该方法求解大规模问题压力较大，需结合问题性质设计有效的优化策略。如何对这些方法进行改进，或选用更为有效的方法，更好地求解多目标危险品运输车辆路径优化问题仍须进一步的工作。

总体来说，危险品运输车辆路径优化研究的发展历史和未来趋势就是构建更贴近实际的数学模型，设计更有效的求解方法，为危险品物流企业的决策者提供更好的运输方案，在尽可能降低成本的同时尽可能降低危险品的运输风险。

本书的后续内容将在介绍危险品运输车辆路径优化的理论基础和相关研究综述的基础上，提出危险品运输车辆路径优化的一些创新性研究。首先从车辆个体风险的角度出发，提出车辆个体风险最小的危险品运输车辆路径优化。此后，以车辆个体风险最小为关键，结合禁止车辆并行、考虑事故后路段失效、基于实时装载量风险、重大事故规避这4种实际情景，对危险品运输车辆路径优化进行深入研究。在各个情景下，构建双目标的危险品运输车辆路径优化模型，对问题性质进行分析，基于可求得完整帕累托前沿的ε约束法设计求解算法，并进行算例分析和灵敏度分析。最后，基于理论联系实际的原则，展开危险品运输车辆路径优化的实践性内容，旨在为相关研究者提供参考，填补本领域的一些空白之处，在一定程度上为危险品运输车辆路径优化研究的发展提供一些新的思路，并为相关决策者提供一些理论依据。

第2章
理论基础

本章将介绍危险品运输车辆路径优化研究所需的理论基础，包括图与网络的基本概念、最小生成树、最短路径问题、车辆路径问题、多目标优化问题及其求解、其他相关理论这几个方面。其中，前3个部分为车辆路径优化研究的问题界定以及模型构建的理论基础，也是运筹学中图与网络分析的内容，在本章将进行简要的介绍。对于车辆路径问题，将给出其定义与分类，以及一个基本的数学模型。对于多目标优化问题及其求解，将介绍何为多目标优化问题，以及几种常见的求解方法。而对于其他相关理论，将简要介绍在危险品运输车辆路径优化问题求解时可能涉及的一些理论和方法。所有这些内容均为基础理论，也是后续内容中会涉及和使用到的理论，以下将进行详细介绍。

2.1 图与网络的基本概念

在实际生活中，人们会用点和点之间的连线所构成的示意图来反映某些对象之间的关系。通常用点表示研究的对象，用点与点之间的连线表示这两个对象之间的特定关系。因此，图是反映对象之间关系的一种工具；在一般的情况下，图中点的相对位置如何，点与点之间连线的长短和曲直，都不会影响研究对象之间的关系。

一个图是由一些点及一些点与点之间的连线（不带箭头或带箭头）所组成的；为区别起见，一般把两点之间不带箭头的连线称为边，把两点之间带箭头的连线称为弧。如果由点和边构成图 G，则称图 G 为无向图，记为 $G=(V,E)$；其中 V 表示图 G 中点的集合，E 表示图 G 中边的集合。连接点 v_i 和点 v_j 的边可记为

$[v_i,v_j]$或$[v_j,v_i]$。如果由点和弧构成图D，则称图D为有向图，记为$D=(V,A)$；其中V表示图D中点的集合，A表示图D中弧的集合。一条方向是从v_i指向v_j的弧可记为(v_i,v_j)。以下介绍一些基本的定义。

对于一个无向图$G=(V,E)$，若边$[u,v]\in E$，则称点u,v是边e的端点，也称u,v是相邻的；而边e则是点u和点v的关连边。如果图G中某个边e的两个端点相同，则称e是环，如图2-1（a）所示；如果两个点之间有多于一条边，则称这些边为多重边，如图2-1（b）所示。一个无环无多重边的图称为简单图，一个无环，但是有多重边的图称为多重图。在相关研究中，如果没有特别说明，所称的图均可视为简单图。

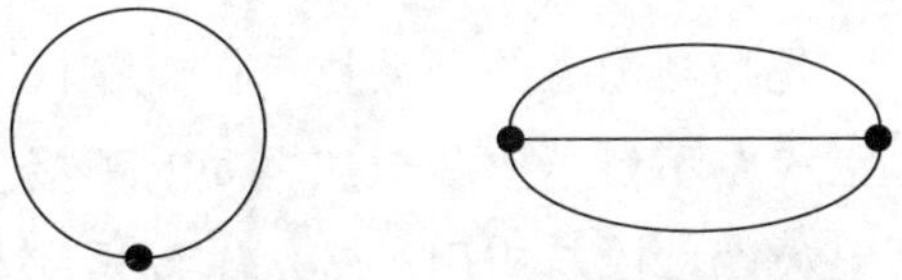

（a）环　　（b）多重边

图2-1　环和多重边

以点v为端点的边的个数称为v的次，记为$d(v)$。我们称次为1的点为悬挂点，悬挂点的关连边称为悬挂边；次为零的点称为孤点。给定一个图$G=(V,E)$，如果存在一个图$G'=(V',E')$，使得$V=V'$及$E'\subseteq E$成立，则称G'是G的一个支撑子图。

在一个图$G=(V,E)$中，给定一个点、边的交错序列$(v_{i_1},e_{i_1},v_{i_2},e_{i_2},\cdots,v_{i_{k-1}},e_{i_{k-1}},v_{i_k})$，可称其为一条联结$v_{i_1}$和$v_{i_k}$的链，简单记为$(v_{i_1},v_{i_2},\cdots,v_{i_k})$，如图2-2（a）所示。

在一条链$(v_{i_1},v_{i_2},\cdots,v_{i_k})$中，如果起点和终点为同一个点，即$v_{i_1}=v_{i_k}$，则称这条链为一个圈，即为$(v_{i_1},v_{i_2},\cdots,v_{i_{k-1}},v_{i_1})$。如果链$(v_{i_1},v_{i_2},\cdots,v_{i_k})$中，点$v_{i_1},v_{i_2},\cdots,v_{i_k}$都是不同的，则称其为初等链；如果圈$(v_{i_1},v_{i_2},\cdots,v_{i_{k-1}},v_{i_1})$中，点$v_{i_1},v_{i_2},\cdots,v_{i_{k-1}}$都是不同的，则称其为初等圈。在相关研究中，如果没有特别交代，所称的链和圈均指初等链和初等圈。

在一个图G中，如果任意两点之间，至少存在一条链，则称图G是一个连通图，否则称图G为不连通图。

对于有向图D中的一条弧$a=(u,v)$，可称u为a的始点，v为a的终点。给定有向图D中的一条链$(v_{i_1},a_{i_1},v_{i_2},a_{i_2},\cdots,v_{i_{k-1}},a_{i_{k-1}},v_{i_k})$，如果对$(t=1,2,\cdots,k-1)$，均有$a_{i_1}=(v_{i_t},v_{i_{t+1}})$，则可以称这条链为从$v_{i_1}$到$v_{i_k}$的一条路，如图2-2（b）所示。如

果路的第一个点和最后一个点相同，则称之为回路。在车辆路径优化的相关研究中，车辆的运输路径一般是从配送中心出发，访问若干个客户，最后返回配送中心的回路。

(a) 链　　(b) 路

图 2-2　链和路

依照针对无向图的分析，可类似地定义出初等路、初等回路等，在这里不再累述。

定义 2-1：给定一个图 $G=(V,E)$，对于图 G 中的每一条边 $[v_i,v_j]$，相应地有一个数 w_{ij}，则称这样的图 G 为赋权图，w_{ij} 称为边 $[v_i,v_j]$ 上的权。

这里所说的“权”，是指与边有关的数量指标。赋权图在图的理论及其应用方面有着重要的地位，赋权图不仅指出各个点之间的邻接关系，也表示出各点之间的数量关系。因此，赋权图被广泛应用于解决工程技术及科学生产管理等领域的最优化问题。

车辆路径优化问题的研究主要基于交通网络来进行，图与网络的主要区别就在于网络是一种赋权有向图。一般而言，车辆路径优化问题中会给定一个无向网络 G，也就意味着网络 G 中弧 (v_i,v_j) 和弧 (v_j,v_i) 的权（通常表示距离或通行时间）相等；因此，在相关研究中，无向网络 G 中的弧也可称为边，类似于无向图的定义。而对于危险品运输车辆路径优化，可存在不止一种权重，比如说边有两种权重分别表示距离和风险。另外，在车辆路径优化的相关研究中，默认假设图 G 是连通的，否则就会存在车辆无法到达的点（即孤点）；这样的点不会出现在最终的车辆路径方案中，还会增加问题的复杂程度，给求解带来困难。

2.2　最小生成树

树是一种极其简单的图，但是对于图与网络分析非常重要。以下直接给出树的定义及若干有可能用到的定理，详细内容可参考文献 [135] 和参考文献 [139]。

定义 2-2：一个无圈的连通图称为树。

定理 2-1：假设图 $G=(V,E)$ 是一个树，且点的个数大于等于 2，则图 G 中至少有两个悬挂点。

定理 2-2：一个图是树的充分必要条件是任意两个顶点之间恰巧有一条链。

由定理 2-2 可知，从一个树中去掉任意一条边，则余下的图是不连通的；在树中不相邻的两个点之间添上一条边，则恰好得到一个圈，反之再从这个圈上任意去掉一条边，可以得到一个树。

下面给出支撑树的定义。

定义 2-3：设图 $T=(V,E')$ 是图 $G=(V,E)$ 的支撑子图，如果图 $T=(V,E')$ 是一个树，则称 T 是 G 的一个支撑树。

结合定理 2-2，可知寻找连通图的支撑树的两种方法。其一，任取一个圈，从圈中去掉一边；然后对余下的图重复这个步骤，直到不含圈时为止，即得到一个支撑树，称这种方法为“破圈法”。其二，在图中任取一条边 e_1，找一条与 e_1 不构成圈的边 e_2，再找一条与 $\{e_1,e_2\}$ 不构成圈的边 e_3；假设已找出边的集合为 $\{e_1,e_2,\cdots,e_k\}$，则需找一条与 $\{e_1,e_2,\cdots,e_k\}$ 中的任何边均不构成圈的边 e_{k+1}；不断重复上述过程，直到无法找到这样的边为止；此时，由所有找出的边所构成的图是一个支撑树，我们称这种方法为“避圈法”。

给定一个每条边都带有非负权重的连通图 $G=(V,E)$，对于图 G 的一个支撑树 T，称 T 中所有边的权重之和为支撑树 T 的权，记为 $w(T)$。图 G 的所有支撑树的权最小者，为图 G 的最小支撑树（也称为最小树）。

最小支撑树问题就是求出给定连通赋权图 G 的最小支撑树。最小支撑树问题的应用非常广泛，如已知给定的一些城市，以及各个城市之间交通线路的建造费用，现在需要建造一个联结这些城市的交通网，使总的建造费用最小，这就是最小支撑树问题。下面介绍求解最小树问题的两个方法。

1. 破圈法

在图 G 中任取一个圈，从圈中去掉一条权重最大的边（如果存在多条权重相等且最大的边，则从中任意去掉一条边）；重复上述步骤，直至得到一个不含圈的图为止，此时的图即为图 G 的最小支撑树。

2. 避圈法

在图 G 中选择一条权重最小的边（如果存在多条权重相等且最小的边，则从中任意选择一条边），然后在与已选的边不构成圈的剩余边中选择权重最小的边；重复上述步骤，直至无法再选出满足条件的边为止，此时的图即为图 G 的最小支撑树。

在车辆路径优化的研究中，可在性质分析或求解时结合最小支撑树进行分析，对于有些问题可能得到简化原问题或找出问题特殊性质的结果，对于问题的解决也有一定的益处。

2.3 最短路径问题

最短路径问题是图论中较为常见的问题，是车辆路径优化问题中研究成果数量较多的一类问题，同时也是危险品运输路径选择问题的基础。在本节将简要介绍最短路径问题及其求解方法，以下首先给出最短路径问题的问题描述。

1. 最短路径问题的问题描述

给定一个赋权有向图 $D=(V,A)$，即对于图 D 中的每一条弧 $a=(v_i,v_j)$，有对应的权重 $w(a)=w_{ij}$。在图 D 中给定两个顶点 v_s,v_t，设 P 是图 D 中从 v_s 到 v_t 的一条路，定义 P 的权是 P 中所有弧的权之和，记为 $w(P)$。最短路径问题就是要在所有从 v_s 到 v_t 的路中，求一条权最小的路，即求出一条从 v_s 到 v_t 的路 P_0，使得 $w(P_0)=\min\limits_{P} w(P)$ 成立（在相关研究中也将起点和终点 v_s,v_t 称为 O-D 点对，最短路径问题即为求 O-D 点对间权最小的路）。此时称 P_0 是从 v_s 到 v_t 的最短路径，将路径 P_0 的权称为从 v_s 到 v_t 的距离，记为 $d(v_s,v_t)$。

由最短路径问题的问题描述可知，该问题可以直接应用于解决生产实际中的许多问题，如管道铺设、线路安排、厂区布局、设备更新等，并且可以作为一个基本工具，用于解决其他的优化问题。

需要注意的是，在一般的车辆路径优化问题中，边的权重常用来表示距离，但是在危险品运输车辆路径优化问题中，通常边会存在两种权重，分别为距离和风险。而求 O-D 点对间最小风险路径的问题，也是一种最短路径问题。

2. 最短路径问题的求解

最短路径问题虽较为简单，对于一个规模较小的网络，可直接由观测法得到最短路径；但是随着网络规模增大，就必须结合算法才能有效求解。学者们已经开发了多种求解最短路径问题的算法，这些算法有各自的优缺点以及不同的适用范围。

当所有权重 $w_{ij} \geqslant 0$ 时，目前公认最好的方法是 Dijkstra 提出的算法。对于危险品运输车辆路径优化问题而言，边的权重均可满足 $w_{ij} \geqslant 0$ 的条件，即可满足 Dijkstra 算法的适用范围。因此，本节主要介绍 Dijkstra 算法的基本思想和具体步骤。

Dijkstra 算法主要依据的原理是一种逆推的原则。可设路径 $P_0 = (v_s, \cdots, v', v_t)$ 是从 v_s 到 v_t 的最短路径，则路径 $(v_s, \cdots, v')$ 必然也是从 v_s 到 v' 的最短路径。否则的话，可假设从 v_s 到 v' 的最短路径为另一条路径 P_0'，那么在路径 P_0' 后连结边 (v', v_t) 所形成的路径的权必然小于 P_0 的权；这与路径 $P_0 = (v_s, \cdots, v', v_t)$ 是从 v_s 到 v_t 的最短路径相矛盾，因此路径 $(v_s, \cdots, v')$ 必然也是从 v_s 到 v' 的最短路径。根据该思想逐步逆推可知，对于路径 $P_0 = (v_s, \cdots, v', v_t)$ 上的任意一点 $v(v \neq v_s)$，在路径 P_0 中取一部分路径 $(v_s, \cdots, v)$，其必然是从 v_s 到 v 的最短路径。

Dijkstra 算法的基本思想就是从 v_s 出发，逐步向外探寻最短路，所用的具体方法是标号法。用 P，T 分别表示某个点的 P 标号和 T 标号，S_i 表示第 i 步时，具有 P 标号的点的集合。Dijkstra 算法的具体步骤如下：

开始 $(i=0)$ 令 $S_0 = \{v_s\}$，$P(v_s) = 0$，$\lambda(v_s) = 0$，对于每个 $v \neq v_s$，令 $T(v) = +\infty$，$\lambda(v) = M$，令 $k = s$。

第 1 步，如果 $S_i = V$，算法终止，对于此时的每个 $v \in S_i$，令 $d(v_s, v) = P(v)$；否则转至第 2 步。

第 2 步，考查每个使 $(v_s, v_j) \in A$ 且 $v_j \notin S_i$ 的点 v_j。如果 $T(v_j) > P(v_k) + w_{kj}$，则把 $T(v_j)$ 修改为 $P(v_k) + w_{kj}$，把 $\lambda(v_j)$ 修改为 k；否则转至第 3 步。

第3步，令 $T(v_{j_i}) = \min\limits_{v_j \notin S_i}\{T(v_j)\}$。如果 $T(v_{j_i}) < +\infty$，则把 v_{j_i} 的 T 标号变为 P 标号，即 $P(v_{j_i}) = T(v_{j_i})$，令 $S_i + 1 = S_i \cup \{v_{j_i}\}$，$k = j_i$，$i = i + 1$，转到第1步；否则终止，此时对每一个 $v \in S_i$，令 $d(v_s, v) = P(v)$，而对每一个 $v \notin S_i$，令 $d(v_s, v) = T(v)$。

Dijkstra 算法的时间复杂性为 $O(n^2)$，是一种多项式时间算法，也就表示 Dijkstra 算法可在短时间内求出最短路径问题的精确解。这一点是 Dijkstra 算法的优势，也为车辆路径优化问题的求解带来帮助。

2.4 车辆路径问题

车辆路径问题是指在客户的位置和需求已知的情况下，要确定运输车辆在各个客户之间的行驶路线的问题，如图 2-3 所示。一般而言，车辆路径问题已知一个包含配送中心和客户点的运输网络，且配送中心有一队车辆可用以完成运输任务；要求每个客户点的需求必须被满足且只能由一辆车提供服务，每辆车的路线开始于配送中心，并且最终结束于配送中心；通常的目标是使得运输路线最短或运输成本最低。

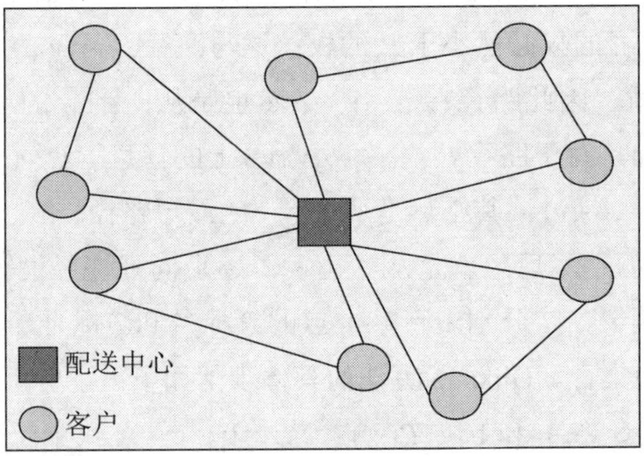

图 2-3 车辆路径问题

车辆路径问题在现实中有很多应用，如货品运输问题、快递配送问题、城市垃圾收集问题、公共汽车调度问题等。近年来，国内外的众多学者针对车辆路径问题开展了大量的研究工作，并取得了丰硕的研究成果。本节将对一般车辆路径问题及其扩展形式进行介绍。

1. 车辆路径问题的要素

一般来说，车辆路径问题由优化目标、约束条件、运输网络、配送中心、客户、车辆、货物等要素构成。

（1）优化目标。通常车辆路径问题的优化目标为单个目标，如运输距离最短、运输时间最短、运输成本最小、使用车辆数最少等。随着配送环境的复杂化以及配送需求的多样化，也有研究综合考虑运输问题的性质，从多个角度提出多个优化目标，构成多目标的车辆路径问题。近年来，多目标车辆路径问题已成为研究的热点，危险品运输车辆路径问题就常被定义为一种多目标的车辆路径问题。

（2）约束条件。车辆路径问题作为一类组合优化问题，都会带有一些约束条件。最常见的约束条件与车辆的路线相关，这些约束条件规定了车辆路径必须满足的要求，如每辆车的路线都开始于配送中心，并且最终结束于配送中心。在其他约束条件中，通常的车辆路径问题会包含车辆的装载量约束，这类问题称为带容量约束的车辆路径问题（capacitated vehicle routing problem，CVRP）。列举部分研究中常见的车辆路径问题约束条件如下：

（a）车辆装载量约束，是指任意车辆路径上客户的需求量之和不能超过该车辆的最大装载量。

（b）时间窗约束，一般是指客户要求货物的送达时间在一定的范围之内，主要包括硬时间窗和软时间窗两种。硬时间窗表示货物必须在时间窗范围内送达；软时间窗表示货物的送达时间可以超出时间窗范围，但会产生一定的惩罚。

（c）行程约束，是指每辆车的最大行程（或每辆车的运行时间）不超过预先设定的最大值，一般用于体现车辆的燃油限制或车辆驾驶员的工作时间限制。

（d）客户优先级约束，是指根据每个客户的重要程度不同为每个客户分配优先级。

车辆路径问题已历经几十年的发展，在相关研究中出现的约束条件多种多样，在这里不能一一列举，读者在有需要时可阅读相关文献。

（3）运输网络。车辆路径问题的研究需要基于运输网络来进行，由上面的基础理论可知，网络是由节点和边（弧）构成的，节点一般包括配送中心和客户点两类，边（弧）一般表示连接各节点的道路。根据道路特征的不同，可将其定义为边（无向）或弧（有向），每条边（弧）都赋有权重，权重一般表示距离、时间、成本等。

（4）配送中心。在车辆路径问题中，配送中心（也可被称为车场或仓库等）是储存货物的地点，配送中心拥有一些车辆负责完成对顾客的配送任务，是每条车辆路线的起点或终点。一般的车辆路径问题仅有一个配送中心，也有研究中考虑了多个配送中心。

（5）客户。客户是车辆路径问题中配送车辆的服务对象，一般用来表示零售商店、分销点等，在研究中统称为客户或需求点。客户具有一定的属性，如货物需求量、时间窗要求等。在考虑不确定性的车辆路径问题中，最常见的是考虑客户需求的不确定性。

（6）车辆。车辆的基本属性包括车辆的类型、车辆的载重量、车辆的最大行驶时间或距离、车辆在完成运输任务后返回配送中心或前往其他地点等。

（7）货物。货物是需要车辆配送的物品，也可是一种收集服务（闭环供应链中常见的回收）。有些货物具有特殊属性，如生鲜农产品、应急救援物资等。危险品运输车辆路径问题就是一种特殊货品运输的车辆路径问题。

2. 经典的车辆路径问题及其数学模型

下面给出一个经典的带容量约束的车辆路径问题的数学模型，以供参考。

（1）决策变量

$$x_{ij}=\begin{cases}1 & \text{车辆通过边}(v_i,v_j)\\0 & \text{其他}\end{cases}$$

y_i：车辆离开点v_i时的装载量

（2）其他参数如下：

c_{ij}：车辆在两点间的运输成本

V：网络中的节点集合

v_0：配送中心

q_i：客户v_i的需求量

Q：车辆的最大装载量

（3）模型构建如下：

$$\min\sum_{i\in V}\sum_{j\in V}c_{ij}x_{ij} \tag{2-1}$$

s.t.

$$\sum_{j\in V}x_{ij}=1,\quad i\in V\setminus\{v_0\} \tag{2-2}$$

$$\sum_{i\in V}x_{ij}=\sum_{k\in V}x_{jk},\quad j\in V \tag{2-3}$$

$$Q(1-x_{ij})+y_i\geqslant y_j+q_j,\quad i\in V,j\in V\setminus\{v_0\} \tag{2-4}$$

$$y_i\leqslant Q,\quad i\in V \tag{2-5}$$

$$x_{ij}\in\{0,1\},\quad i,j\in V \tag{2-6}$$

目标函数（2-1）表示运输成本最小。约束条件（2-2）和约束条件（2-3）表示车辆从配送中心出发，对客户进行配送后返回配送中心，且每个客户仅被一辆车访问一次。约束条件（2-4）是决策变量之间的关系，表示车辆装载量的变化。约束条件（2-5）是车辆的装载量约束。约束条件（2-6）表示的是决策变量的取值范围。

3. 车辆路径问题的扩展与分类

车辆路径问题的相关研究数量庞大、种类繁多，可简单进行整理和分类，如图 2-4 所示。对于各类常见的车辆路径问题相关研究，读者可选择性阅读所需要的文献。

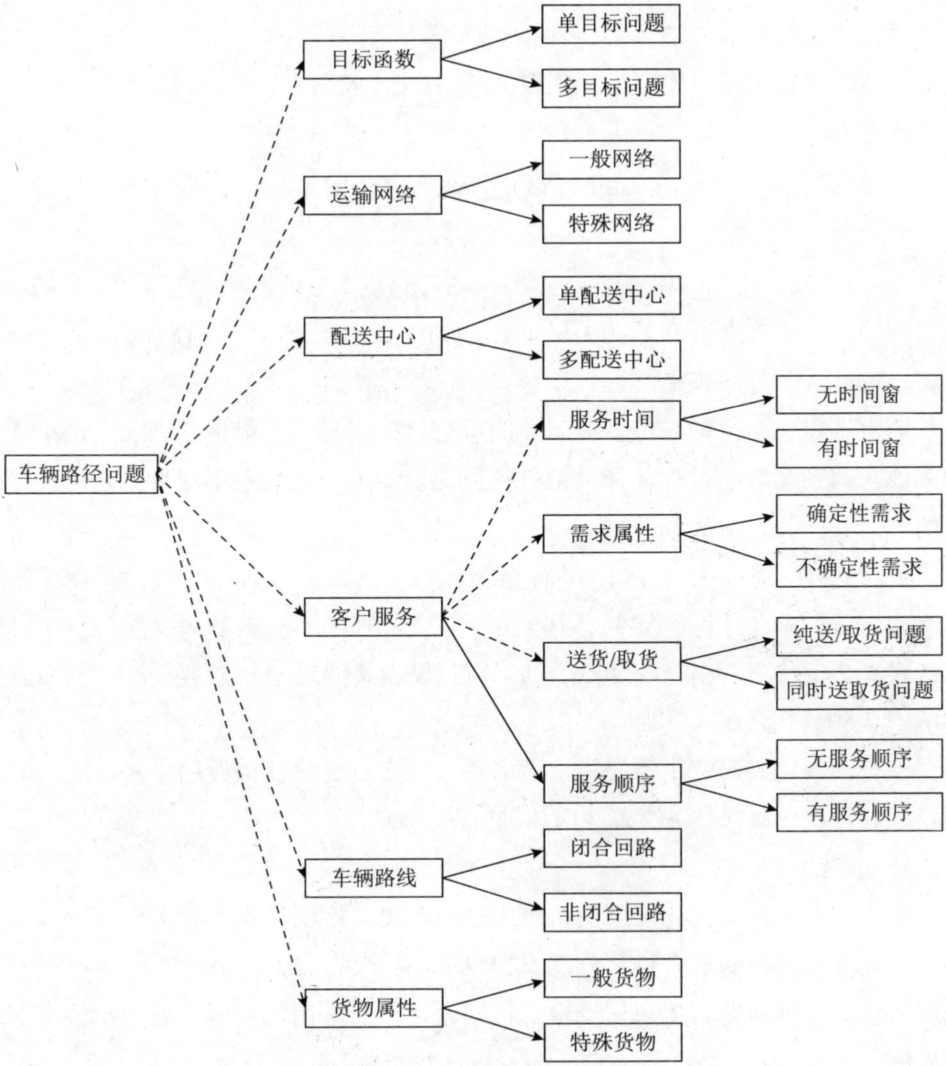

图 2-4 车辆路径问题的分类

2.5　多目标优化问题及其求解

危险品运输车辆路径优化常被描述为一个双目标优化问题，其中一个目标是运输成本最小，而另一个目标则是风险最小。相对于单目标优化问题的求解，多目标优化问题的求解更为复杂。本节将介绍多目标优化问题的基本概念和几种求解多目标优化问题的方法。

多目标优化问题可表示如下问题 P1，不失一般性。

问题 P1：

$$\min\{f_1(x), f_2(x), \cdots, f_m(x)\} \tag{2-7}$$

s.t.

$$\boldsymbol{x} \in A \tag{2-8}$$

式中：$\boldsymbol{x}$ 表示决策变量（矢量），$f_1(x), f_2(x), \cdots, f_m(x)$ 为问题的 m 个目标，A 表示可行域（可行解集）。

通常不存在一个解，可使得问题的所有目标同时达到最优。因此，决策者常常需要从一系列解中进行选择。帕累托最优解即为一系列在不同目标之间进行权衡的解，其相关定义如下。

定义 2-4：对于任意两个可行解 $x_1 \in A$ 和 $x_2 \in A$，如果 $f_i(x_1) \leqslant f_i(x_2)$ 对于 $i \in \{1, 2, \cdots, m\}$ 成立且包含至少一个严格不等式，则称解 x_2 被解 x_1 支配。

定义 2-5: 对于一个可行解 $x^* \in A$，当且仅当其他支配 x^* 的解 $\boldsymbol{x} \in A$ 不存在时，称解 x^* 为帕累托最优。

至今，在相关研究中已经提出了多种求解多目标优化问题的方法，这里介绍加权法、分层求解法、ε 约束法这 3 种方法。

1. 加权法

加权法在多目标优化问题的求解中最为常见，广泛运用于相关研究中。该方法主要通过为问题的多个目标分别添加权重，将全部目标合为一个总的目标函数，由此将原多目标问题转化为一个单目标问题，最后采用单目标问题的求解方法进行求解。

早期的加权法常常是以决策者对于各个目标重要程度的感知作为权重的考量，进而通过加权将原问题转化为单目标问题后，只进行一次求解并得出唯一的结果。该方法的缺陷在于决策者对于各个目标重要程度的感知常常难以准确量化。除决策者的感知外，相关研究中也有多种权重的计算方法，然而均无法反映各个目标间的权衡。此后，一些学者改进了加权法，可以得出近似帕累托最优解的结果。例如，Androutsopoulos 等（2012）采用的方法，他们在求解一个双目标问题时，在加权得到单目标问题后，通过不断变化两个目标的权重，形成不同权重的多个子问题，并分别进行求解，进而得到一系列的解。他们试图通过该方法得到近似的帕累托最优解。然而权重的变化难以把握，如果权重变化次数过少，则难以得到较为准确的结果；反之，如果权重变化次数过多，则会导致子问题数量过多，给求解带来巨大的时间压力。

总而言之，加权法仅在权重选取特别恰当时，才可能得到帕累托最优解，然而这通常是难以实现的。

2. 分层求解法

分层求解法通常是将原问题的多个目标按照其重要程度进行优先级排序，此后首先以优先级最高的目标作为唯一目标，求解单目标优化问题。如果得到的解为唯一最优解，则停止求解过程；否则，则在优先级最高的目标值保持最优的条件下，以优先级第二高的目标为唯一目标，继续求解单目标优化问题，依此类推。显而易见，该方法所得到的解，仅能为决策者提供极端情形下的结果，完全忽略各个目标之间的权衡。该方法所求得的解质量不高，而且对于问题本身属性有一定的要求，但是其仍有一定的应用价值，如对于双层网络下的双目标危险品运输车辆路径优化就可以采用此方法求解。

3. ε约束法

ε约束法是著名的多目标优化问题求解方法之一，由 Haimes 等（1971）提出。不同于其他方法，ε约束法主要通过保留原问题 m 个目标中的一个，并将其他 $m-1$ 个目标转为约束，从而得到单目标优化问题进行求解。理论上，通过 ε 约束法进行求解可以得到完整的帕累托前沿。

由于危险品运输车辆路径优化通常被定义为双目标优化问题，并且双目标优化问题属于多目标优化问题，不失一般性，以下以双目标优化问题为例，介绍 ε 约束法的具体过程。

基于ε约束法的思想，将双目标优化问题的一个目标转为约束，可表示如下。

问题 P2：

$$\min f_2(x) \tag{2-9}$$

s.t.

$$f_1(x) \leqslant \varepsilon, x \in A \tag{2-10}$$

转为单目标问题后，原问题目标函数$f_1(x)$的值被ε所限制，而ε值是求解时的关键。Ideal 点（Ideal point）和 Nadir 点（Nadir point）决定了ε的取值范围$[f_1^I, f_1^N]$，如图 2-5 所示。对于 Ideal 点(f_1^I, f_2^I)，其中$f_1^I = \min f_1(x)$，s.t. $x \in X$；$f_2^I = \min f_2(x)$，s.t. $x \in X$。对于 Nadir 点(f_1^N, f_2^N)，其中$f_1^N = \min f_1(x)$，s.t. $f_2 = f_2^I, x \in X$；$f_2^N = \min f_2(x)$，s.t. $f_1 = f_1^I, x \in X$。

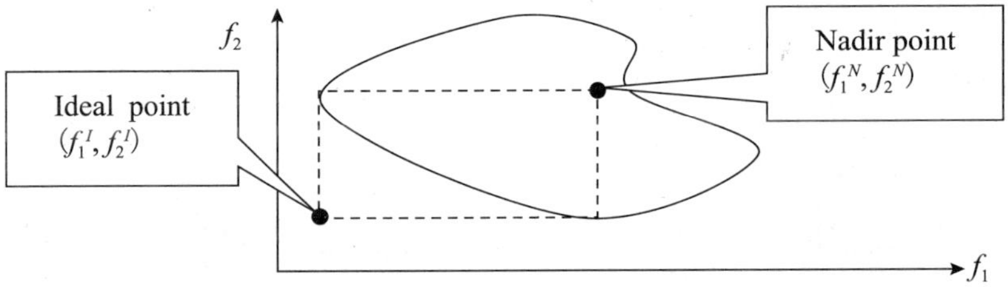

图 2-5　双目标优化问题的 Ideal 点和 Nadir 点

早期的ε约束法将ε的取值范围$[f_1^I, f_1^N]$平分为若干区间，此后分别令ε的值等于各个区间的分界值，依此得到若干带有ε约束的子问题并分别求解，最终得到一系列的结果。然而，这种方法并不能保证得到完整的帕累托前沿。

近几年，ε约束法得到改进，可以得到完整的帕累托前沿。在改进的ε约束法中，首先第一个得到的解的目标值即为(f_1^N, f_2^I)。此后，令$\varepsilon = f_1^N - \delta$，其中$\delta$是一个足够小的正数；求解问题$P$并得到解$x$，对应的目标值为$(f_1(x), f_2(x))$。之后继续令$\varepsilon = f_1(x) - \delta$并重复上述过程，直到$\varepsilon = f_1^I$。最后，检查得到的所有结果，并删除其中的被支配解，得到全部的帕累托最优解。

绝大多数的多目标危险品运输车辆路径优化的相关研究采用加权法进行求解，然而加权法难以求得完整的帕累托前沿。由于ε约束经过近年来的改进可求得完整的帕累托前沿，尚未有多目标危险品运输车辆路径优化的相关研究采用ε约束法进行求解。本书中第 5 章至第 8 章研究问题的求解算法将基于ε约束进行设计，旨在为决策者提供更好的在成本和风险两个目标间权衡的方案。

2.6 其他相关理论

本章上述部分介绍了危险品运输车辆路径优化研究主要涉及的理论基础，除这些内容外，还有一些在求解时会涉及一些理论，这些理论也是本书第5章至第8章研究中使用到的一些内容，在此对这些理论进行简要的介绍。

1. 算法复杂度

算法复杂度是指算法在编写成可执行程序后，运行时所需要的资源，包括时间资源和内存资源。对一个算法的评价可从时间复杂度和空间复杂度两方面来考虑。一般来说，在危险品运输车辆路径优化的研究中主要考虑算法的时间复杂度（也称时间复杂性）。

算法的时间复杂度是一个关于问题规模的函数，用来表示算法计算的时间需求，是算法对于某一输入的最坏可能的算例所需的时间。设n为问题的规模，一般情况下，算法中基本操作重复执行的次数是问题规模n的某个函数，用$T(n)$表示。若有某个函数$f(n)$，且存在一个正常数c使得$f(n)\times c \geqslant T(n)$恒成立，记作$T(n)=O(f(n))$，则称$O(f(n))$为算法的渐进时间复杂度，简称时间复杂度。例如，在各种不同的算法中，如果算法中语句执行的次数为一个常数，则时间复杂度为$O(1)$。

常见的时间复杂度包括常数阶$O(1)$、对数阶$O(\log n)$（默认以2为底）、线性阶$O(n)$、线性对数阶$O(n\log n)$、平方阶$O(n^2)$、立方阶$O(n^3)$、指数阶$O(2^n)$等。随着问题规模n不断增大，算法的时间复杂度也在不断增大，算法执行的效率也就越来越低。显然，随着问题规模增大，多项式时间的算法复杂度增大的速度远远小于指数时间的算法复杂度。例如，可对比$O(n^2)$和$O(2^n)$。因此，可称多项式时间算法为“好算法”，称指数时间算法为“坏算法”。

2. 组合优化与NP难问题

危险品运输车辆路径优化问题一般而言是组合优化问题，是一种最优化问题。一般而言，最优化问题可简单分为两类：一类是连续变量的问题，另一类是离散变量的问题。在连续变量的问题里，一般是需要求一组实数或者一个函数；在离散变量的问题里，一般是要从一个有限集或可数无限集里寻找一个对象，如一个整数、一个集合、一个排列、一个图等。典型的组合优化问题包括旅行商问题、生产调度问题、背包问题、装箱问题、图着色问题、聚类问题、最大团问题等。

对于一个组合优化问题，如果存在一个求解该问题的多项式时间算法，则称该组合优化问题为多项式时间可解问题，这类问题也称为 P 类问题。而另一类问题被称为 NP 难题，任何 NP 难题都不能用任何已知的多项式时间算法精确求解；并且如果任何一个 NP 难题有多项式时间算法，则一切 NP 难题都有多项式时间算法。

因此，对于一个组合优化的 NP 难题，目前仍无法找到多项式时间的精确求解算法。常见的求解方法主要是寻找更快的非多项式时间精确算法或是设计非精确算法。由于精确算法，如常见的分支定界法，其时间复杂度并非是多项式时间的，在问题规模较大时，无法在有限的时间内求得结果，一般只适用于小规模问题。而常见的非精确算法主要是启发式算法或近似算法，启发式算法可求得距离全局最优解“不远”的局部最优解；而近似算法则不同于启发式算法，需通过数学证明其结果在最坏情形下在全局最优解的 α 倍之内。

3. 约束最短路径问题

本书第 5 章至第 8 章的研究中在求解时会涉及求风险在一定范围内的最短路径，此问题即为约束最短路径问题。约束最短路径问题的实质就是在最短路径问题的基础上添加额外的约束条件而构成的问题，如要求路径必须经过某个节点、必须经过某条弧、路径资源限制（道路长度限制、通行时间限制、出行费用限制）等。对于无约束的最短路径问题，可通过 Dijkstra 算法精确求解，其时间复杂度为 $O(n^2)$；然而约束最短路径问题已被证明是 NP 难问题，因此无法找到多项式时间的精确算法。求解约束最短路径问题的经典方法为 k- 最短路径法以及拉格朗日松弛的方法，但求解时间仍较长。目前，学者们已逐渐开始采用蚁群算法等方法求解约束最短路径问题。

4. 旅行商问题

旅行商问题（travelling salesman problem ，TSP）是运筹学中一个经典的组合优化问题，该问题可描述为：一个商人要去若干个城市销售商品，该商人要从一个城市出发，旅行经过所有城市，最后回到出发地，应如何选择行进路线，使得总的行程最短。可以看出，旅行商问题是在一个带权的完全无向图中，寻找一个权值最小的汉密尔顿（Hamilton）回路的问题。联系本章此前介绍的车辆路径问题来看，旅行商问题可视为一种特殊的车辆路径问题，即配送中心仅有一辆装载量无限大的运输车辆，该车辆需为所有的客户进行服务，最后返回配送中心，求行程最短的车辆路线的问题。

旅行商问题的数学模型是一个 0-1 混合整数规划模型，可通过分支定界法等方法求得最优解。但是旅行商问题是典型的 NP 难题，在问题规模较大时，求得精确解所花费的时间会非常长。因此，学者们不断开发求解旅行商问题的非精确算法。这些方法包括近似算法和启发式算法两类，本书后续内容中会用到的求解旅行商问题的方法即为一种近似算法，此外启发式算法主要包括遗传算法、模拟退火法、蚁群算法、禁忌搜索算法、贪婪算法等。

第3章

相关研究综述

随着经济和社会快速发展，工业生产活动日益增多，每天都有大量危险品进行运输活动。由于危险品的危险性质，对危险品运输的关注度越来越高，学者们进行了诸多的研究工作。本章将从危险品运输及其风险、危险品运输路径选择研究、危险品运输车辆路径问题研究、其他相关研究这4个方面对相关研究的发展历程和研究现状进行综述，整理和分类现有研究成果，梳理危险品运输车辆路径优化的研究进展，分析现有研究存在的不足之处，并探讨未来的发展趋势。

3.1 危险品运输及其风险

本书第2章介绍了车辆路径优化的相关理论基础。由于危险品运输事故频发，且事故危害极大，危险品运输问题已成为社会和公众关注的热点之一。危险品运输车辆路径优化问题不同于一般的车辆路径优化问题，由于危险品的危险特性，在进行运输决策时，风险是必须考虑的重要因素。本节介绍危险品运输及其风险，将从危险品的定义和分类、危险品的危险特性、危险品的运输包装、危险品的运输风险这4个方面对危险品运输进行介绍，旨在为危险品运输车辆路径优化研究中定义危险品的运输风险打下基础。

3.1.1 危险品的定义和分类

工业生产的原材料和加工产品中大部分都属于危险品，根据《中华人民共和国安全生产法》的定义，危险物品是指易燃易爆物品、危险化学品、放射性物品等能够危及人身安全和财产安全的物品。

在公路运输、铁路运输、航空运输等不同的行业内，对危险品（运输中的危险品也称为危险货物）的定义略有不同。我国《水路危险货物运输规则》和《汽车运输危险货物规则》中给出的定义是：危险货物系指具有爆炸、易燃、毒害、腐蚀、放射性等物质，在运输、装卸和储存保管过程中，容易造成人身伤亡和财产损毁而需要特别防护的货物。我国《铁路危险货物运输规则》中给出的定义是：在铁路运输中，凡具有爆炸、易燃、毒害、感染、腐蚀、放射性等特性，在运输、装卸和存储保管过程中，容易造成人身伤亡和财产损毁而需要特别防护的货物，均属于危险货物。我国《中国民用航空危险品运输管理规定》中给出的定义是：危险品是指对健康、安全、财产或环境构成严重危害的物品或物质。

不同种类的危险品具有不同的物理化学性质，以及不同的危险特性，根据《危险货物分类和品名编号 GB 6944—2012》的定义及联合国《关于危险货物运输的建议书》的规定可知，危险品可分为如下8类，如表3-1所示：

表3-1 危险品的分类

货物品种	归类	货物性质
爆炸品	第1类危险品	爆炸性
		燃烧性
		毒害性
气体	第2类危险品	扩散性
		可压缩和液化性
		物理爆炸性
		燃烧爆炸性
		助燃性
		窒息性
		溶解性
易燃液体	第3类危险品	易燃性
		蒸气的易爆性
		热胀冷缩性
		易挥发性
		流动性
		毒性

续表

货物品种	归　类	货物性质
易燃固体、易于自燃的物品和遇水放出易燃气体的物质	第 4 类危险品	燃烧性
		爆炸性
		毒性和腐蚀性
氧化性物质和有机过氧化物	第 5 类危险品	氧化性
		不稳定性
		吸水性
		易分解出氧
		有机过氧化物的可燃性
毒性物质和感染性物质	第 6 类危险品	毒害性
		腐蚀性
		感染性
		污染性
放射性物质	第 7 类危险品	放射性
腐蚀性物质	第 8 类危险品	腐蚀性
		毒害性
		易燃或可燃性
		氧化性

1. 爆炸品

爆炸品又称为第 1 类危险品，指在外界作用下（受热、撞击等）能发生剧烈的化学反应，瞬时产生大量的气体和热量，使周围压力急剧上升并发生爆炸，对周围环境造成破坏的物品。爆炸品也包括无整体爆炸危险，但具有燃烧、抛射及较小爆炸危险，或仅产生热、光、音响或烟雾等一种或几种作用的烟火物品。常见的有点火器材（如导火索）、起爆器材（如雷管、导爆索）、炸药（主要是硝基化合物）等。

爆炸性是爆炸品的主要危险特性，爆炸品在运输时一旦发生事故，如翻车后遇明火，易发生化学爆炸（化学爆炸是指物质因得到起爆的能量而迅速分解，释放出大量的气体和热量的过程，有别于物理爆炸和核爆炸），危害周边居民的安全并且会损毁事故所在地的道路、桥梁等。除爆炸性外，许多炸药或爆炸性物质在爆炸时通常产生大量的CO、CO_2、N_2、N_2O、NO、NO_2或SO_2等有窒息性和有毒性的气体，很容易造成附近人员窒息或中毒。同时，爆炸品燃烧时会释放出大量热量，使温度急剧升高，极容易使周围的可燃物质起火燃烧，造成火灾。

2. 气体

气体危险品又称为第2类危险品，包括压缩气体、液化气体、溶解气体、冷冻液化气体、一种或多种气体与其他种类的一种或多种物质的蒸气的混合物、充注了气体的物品和烟雾剂等。此类危险品又可细分为3种，即易燃气体（泄漏时遇明火、高温或光照易发生燃烧或爆炸）、非易燃无毒气体（遇明火不燃，吸入人体内无毒性，但高浓度时有窒息作用）、毒性气体（泄漏时对人畜有强烈的毒害、窒息、灼伤、刺激作用）。常见的气体危险品有氢气、氧气、甲烷、乙烯、天然气、一氧化碳等。

气体危险品具有气体的独特性质，如扩散性、可压缩和液化性、溶解性等，在运输过程中发生事故后，必须注意是否存在泄漏的现象。其他危险性质主要是燃烧爆炸性（如易燃气体）、毒性或腐蚀性（毒性气体）、窒息性（非易燃无毒气体）等。需要特别注意的是气体危险品还具有物理爆炸性和助燃性。由于所有气体都是加压灌装在压力容器内进行运输的，一旦发生运输事故，容器可能会受到剧烈撞击、振动或受热导致容器内压力增大，如果超过容器所能承受的最高压力，就会产生物理性爆炸。例如，一个普通氧气钢瓶爆炸相当于5吨TNT炸药的威力，因此氧气瓶的运输属于危险品运输的范畴。而对于助燃性，因为非易燃无毒气体中有些本身不能燃烧，但具有很强的助燃性（如氧气），可燃物在助燃气体中的燃烧要比在普通空气中更为容易，有时甚至不需点火即能燃烧，由此也易造成危害。

3. 易燃液体

易燃液体又称为第3类危险品，指易燃的液体、液体混合物或含有固体物质的液体（不包括已划分至其他类别的液体）。对运输来说，易燃液体最主要的危险性是其挥发性蒸气易导致燃烧和爆炸。闪点和沸点是衡量液体易燃性的最重要指标，如果可燃液体温度高于其闪点，随时都有被点燃的危险；而达到沸点时，易燃液体的蒸气易与空气形成爆炸性混合物。因此，易燃液体的闪点和沸点越低，其风险越高。常见易燃液体有汽油、柴油、酒精、丙酮、苯、煤油、醋酸等。

易燃液体除本身易燃易爆外，还具有液体的独有性质，如易挥发性（形成易燃、易爆、有毒的蒸气）、高度流动性（事故后容器破损时，会迅速扩散）等。需特别注意大多数易燃液体及其蒸气都有不同程度的毒性或麻醉性，如人员吸入较多的苯、二甲苯、二硫化碳等会引起急性中毒，出现头痛、眩晕、麻醉、昏迷、休克等急性症状。此外，易燃液体遇强酸及氧化剂等也能发生剧烈反应而引起燃烧，如乙醇遇到氧化剂铬酸会引起燃烧。

4. 易燃固体、易于自燃的物品和遇水放出易燃气体的物质

此类为第 4 类危险品，指除划分为爆炸品以外的在运输条件下易燃或可能导致起火的物质。此类危险品又可细分为 3 种：

（1）易燃固体、自反应物质和固态退敏爆炸品，它们具有燃点低、燃烧迅速、放出有毒烟雾或有毒气体 3 个特点；常见的包括红磷、二硝基甲苯、闪光粉、镁粉、铝粉、硫黄等。

（2）易于自燃的物质，此类物品自燃点低、在空气中易于发生氧化反应而自行燃烧；常见的包括黄磷、硝化纤维、油纸等。

（3） 遇水放出易燃气体的物质，此类物品遇水或受潮时可发生剧烈化学反应，释放出大量的易燃气体和热量；常见的包括锂、钠、钾、氢化物（如硼烷）、石灰氮、保险粉、锌粉等。

第 4 类危险品通常具有燃烧性和爆炸性，此外一些物质本身有毒（如黄磷），还有一些物质在燃烧时会产生大量的有毒或腐蚀性气体（如硝基和氨基化合物），因此也具有毒性和腐蚀性。

5. 氧化性物质和有机过氧化物

氧化性物质和有机过氧化物称为第 5 类危险品，是指在运输过程中能够放出氧气并产生大量的热，从而引起燃烧的物质。这些物质本身未必燃烧，但通常因放出氧气而引起或促使其他物质燃烧。常见的氧化性物质有硝酸钾、高锰酸钾、亚硝酸钠、重铬酸钠等。常见的有机过氧化物有过氧化苯甲酰、过氧化二叔丁醇等。

本类危险品中，氧化性物质一般本身不可燃，但在遇酸、受热、受潮、接触有机物或还原剂后可以分解放出原子氧和热量，从而引起燃烧或形成爆炸性混合物，其具有氧化性、不稳定性、化学敏感性、吸水性、在某种情况下释放出氧等特性。而有机过氧化物由于含有极不稳定的过氧基，具有强烈的氧化性能，对热、振动、摩擦极为敏感，并且本身为可燃物，易通过自身分解产生的热量而发生燃烧，继而导致爆炸。

6. 毒性物质和感染性物质

毒性物质和感染性物质称为第 6 类危险品，其中毒性物质是指吞咽、吸入或皮肤接触后易于造成死亡、严重伤害或损害人体健康的物质；感染性物质是指那些已知或有理由认为其含有病原体的物质。感染性物质还可细分为生物制品、培养物、直接从人类或动物采集的受感染样品、基因重组的微生物和生物、医疗或临床废弃物。

第 6 类危险品主要具有毒害性、污染性、腐蚀性、感染性等危险特性。毒害品中的有机物都是可燃的，除易发生燃烧或爆炸外，还会随之释放出有毒气体，进一步增大危害性。此外，几乎所有的有毒物质遇火或受热都会分解而散发有毒气体，有些毒物遇酸会发生剧烈反应，产生剧毒气体；有些毒物遇水会发生分解反应，产生剧毒、腐蚀性气体；还有些毒物遇碱类，或与金属接触也会产生反应，放出有毒气体。

7. 放射性物质

放射性物质称为第 7 类危险品，指货物中放射性比活度和总活度都超过规定数值的任何含有放射性核素的物质。最常见的是放射性金属，如镭、铀等。放射性是此类物质的主要危险特性，有些放射性物质还具有爆炸性、易燃性、腐蚀性、毒性等。

8. 腐蚀性物质

腐蚀性物质被称为第 8 类危险品，指通过化学作用使其与生物组织接触时会造成严重损伤，或在渗漏时严重损害甚至毁坏其他货物或运载工具的物质。腐蚀品是化学性质非常活泼的物质，能与很多金属、非金属和动植物机体等发生化学反应。根据腐蚀品的化学性质，可细分为酸性腐蚀品、碱性腐蚀品和其他腐蚀品 3 种。

腐蚀性是此类危险品的主要特性，包括对人体的烧伤和对物品的腐蚀。很多腐蚀品不仅具有腐蚀性，同时还具有毒性、易燃性或氧化性等性质中的一种或数种。此外，腐蚀品中很多物品遇水会发生反应，并释放出大量的热量，这些反应大致可分为遇水分解和遇水化合两种。

3.1.2 危险品的危险特性

上一节给出了危险品的定义和分类，并详细介绍了每一类危险品所具有的特性。在这些特性中，一类是危险品本身的物理或化学性质，如流动性、挥发性等，这些性质在一定程度上会直接或间接引发事故及影响救援工作；另一类则是危险品的危险特性，如燃烧性、爆炸性等。可以看出，每一类危险品都具有一种或一种以上的危险特性，本节将详细介绍主要的几种危险特性，旨在为危险品运输车辆路径优化研究中定义危险品的运输风险提供实际依据。

1. 燃烧性

燃烧一般指能发光、放热的剧烈化学变化过程，许多危险品具有燃烧性，由此导致的火灾危险是危险品运输过程中的主要危险之一。燃烧必须具备三个条件，即可燃物、助燃物、热量。危险品中很多自身就是可燃物，而空气是良好的助燃物，因此危险品发生燃烧一般是由热量引发。

危险品运输车辆发生事故后，如果可燃的危险品发生泄漏，一旦遇到明火、电器火花、撞击火花、静电火花等，极易产生燃烧的现象。因此，在救援时常需要封闭现场及疏散周边群众，由此会导致出现交通拥堵或事故路段无法通行的情况，有必要将这一点纳入危险品运输决策的范畴。

2. 爆炸性

爆炸是物质发生急剧的物理、化学变化，并在极短的时间内释放出大量能量的一种现象。爆炸依据变化形式的不同主要分为三种类型，即物理爆炸、化学爆炸和核爆炸，其中物理爆炸和化学爆炸是危险品运输事故中常出现的情况。

物理爆炸指物质因状态或压力发生突然变化而形成的爆炸，运输过程中的危险气体一般需高压储存在罐车内，常因撞车等事故引发物理爆炸；另外，还有货车所装载的小型气体容器发生物理爆炸的情况，如由氧气瓶内的压缩氧气引起的爆炸。化学爆炸则是指物质因发生急剧的化学变化而引起的爆炸，常见的炸药、炮弹、爆竹都易在运输事故发生后出现化学爆炸的情况。

一旦危险品在运输事故后发生爆炸，会危害事故地附近居民的生命和财产安全，并且会损毁道路、桥梁、隧道等，进而导致事故路段无法通行。由此对交通网络的通行能力产生严重损害，并且产生极大的救援成本，从而导致运输事故的危害扩大化。

3. 毒害性

某些物质少量进入人或动物的机体后，能与液体及组织发生作用，扰乱或破坏机体的正常生理功能，引起暂时性或永久性的病理状态，甚至危及生命安全，这种物质称为有毒物质，这种特性称为毒害性。除上一节中提到的有毒气体具有很强的毒害性以外，还有许多其他类别的危险品也具有一定的毒害性。

有毒危险品除在运输事故后发生泄漏外，还可能在正常运输过程中因发生破包泄漏、蒸发等原因，通过经口、吸入或皮肤接触等途径使人中毒。因此，在考虑有毒危险品的运输风险时，除考虑运输事故的可能性，还需考虑包装破漏等原因而可能产生的危害。

4. 放射性

放射性是指一些物质能够自发地放出穿透力很强、人的感觉器官察觉不到的射线，会对人体组织会造成伤害，使人体产生急性或慢性放射性疾病。放射性危险品如果在运输过程中出现防护包装破损的情况，除危害居民的健康和生命外，还可能对周边的自然环境、名胜古迹等产生永久性的损伤，因此有必要在放射性危险品的运输路径决策时考虑防护包装破损的可能性。

5. 腐蚀性

腐蚀性是指某些物质化学性质非常活泼，能与很多金属、非金属及动植物机体等发生化学反应，并使其遭到破坏。除了上一节中提到的第 8 类危险品外，还有许多物质也具有一定的腐蚀性。

6. 污染性

污染性指的是对自然环境的污染（主要指海洋）。具有污染性的危险品一旦泄露到水域中，可能危害人类健康，伤害生物资源和水生生物，并损害优美环境或妨碍海洋的合法利用。

3.1.3 危险品的运输包装

危险品不同于其他一般货品，上一节已经介绍了它们所具有的特殊危险性质。危险品在运输过程中如果暴露并与外部环境接触，可能会因碰撞、摩擦、振动等引发燃烧、爆炸、毒害、腐蚀、污染等现象，所以危险品的包装极为重要。此外，危险品运输事故的后果与危险品的包装息息相关。在危险品运输车辆发生事故后，如果所运载的危险品未发生包装破损或泄露的情况，事故后果一般较小，也易于救援处置；但是如果出现包装破损或泄露，事故影响范围会随之扩大，并有可能导致二次事故。因此，包装直接影响危险品的运输安全，通过对危险品进行严格有效的包装，既可以保证货物数量完整，又可以起到防止事故发生或降低事故后果的作用。下面将对危险品的包装进行介绍。

包装是指在流通领域中为保护商品、方便储运、促进销售而采用的容器、材料及辅助物的总体名称，其首要功能是保护商品。危险品的包装是指能够经受住各种运输、装卸和保管过程中的风险，确保高度安全的各种包装和包装方法。各种危险品包装的含义如表 3-2 所示。危险品的运输包装主要有以下 3 种分类方法。

1. 按危险品的性质分类

危险品自身的危险性质客观上决定了其包装的特殊需求，各类危险品中有些可以采用通用的包装，有些则必须采用分类物品的专用包装。按危险品的性质对包装进行划分，一般有以下几种。

（1）通用包装。一般来说，通用包装主要适用于易燃液体、易燃固体、自燃物品和遇湿易燃物品、氧化剂和有机过氧化物、毒害品和感染性物品等货物。

（2）爆炸品专用包装。爆炸品的运输包装必须采用专用包装，一般来说，为保障爆炸品在储运过程中的安全，爆炸品的生产设计者往往根据必须满足的防火、防振、防磁等要求，同时设计该爆炸品的包装物。

（3）压缩气体和液化气体专用包装。压缩气体和液化气体的专用包装，最显著的特点是能承受一定程度的内压力（如气瓶），所以又称为压力容器包装。

（4）放射性物品包装。由于各种放射性物品的特殊性，其包装的要求应符合国家技术监督局正式实施的有关国家标准或规定。

（5）腐蚀性物品包装。由于腐蚀性物品可能会腐蚀其包装的材料，所以需要用各种不同的材料来包装各类不同的腐蚀品。腐蚀品的包装中会涉及各种材料、各种形式的包装，但是某种腐蚀品却只能用某种材料包装，并且某件包装用于一种腐蚀品后，如需重复使用，也只能再用于此种腐蚀品。

（6）特殊物品的专用包装。有一些品种的危险品，由于其具有某种特殊性质而需采用专门的包装，如双氧水专用包装、二硫化碳专用包装、黄磷专用包装、碱金属专用包装、碳酸钙专用包装、磷化铝熏蒸剂专用包装等。

表 3-2 各种危险品包装的含义

包装名称	具体含义
单一包装	直接将货物盛装在包装容器中的包装，如钢桶、塑料桶、塑料罐等
内包装	运输过程中其外面需要外包装的包装，如组合包装中的内层包装就称为内包装
内容器	起盛装作用并需要外包装的容器，如复合包装中的内层就称为内容器
外包装	复合包装和组合包装的外部保护部分及其吸附性的材料、衬垫材料以及为保证内容器或内包装有效所需的任何其他组成部分
中层包装	置于内包装或物品与外包装之间的包装
复合包装	由一个外包装和一个内容器组成的一个整体包装，该包装一旦组装好后，无论在充罐、储存、运输或卸空时始终是一个整体，如钢塑复合桶
组合包装	将一个或多个内包装装在一个外包装内，其目的是便于运输，如将塑料罐装在木箱中
中型散装容器	设计适合于机械装卸，并能承受装卸运输过程中正常风险的刚性、半刚性和柔性的可移动包装
大宗包装	由装有物品或内包装的外包装组成的包装，设计上适合于机械装卸
压力容器	包括钢瓶、管、压力桶、封闭的冷藏容器、金属储氢系统和钢瓶组等
多单元气体容器	用一个总管进行内部连接并组装在一个框架内的各种钢瓶、管状容器和钢瓶组的组合体
救助包装	为了运输、回收或处理，在其中可盛放损坏、破损或泄漏的危险品的特殊包装
重复使用的包装	指那些用来灌装相同内装物或类似相容物的包装，该包装需经检验能达到性能试验的各项指标
修复的包装	已经使用并将内装物清理干净后需要更换部分辅件的包装，如钢桶、塑料桶、罐，更换不完整的垫圈、封闭器盖等
散装容器	用于运输固体货物的盛装体系，其中的固体货物与盛装体系直接接触
包件	包装作业的最终产物，由包装和所装的内装物组成
集合包件	指一个单独的发货人将一个或多个包件封起来，形成一个组件形式，以方便运输中的装卸和积载
运输组件	指公路货车、铁路货车、集装箱、公路罐车、铁路罐车或可移动罐柜等
集装箱	一种永久性的并有相应的强度足以反复使用的运输设备
可移动罐柜	指金属质地，配有减压、隔热、测量、通风、装卸等装置，可整体装卸的容器，这种容器又称为“罐柜集装箱”或“液体集装箱”

资料来源：周艳，白燕 . 危险品运输与管理 [M]. 北京：清华大学出版社，2016.

2. 按包装材料分类

按危险品使用的包装材料分类，一般来说，可分为木制包装、金属制包装、纸制包装、玻璃或陶瓷制包装、棉麻织品及塑料编织纤维包装、塑料制包装和编织材料包装等。

（1）木制包装。木材是主要的传统包装材料之一，包括天然板材和胶合板、木屑板等人工板材。木制运输包装包括木桶包装和木箱包装两大类。

（2）金属制包装，主要形式有桶和箱两类，其优点是牢固、耐压、密封、防潮。金属制包装是危险品运输中使用最多的包装之一，主要材料包括各种钢板、铝板、钢塑复合板等。

（3）纸制包装。纸制包装主要包括纸箱、纸盒、纸桶、纸袋等。纸质包装的特点是防震性能很好，经特殊工艺加工，还可以达到与木材相当的强度，并且通过纸塑复合，可以提高纸制包装的防水性和密封性。

（4）玻璃或陶瓷制包装，指各种玻璃瓶、陶坛、瓷瓶等包装，其特点是耐腐蚀性强但易破碎，所以又被称为易碎品。

（5）棉麻织品及塑料编织纤维包装。用棉麻织品及塑料编织纤维做成的包装，一般统称袋，具有较多的用途。

（6）塑料制包装。塑料制包装的形状比较多样，如桶、袋、箱、瓶、盒、罐等都可用塑料制造；所用的塑料材料种类也很多，主要有聚氯乙烯、聚苯乙烯、聚乙烯、钙塑、发泡塑料等。塑料还能与纸或金属制成各种复合材料。塑料包装的优点是质轻、不易碎、耐腐蚀，但与金属、玻璃容器相比较，其耐热、密封、耐蠕变性能相对较差。

（7）编织材料包装。编织材料包装主要是指由竹、柳、草三种材料编织而成的容器，常见的有竹箩、竹箱、竹笼、柳条筐、柳条篓、薄草席包、草袋等。编织包装容器的荆、柳、藤、竹草等物必须满足不霉、不烂、无虫蛀的基本要求，并且要编织紧密结实。

3. 按包装类型分类

包装类型一般包括桶类、箱类、袋类、筐类、包类、捆类、坛瓶类以及组合包装、复合包装、集装箱等。危险品的运输包装中不允许使用包类、捆类和裸露的坛瓶类，因此危险品的包装类型主要为桶、箱、袋 3 大类。

（1）桶类包括：

（a）铁桶，包括马口铁桶、镀锌铁桶和各种大小的铁罐。

（b）铝桶。铝桶只能是小口桶，其接缝不能采用卷边机械咬合而必须焊接，一般适用于盛装腐蚀性液体。

（c）铁塑复合桶。铁塑复合桶一般有两种，一种是塑料复合在钢板上；另一种是小口铁桶内衬一只塑胆。铁塑复合桶只有小口桶，适用于盛装腐蚀性液体。

（d）木板桶。此种桶的桶壁和桶底都用木板制成，桶内涂涂料并衬有纸、布或塑料薄膜等，适用于盛装黏稠状的液体。

（e）胶合板桶，桶身用3层或5层胶合板制成，适用于盛装粉末状货物。货物应先装入纸袋、布袋或塑料袋内码紧密封不漏后，再装入胶合板桶内。

（f）纤维板桶、厚纸板桶，桶身用纤维板或多层牛皮纸粘合的厚纸板制成。

（g）塑料桶，一般是采用聚乙烯或钙塑为原料，加工成厚壁、薄壁、大小各异的包装容器。塑料桶一般用螺纹盖封口，应密封不漏。

（2）箱类包括：

（a）集装箱。集装箱是一种现代化的运输单元，实际也是一种容器，因其装载量大、结构科学、各种类型的货物以及托盘都能装入、装卸速度快，是目前国际海陆空运输中广泛采用的一种运输包装。

（b）铁皮箱，采用黑铁皮或白铁皮制成，接缝一般用焊接、铆接或双重卷边接合。铁皮箱一般用于装块状固体，爆炸物品的专用包装中很多都是铁皮箱，如子弹箱、炮弹箱等。

（c）危险货物保险箱，是一种特制的包装容器，一般用来运输少量的爆炸品以及性质特殊或科研所用的少量贵重危险品。

（d）密木箱，一般由底板、侧板、端板、顶盖板和加强板等组成，不留空隙，故称密木箱或全木箱。采用木箱包装危险货物时，木箱本身作为外包装应牢固、完好和严密不漏。

（e）胶合板箱、纤维板箱、刨花板箱，箱的六面板分别为胶合板、纤维板或刨花板。

（f）瓦楞纸箱。在强度达到规定要求的条件下，瓦楞纸箱可以代替全木箱作为外包装使用。

（g）钙塑箱。钙塑是在聚乙烯和聚丙烯中填充无机钙盐而制成的一种新型包装材料。在强度达到规定要求时，钙塑箱也可代替木箱作外包装。

（h）条板花格木箱，箱板的间隔应根据货物性质与重量确定，箱的六面全部为透笼称为全透笼箱，箱的任何一面为满面则称为半透笼箱。

（i）编织箱，包括筐、笼、篓等，在适用的条件下，可作为上述各种箱的替代品，主要用于油漆、农药的外包装。

（3）袋类包括：

（a）棉布袋，主要用于盛装粉状货物，可内衬纸袋、塑料袋或在布上涂塑。

（b）麻袋，一般以黄麻、红麻、青麻等为原料机织而成，主要适用于装固体货物，可内衬牛皮纸袋或塑料袋。

（c）乳胶布袋，由乳胶布制成，内衬塑料袋，具有耐酸碱、防水防潮、密封性能好的特点。

（d）塑料袋。塑料袋有塑料薄膜袋和塑料编织袋两种，塑料丝、带编织而成的袋即为编织袋，具有较高的强度，可以代替麻袋作货物的外包装。

（e）纸袋。纸袋一般是用 2 ～ 6 层牛皮纸制作而成，为防潮和增加强度，可在牛皮纸上涂塑。牛皮纸袋可作其他包装的内包装或里衬，也可作外包装；作外包装适用于盛装粉状固体货物，最常见的是用于盛装杀虫粉剂。

（f）集装袋，是集合运输包装的一种，可用塑料丝编织，也可用丙纶编织布、涂塑维纶帆布缝制，具有负荷力强、耐腐蚀、使用方便等特点。

3.1.4　危险品的运输风险

本章此前介绍了危险品的危险特性，由于危险品具有这些特性，运输过程中的风险是决策时需考虑的关键之一。学者们对危险品运输车辆路径优化的研究主要是将风险纳入车辆路径优化问题的决策范畴。本节将总结和分析相关研究中采用的风险度量方式。

Erkut 等（2005）总结了 8 种常见的风险度量方式，包括传统风险、人口覆盖、事故率、感知风险、期望 - 方差风险、负效用风险、最小最大风险、条件风险，如表 3-3 所示。

表 3-3 常见的风险度量方式

风险名称	风险表达式	研究者
传统风险（traditional risk）	$TR=\sum_{e(v_i,v_j)\in E}P_{ij}D_{ij}$	Alp（1995）
人口覆盖（population exposure）	$PE=\sum_{e(v_i,v_j)\in E}D_{ij}$	ReVelle（1991）
事故率（incident probability）	$IP=\sum_{e(v_i,v_j)\in E}P_{ij}$	Saccomanno（1985）
感知风险（perceived risk）	$PR=\sum_{e(v_i,v_j)\in E}P_{ij}D_{ij}^q$	Abkowitz（1992）
期望 - 方差风险（mean-variance）	$MV=\sum_{e(v_i,v_j)\in E}(P_{ij}D_{ij}+kP_{ij}D_{ij}^2)$	Erkut（2000）
负效用风险（disutility）	$DU=\sum_{e(v_i,v_j)\in E}P_{ij}(\exp(kD_{ij})-1)$	Erkut（2000）
最小最大风险（minimax）	$MM=\max_{e(v_i,v_j)\in E}D_{ij}$	Erkut（2000）
条件风险（conditional risk）	$CR=\sum_{e(v_i,v_j)\in E}P_{ij}D_{ij}\Big/\sum_{e(v_i,v_j)\in E}P_{ij}$	Sivakumar（1993）

第一，传统风险。传统风险模型是应用最为广泛的运输风险的度量方式，其将风险定义为事故发生率和事故发生后所产生后果的乘积，即为一种期望值。

第二，人口覆盖。由于传统风险用事故率与事故发生后产生后果的乘积来表示风险，缺少对事故后果的直接反映，无法做到规避重大事故，因而人口覆盖模型被提出。该模型仅考虑事故发生后受到事故影响的人口数量，专注于反映事故的危害。

第三，事故率。与人口覆盖模型相反，事故率模型则忽视事故发生后受到事故影响的人口数量，该模型的重点在于规避危险品运输事故的发生。

第四，感知风险。该模型的提出主要基于以下观点，即不同的情况下发生事故，民众对事故的感知是不同的。该模型类似于传统风险的定义，同样考虑了事故率和事故后果，但在事故后果处添加了一个参数，该参数的取值用以表示民众对事故后果的主观感知。

第五，期望 - 方差风险。该风险模型是传统风险模型和感知风险模型的综合。

第六，负效用风险。危险品运输事故往往产生有害的后果，危险品运输的潜在风险可以表达为一种负效用，因此提出了负效用风险模型。

第七，最小最大风险。危险品运输过程中的运输路径由若干个路段组成，利用运输路径中风险最大路段的风险来表示该条运输路径的风险，提出了最小最大风险模型。

第八，条件风险。该模型以每一次事故可能的平均后果作为给定路段的风险，并以运输路径上各个路段的平均后果之和作为运输路径的风险。

相关研究中采用的风险定义绝大多数都基于 Erkut 等（2005）所总结的这几种风险度量方式。近年来，一些学者也开始采用一些新颖的风险度量方式（如时变风险等），但使用频率最高的仍是上述 8 种风险度量方式。在此对其他风险度量方式不进行详细介绍，读者可根据研究的需要查阅相关的文献。

除了研究危险品运输风险的度量方式外，另一些学者则改进一般的车辆路径优化模型，这些研究成果主要集中于危险品运输路径选择问题和危险品运输车辆路径问题两个大的方面。本章以下部分将从危险品运输路径选择研究和危险品运输车辆路径问题研究两方面对现有相关研究进行整理和分类。

3.2 危险品运输路径选择研究

结合危险品运输和路径选择问题所进行的研究开始较早，历经多年的发展，至今仍保持着一定的热度。大量学者投身于此类研究工作，形成了一系列的研究成果。在这些研究中，一类通常是改造一般车辆路径选择问题的优化目标，改为对运输风险的考量；另一类则同时考虑运输成本（通常可用运输时间代替）最小和运输风险最小，研究多目标的路径选择问题。以下将详细综述这些研究成果。

3.2.1 单目标危险品运输路径选择研究

早期的危险品运输路径选择研究主要针对单目标危险品运输路径选择问题。Batta 等（1988）是较早开始此类研究的学者，他们针对运载“令人反感”货物的车辆，设定运输路径中距离人口密集区过近的部分为“令人反感”的部分，以“令人反感”的部分总长度最小为目标研究危险品运输的路径选择问题。Dadkar 等（2008）从另一个角度出发，认为需为危险品的运输路径增加多样性，以避免运输车队重复经过相同的人口密集区。他们利用 *k* 最短路算法生成可行路径的集合，并进一步筛选得到风险较小的路径集合，以供危险品运输车辆的驾驶员进行选择。

一些学者在研究问题中考虑了特殊的约束条件，如何正文等（2009）考虑交通网络的道路和节点均带有禁止时间窗的情形，以运输时间最小为目标建立了模型，并设计禁忌搜索算法求解。代文强等（2010）从实际的有害危险品运输选线问题所需要考虑的特征出发，对有害危险品的运输选线问题进行研究；构建了有害危险废弃物处理的选线网络，并将运输成本作为约束条件，在运输成本不超过上限的情况下研究运输风险最小化的危险品运输路径选择问题，给出了多项式时间的选线策略，并证明了该策略的效果。Kang 等（2014）则对传统的风险价值模型进行了扩展研究，建立了不确定性条件下带有风险公平性约束的模型，并且考虑了运输多品种危险品的情况。

风险的度量方式也是学者们的一个探索方向。Erkut 等（2000）提出了期望-方差风险、负效用风险、最小最大风险这 3 种风险的度量方式，并分别以这 3 种度量方式下的风险最小为目标计算了车辆的运输路径。宋伟程等（2012）考虑运输时间和季节情况的影响，将道路上运输的危险品看成一个点危险源，并根据危险品运输事故发生点周围空气中危险品的含量，将影响区域划分成死亡区域、重伤区域、轻伤区域，进一步将人员伤亡折算成财产损失；然后采用传统风险模型计算得到每条路段的风险值，建立了可以估算危险品泄漏事故毒害区面积和损失的风险评价模型，并结合传统风险度量模型和最小最大风险模型进行验证。Toumazis 等（2013）采用条件风险价值理论（conditional value-at-risk，CVaR）构建了时变网络条件下基于 CVaR 的危险品公路运输路径优化模型。曹欢等（2017）也运用条件风险价值理论，在公铁联运网络上以危险品公铁联运的风险最小为目标，构建了考虑决策者风险规避程度的危险品公铁联运路径选择模型；结果表明，决策者的风险规避程度会对危险品公铁联运过程中的运输路径和运输方式的选择有着重要的影响。

还有一些学者研究特殊网络或特殊条件下的危险品运输路径选择问题。Desai 等（2013）用具有随机分布特征的函数来表示各路段附近的人口密度，在随机动态网络上研究了时变条件下的危险品运输的路径选择问题。秦军昌等（2009）考虑天气状况对事故率的影响以及决策者的风险偏好，结合不同气象状况对于事故发生率和事故危害程度的影响因素，以危险品运输线路风险最小为目标建立了危险品运输路径选择的鲁棒优化模型，并将模型线性化以降低求解难度。麻存瑞等（2014）研究了不确定环境中危险品运输的路径优化问题，采用Bertsimas 鲁棒离散优化理论，建立了考虑决策者风险偏好且鲁棒性可调的危险品运输鲁棒优化模型并进行数据分析，结果表明不确定数据间的差异对解的鲁棒性存在影响。

随着此类研究的发展，学者们开始在优化目标中整合考虑运输成本和运输风险。辛春林等（2016）以运输费用和运输风险的加权值最小为目标，基于运输费用和人口风险的较强时变特性，将中转作业细化为中转运输、卸货装货和等待出发这 3 项子作业，建立时变条件下危险品多式联运的路径选择模型，并提出改进的 Dijkstra 算法进行求解；实例分析的结果表明，起点出发时刻不同，相应的危险品多式联运最短路径及最佳运输方式的组合便不同。李萍等（2019）基于由多个路径期组成的危险网络进行研究，以总成本和风险的加权值最小为目标，建立多个路径期的危险品公铁联运鲁棒模型，并分析了多周期动态规划方法对危险品联运网络以及路径决策的影响；研究结果表明，规划危险品的运输路线时，采用多周期的公铁联运网络，总运输成本明显优于单周期规划方法。上述这些研究也为多目标危险品运输路径选择研究奠定了基础。

3.2.2 多目标危险品运输路径选择研究

由于研究单目标优化问题难以体现决策者在风险和成本这两个目标之间的权衡，学者们展开了对多目标危险品运输路径选择问题的研究，此类问题拥有为数较多的研究成果。不同于单目标危险品运输路径选择研究，多目标问题的优化目标通常需要考虑风险和成本两个方面，或是以风险和成本最小为双目标，或是从描述风险的多个角度提出多个风险目标。

Current 等（1988）较早开始研究此类问题，他们以危险品运输车辆的行驶里程最小和路径覆盖人数最小为双目标建立路径选择模型，求解并给出危险品的运输路径。Zografos 等（1989）则考虑一个以承受风险的人口数最少、事故可能造成的财产损失最小、运输时间最短为目标的最短路径问题，并通过将目标按优先级排序来求得问题的解。马昌喜等（2009）以运输风险最小、运营时间最短及影响敏感人数最少为目标，建立发达运输网络环境下危险品公路运输的多目标路径选择模型，利用基于决策者偏好信息的权重信息和开方乘方集成算子对 3 个目标函数进行集成，并通过扩展标号法计算出最优折中解。Jassbi 等（2010）则以运输里程最短、社会风险最小、事故率最小、受影响人数最小为目标进行了研究。

在此基础上，一些学者进行了一些带有特殊性的研究工作。例如，Kazantzi 等（2011）结合最小费用流问题的思想进行了研究，并采用蒙特卡仿真法对模型进行了分析。殷勇等（2017）考虑危险品运输事故级联失效，以事故导致的交通拥堵最小、危险品运输事故影响的人口最少及危险品运输的总费用最少为目标，构建了多目标优化模型，采用改进的带精英策略的非支配排序遗传算法（NSGA-II）对模型求解，并以供应点选择多种车辆运输多种危险品到需求点的运输案例验证了模型和算法的可靠性；结果表明，利用 NSGA-II 算法可以获得危险品运输路径和车辆选用的一系列 Pareto 最优解集，解集的空间分布均匀且具有收敛性和鲁棒性，决策者能够在解集中选择侧重点不同的危险品运输路径。柴获等（2017）则考虑公平性，以风险公平性、多次运输平均成本、多次运输平均风险最优为目标建立了基于风险公平的多 O-D 点对间危险品运输车辆调度优化模型，通过获取周期性调度方案来减小人口聚集区域间的风险差异，实现区域风险分布公平的目标，针对该模型设计了可供交互的两阶段优化算法。代存杰等（2018）分析了运输网络的随机时间依赖特征，对分段连续时间区间内各路段的行程时间和受影响人数进行曲线拟合，考虑到达时间窗的约束，以运输时间、运输风险的期望值和标准差为优化准则建立数学模型，结合随机时间依赖网络的性质设计了两阶段多维标号修正算法，得到不同出发时刻以给定置信水平满足时间窗约束的非支配路径集合，并提出准则权重和阈值支配方法；结果表明，危险品在随机时间依赖路网中的行程时间和运输风险与到达时间窗的设置和出发时刻的选取有关，生成的非支配路径取决于出发时刻和运输商的选择偏好，非支配路径的数量取决于支配阈值的大小，不同类型运输商可根据准时到达的置信水平来选择出发时刻与运输路径的最优组合。

除上述研究外，学者们还从特殊约束条件、特殊风险度量、特殊网络和特殊运输条件等角度入手，开展了大量的研究工作。

1. 特殊约束条件

一些学者在问题中加入一系列约束条件，如 Meng 等（2005）建立了一个考虑有限的操作时间及带有等待和服务时间窗约束的双目标危险品运输模型，通过动态规划的方法进行了求解，并利用新加坡的交通网络进行了实例分析。种鹏云等（2014）定义了一种危险品运输的连通可靠性，提出基于连通可靠性的危险品运输路径选择方法，在满足最小路径连通可靠性的条件下，以路径风险、运输时间和运输成本最小为目标建立多目标优化模型，并通过带精英策略的非支配排序遗传算法求解路径选择的多目标优化问题；结果表明，将路径连通可靠性引入危险品路径选择问题中，可以很好地刻画道路运营状况的不确定性，更符合实际情况。代存杰等（2018）针对危险品运输路径全局优化研究中存在的不足，根据运输路径的物理特征，结合路段风险值给出路径间的物理相异度计算方法，根据各路段在路网内的地理位置，给出路径间的空间相异度计算法，并设置总风险阈值和最小相异度约束，建立同时考虑累积运输风险、运输费用和运输时间的多目标优化模型，采用 NSGA-II 算法进行求解，并进行实例分析；结果表明，设置危险品运输路径之间的相异度约束，可减少共用路段 / 节点数量，避免运输风险在局部区域内过度集中，并且增加累积运输风险，有利于提高路径之间的物理相异度和空间相异度，使运输风险的分布更为分散，同时扩大了运输商的路径优化空间。

时间窗约束也是学者们的关注点。Androutsopoulos 等（2010）考虑运输车辆的出发时间与到达时间，假设配送成本和运输风险都依赖于时间，在客户有时间窗要求的条件下建立了以最小成本和风险为目标的危险化学品运输路径选择模型，并采用一种改进的插入法求解。Verma 等（2010）研究了以成本和风险最小为目标的危险货物公铁联运路径选择问题，建立带有软时间窗和惩罚机制的模型并求解；结果表明采用优质服务（即速度更快）的列车，选择距离较长但风险较低的路线较为有效。魏航等（2007）针对运输过程中往往有宵禁限制的情况，考虑了有宵禁限制和时变因素的有害物品运输路径选择问题，建立了允许有多个出发时间且时变条件下的有软、硬宵禁限制的有害物品运输最短路径模型，利用动态规划设计了求解算法，并证明了算法的复杂性；对网络中可行路径在不同限制条件下的目标值进行了排序并证明，路径决策者可以根据自身的情况选择合适的出发时间和路径。

2. 特殊风险度量

在多目标危险品运输路径选择中，也有学者研究特殊风险度量下的问题。邹宗峰等（2012）从责任主体、社会影响等方面综合考虑危险化学品运输相关者，综合考虑成本、风险、道路能力、路况、运输时间，提出 5 大指标体系，通过熵权法得出危险品的运输风险，在混合时间窗条件下建立多目标危险品运输路径选择模型并求解，得到每条最优路径的出发时间窗，且每个最优解代表了某项指标达到相对最优时的路径，决策者可根据决策偏好及关注重点从多条最优路径中选择最合适的路径；数据分析的结果表明，5 大指标的重要程度依次为：风险 > 成本 > 路况 > 道路能力 > 运输时间。Bronfman 等（2015）则设定考虑人口聚集区中心至运输路径最近距离的安全系数，构建了安全系数最大和成本最小的双目标优化模型。薛翔等（2016）考虑运输网中发生交通拥堵或封路的情形，考虑危险品运输终端的不确定性需求对运输总成本与道路安全的影响，将人口中心至附近路段的最短距离与人口中心人口数的比值设为道路安全指数，构建了以道路安全指数、总运输成本最优为目标的随机优化模型。

3. 特殊网络

大多数的相关研究均基于一般网络，而一些学者则在特殊网络中开展研究工作。例如，魏航等（2006）考虑在时变网络条件下有害物品运输过程中，运输成本和运输风险随着时间的变化而有所不同，结合有到达时间限制和允许车辆在运输网络中等待的情况，以有害品的运输风险和成本最小为目标，研究了有害物品运输的路径选择问题，并通过算例测试表明在时变条件下允许有害物品于运输中进行等待可以在一定程度上减少成本和降低风险。Erkut 等（2008）则在无管制模型、过度管制模型、两步模型、双层模型这 4 种不同的网络中以运输风险最小和运输成本最小为双目标研究 O-D 点对间的危险品运输车辆路径选择问题。

由于危险品运输具有明显的双层网络特征，即政府部门为上层决策者，危险品物流公司为下层决策者，双层网络中的危险品运输路径选择的研究也是一些学者关注的重点。储庆中等（2010）着眼于运输网络的双层特性，以政府期望的风险最小为上层目标，以运输者期望的成本最小为下层目标，建立了危险品运输网络双层规划模型；结果表明，无管制模型和过度管制模型从理论和实践上都不现实，两步模型的结果将超出政府的预期，实际风险较大，而双层规划模型虽然使总运输成本有所增加，但风险得到了有效的控制，比两步模型的风险更低，与最低风险最为接近。Minciardi 等（2011）则针对双层网络条件下的问题，考虑上层决策者可以影响下层决策者，如通过调整通行费等措施，以成本最小和风险最小为双目标建立了危险品运输路径选择模型。辛春林等（2016）研究不确定型区间风险数据情境下的危险品运输网络的风险规避问题，采用最小最大准则，通过寻找绝对鲁棒最短路径的方法，构建了一个具有鲁棒性的危险品运输网络双层规划模型，并结合 Dijkstra 算法设计启发式算法进行求解；结果表明，采用最小最大准则建立的危险品运输网络整体鲁棒性强，能成功规避运输网络上的风险波动，进而减少危险品在运输过程中带来的潜在危害。王伟等（2018）从危险品运输网络的角度，提出针对危险品运输车辆的车速限制策略，讨论车辆限速对危险品运输网络总风险和总成本的影响，构建了危险品运输网络优化的双层规划模型，上层规划以网络总风险和总时间成本的加权最小化为目标，下层规划以危险品运输企业的总时间成本最小化为目标，此后采用粒子群优化算法求解该模型；结果表明，政府部门运用车辆限速方法，在兼顾企业利益的同时，能有效降低危险品运输网络的总风险，当政府对风险的关注度不同时，得到的各路段最优车辆限速可能也不相同，在控制危险品运输风险方面，车辆限速策略相较于路段禁行或收费策略更具有合理性和可操作性。

4. 特殊运输条件

结合危险品运输的实际情形，学者们在特殊的运输条件下进行了研究。多式联运条件下的研究是主要内容，如 Verma 等（2012）将风险定义为进、出铁路站点的道路运输风险和铁路运输风险等部分，研究了危险品公铁联运的双目标危险品运输路径选择问题。黄丽霞等（2014）以运输商的角度研究危险货物多式联运的路径优化问题，综合考虑运输、转运过程所产生的送达时间、路段能力等限制，以运输和转运过程中的总成本和总风险最小为目标建立了考虑多批货物且带有送达时间要求的多式联运危险货物的路径优化模型，集成路径搜索算法和非支配排序规则，设计了基于帕累托分析的多目标优化算法；结果表明，相比于单式运输，多式联运危险货物有望同时降低总成本和总风险。

还有学者考虑了诸多不确定性条件的影响，如刘亿鑫等（2019）以危险品需求量和集中人口数量为随机变量，构建了双重不确定条件下以运输成本和风险期望值最低为目标的随机优化模型并求出 Pareto 解集，为危险品运输问题提供可行的运输路径方案；结果表明，人口中心主要对危险品风险期望具有影响，且风险期望越高，受到人口中心影响越大，终端需求量对危险品运输风险期望和成本期望均有影响，且接近一定范围时变化趋势变小，说明根据客户终端需求量可以对车辆的选择进行进一步考虑，控制 Pareto 解集的范围，以达到控制运输路径的成本和风险的目的。

3.3 危险品运输车辆路径问题研究

上一节综述了危险品运输路径选择的研究成果，但是此类研究主要是针对O-D点对间的车辆路径进行优化，然而危险品物流公司在决策时常常需要安排整个车队的运输路线，结合危险品运输和车辆路径问题所进行的研究便可以解决这一问题。车辆路径问题是运筹学和组合优化中的经典问题之一，其优化目标通常是整个车队的运输成本最小（或运输时间等），几类常见的车辆路径问题的研究成果如下：

1. 带容量约束的车辆路径问题

绝大多数车辆路径问题均包含车辆装载量约束（容量约束）。带装载量约束的车辆路径问题可描述为：一个或多个配送中心拥有车辆，需要为一系列各自具有不同需求量的客户进行配送，由于车辆有装载量的限制，每辆车所负责配送的客户的需求量之和不能超过车辆的装载量。可以看出，带车辆装载量约束的车辆路径问题可视为旅行商问题的更一般化情形，其求解过程更为复杂，是典型的NP难题。Clarke和Wright（1964）建立了一个经典的带车辆装载量约束的车辆路径模型，并设计了节约算法进行求解；Gaskell（1967）、Mole和Jameson（1976）、Nelson等（1985）、Paessens（1988）以及Altinkemer和Gavish（1991）等学者在此基础上进行了进一步研究。Gillett等（1976）以及Fisher等（1981）致力于研究两阶段算法，即先将客户分为若干组，然后再决策为每组客户配送的车辆路径；该方法的求解过程基于旅行商问题，有相对较好的结果。Stewart等（1984）则设计了一个拉格朗日松弛方法，在求解过程中可将车辆路径问题松弛为一组旅行商问题。近些年，随机搜索启发式算法的应用越来越多，如遗传算法、禁忌搜索、蚁群算法等。

2. 带行程约束的车辆路径问题

车辆行程约束一般是指在配送过程中，每辆车的行程具有限制。行程可以用行驶里程表示，也可用工作时间等表示，在车辆达到行程限制后必须退出配送活动或要求车辆在达到行程限制前返回配送中心。Cordeau和Laporte（2001）建立了带有车辆行程约束的车辆路径模型，并设计了禁忌搜索算法进行求解。Cordeau等

（2004）在此基础上，进一步对带时间窗的该问题进行了研究，设计了改进式禁忌搜索算法进行求解。同时考虑车辆行程约束和随机性的需求，Erera 等（2010）详细分析了车辆行程约束与可行解之间的关系，并通过算例模拟进行了证明。

3. 带时间窗约束的车辆路径问题

一般来说，配送时间窗是指客户对于货物的送达时间具有一定的要求。Golden 等（1986）较早开始研究带时间窗的车辆路径问题。Cordeau 等（1997）则研究了周期性的带时间窗的车辆路径问题，并设计了禁忌搜索算法进行求解。Kima 等（2006）研究了带时间窗的小区垃圾回收车辆路径问题，并设计了模拟退火算法进行求解。Hashimoto 等（2006）同时考虑硬时间窗和车辆最大行驶时间约束进行研究，并设计了蚁群算法进行求解。Bent 等（2016）研究了同时送货取货的带时间窗的车辆路径问题，并设计了两阶段混合启发式算法求解。Fu 等（2008）针对带软时间窗的车辆路径问题进行了研究，设计了禁忌搜索算法进行求解。Calvete 等（2007）则针对带软时间窗的问题，提出了一种先枚举后优化的精确算法。

4. 同时送取货的车辆路径问题

同时送取货的车辆路径问题，即车辆除送货任务外，还需要承担从客户处取货的任务（如收发快递、汽水或啤酒的配送和空瓶回收等）。与一般的车辆路径问题所不同，在配送过程中，每辆车都需要有足够的装载量来装载所服务的客户处的货物。早期的同时取送货的车辆路径问题，要求取货任务必须安排在送货任务之后来进行。Toth 和 Vigo（1999）针对需送货的客户和需取货的客户分别建立独立的配送方案，随后将车辆路径连接来得到最终的配送方案。Gajpal 等（2009）则针对带有时间窗的该问题，设计了改进的蚁群算法进行求解。此后，学者们开始研究允许取货任务和送货任务混排的问题。如 Anne 等（2001）采用蚁群算法计算，然后利用线路改善局部调整方法，对方案进行二次优化。

虽然对车辆路径问题的研究始于 1959 年，至今已经历了长足的发展，但对危险品运输车辆路径问题的研究在进入 21 世纪后才逐渐成为热点。以下将详细综述这些研究成果。

3.3.1 单目标危险品运输车辆路径问题研究

类似于单目标危险品运输路径选择问题，单目标危险品运输车辆路径问题也主要是在一般车辆路径问题的基础上考虑与风险相关的特殊优化目标或约束条件。

Tarantilis 等（2001）研究了多品种危险品的运输问题，他们设定了风险阈值约束，问题的优化目标是在满足风险阈值的条件下使得运输距离最短。吕品（2011）则针对危险品运输配送过程中的路径优化问题，以风险和成本的加权最小为单目标建立模型，其中风险为人员风险和环境风险的整合指标，并通过遗传算法求解；结果表明，综合考虑风险与运输费用两方面所构建的改进 VRP 模型，能够反映危险品配送运输的约束条件与目标要求。Bula 等（2016）基于传统风险的定义，在事故概率中考虑危险品类型和数量的影响，建立了以风险最小为目标的优化模型并采用遗传算法尽心求解。Bula 等（2017）进一步针对此问题设计了一个非线性的风险函数，建立危险品运输车辆路径模型，并设计了一种变邻域搜索算法求解。

由于结合危险品运输和车辆路径问题的研究相对开始较晚，此时研究多目标的危险品运输问题已成为学者们关注的重点。虽然单目标的研究数量较少，但是也为多目标危险品运输车辆路径问题的研究打下了基础。

3.3.2 多目标危险品运输车辆路径问题研究

多目标的危险品运输车辆路径问题可以体现决策者在风险和成本这两个目标之间的权衡，在 2010 年前后，这类问题成为危险品运输车辆路径优化的主要研究方向。较早的研究是 Zografos 等（2004）所研究的以运输成本和运输风险最小为双目标的危险品运输车辆路径问题。柴获等（2015）简化了运输车辆经过人口密集区的风险因素量化过程，以经过人口密集区域的路径长度表示在此路径上的运输风险，以车辆数最少、运输总距离及经过人口密集区域的行驶距离最短为目标，建立了危险品车辆运输路径优化模型，并针对模型设计基于概率模型的多目标进化算法求解；结果表明，以经过人口密集区域的路径长度表示在此路径上的运输风险能够在近似反映风险目标的同时大大降低模型的复杂性。袁文燕等（2017）建立了同时考虑运输费用和运输安全风险的危险化学品运输双目标优化模型，该模型引入了描述需求点访问次序的决策变量，减少了传统模型的决策变量个数和约束条件的数量，最后提出了一种改进的粒子群算法求解。强永等（2017）考虑了车辆限载和调度成本，构建了以利润最大化和途径人口密集区的风险成本最小化为目标的混合整数规划模型，综合考虑了自有运力及承运量、调入运力及承运量、车辆调拨方式，并通过分层求解法求解；结果表明，与不允许车辆调拨相比，允许车辆调拨使得运价更低，可以满足更多的运输需求。

除上述研究外，学者们从特殊约束条件、特殊风险度量、特殊网络等角度入手，开展了一些研究工作。

1. 特殊约束条件

一些学者在研究中加入了对时间窗的考量，如 Pradhananga 等（2014）建立了以总运输时间最小和总运输风险最小为目标的带时间窗的危险品运输双目标优化模型，并设计了启发式算法以求得近似的帕累托最优解。Fan 等（2015）则综合考虑了危险品运输行驶路段的禁行管控措施，构建了时间窗的保证风险和成本最小化的双目标混合整数规划模型。

还有学者从运输安全性的角度提出特殊的约束条件，如柴获等（2019）考虑时空相异性，保证车辆间的安全距离，分析了危险品运输车辆间事故的距离敏感性，提出了车辆间安全时空距离的概念，分析了危险品运输车辆发生事故与时空距离的关系，提出了危险品运输车辆间时空安全距离评价方法，以运输成本、风险、运输时间这 3 者最优为目标，建立了满足时空相异约束的危险品运输车辆调度模型，并设计了两阶段的求解算法；结果表明，考虑车辆时空相异进行危险品运输车辆调度，可获得不同危险品事故影响系数下的危险品运输车辆调度时刻表，从而保证车辆在行驶过程中始终保持安全距离，危险品事故影响系数或事故影响接受度越小时，车辆发车时的间间隔越大，从而导致运输总时间变长。

2. 特殊风险度量

一些学者们致力于在研究中结合更贴近实际的风险度量，如 Pradhananga 等（2010）研究了基于车辆路径问题的危险品运输，在风险度量上采用了人口暴露模型，建立了双目标优化模型，并设计蚁群算法求解。

3. 特殊网络

Androutsopoulos 等（2012）建立了时变网络上以运输成本和总风险最小为双目标的危险品运输车辆路径模型，采用加权的方法将原多目标问题转化为单目标问题并设计相应的启发式算法，通过变化权重的值进行多次求解得到近似的帕累托前沿。

对多目标危险品运输车辆路径问题的研究历经了 10 年左右的发展，虽然在成果数量上少于路径选择问题，但相较而言，多目标危险品运输车辆路径问题更贴近决策者所面临的实际问题。伴随着多目标优化问题求解技术的发展，此类研究也是未来的重要研究方向。

3.4 其他相关研究

学者们对于危险品运输车辆路径优化的研究工作，主要集中于危险品运输路径选择问题和危险品运输车辆路径问题两个方面。本章上述部分已经对这些内容进行了综述。除这些研究外，还有学者从其他角度进行了一些研究工作，如危险品运输的选址—路径问题。此外，本书的第5章至第8章将结合禁止车辆并行、考虑事故后路段失效、基于实时装载量风险、重大事故规避这4个实际情景，研究创新性的危险品运输车辆路径优化问题，本节也将对与危险品运输的特殊情景相关的研究进行综述。

3.4.1 危险品运输的选址—路径问题研究

除危险品运输路径选择问题和危险品运输车辆路径问题的研究外，还有学者研究了危险品运输的选址—路径问题。选址—路径问题是设施选址和运输路径选择的整合优化问题，相对于路径选择问题和车辆路径问题而言，选址—路径问题更为复杂。由于这类问题的复杂性，在求解方面较为困难，解的质量也常存在参差不齐的情况，因此对此类问题的研究数量较少；但此类问题所针对的是决策者在现实中可能面对的一类实际问题，因此针对危险品运输的选址—路径问题也有很多值得研究的内容。

与危险品运输路径选择问题和危险品运输车辆路径问题类似，相较于一般的选址—路径问题，在危险品运输的选址—路径问题中也须将风险纳入决策范畴。但是，区别之处在于除危险品的运输风险外，有些学者还考虑了与危险品相关的设施也存在着风险。以下详细综述危险品运输选址—路径问题的研究成果。

Helander等（1997）研究了一个以危险品运输事故数量的期望值尽可能小为目标的选址—路径整合优化问题，根据两种不同的路径策略，构建了两个数学模型，最后求出精确解并以曼切斯特为例进行了实例分析。易玉枚等（2011）考虑经济效益和危险品的运输风险，在优化目标中考虑配送中心土地成本、建设成本、运行费用、运输费用、选址风险、运输风险、敏感目标人数等多个方面，建立了危险化学品物流配送中心选址与运输路径选择模型；采用专家打分法对各子目标权重进行打分，将多目标优化问题转化为单目标优化问题，并给出一种启发式算法进行求解。Samanlioglu（2013）研究了一个针对有害工业废弃物的选址—路径问题，该问题以总成最小、运输风险最小、设施周围的人口风险最小为目标，通过一种加权法处理了原问题的多个目标，并结合 Arcview GIS 软件在土耳其进行了仿真实验。乔联宝等（2013）以运输车辆的购置费用、货物运输费用、配送中心建造费用之和最小、暴露的人口数量最小、危险事件发生概率之和最小为目标建立了不考虑时间窗约束的危险品配送中心选址及路径选择模型，并通过编写程序迭代进行算例分析；结果表明在短时期内，固定费用的大小对最终的选址起主导作用，而在长期运营中，路径选择产生的运输成本则会对选址决策有很大的影响。

还有学者考虑了特殊的约束条件，如张敏等（2008）给出危险度的定义，以物流系统成本最小、配送网络风险最小、风险公平性最大化为目标，建立了带有路网危险度瓶颈限制的危险品集成物流系统选址—选线的多目标模型，设计了一种启发式算法进行求解；最后算例分析的结果表明，应根据实际情况选择相应危险度等级的配送装置，从而达到成本与风险的平衡，而对于具有一定规模的危险品配送网络来说，即使配送中心无容量限制，合理选用多个配送中心也往往比选择一个配送中心更为经济。李双琳等（2014）以总成本最小和危险品运输车辆在配送过程中所产生的危险可能性最小为目标，建立考虑时间窗约束的危险品配送中心选址—路径问题优化模型，并设计混合遗传算法求解；结果表明，与只考虑总成本的结果相比，考虑运输风险能够以较少的人力资源配备实现危险品的储存和运输。

也有学者考虑了诸多的特殊性，如 Romero 等（2016）针对危险物品的选址—路径分析，结合基尼指数提出了一个考虑公平性的目标并建立模型，结合“拉格朗日松弛”和“列生成”的思想设计求解方法，并给出了案例分析。辛春林等（2016）以运输成本和运输风险最小为目标，建立既考虑各配送中心到各需求点的多式联运最优路径，又考虑选址配给问题的选址—多式联运路径优化模型，引入目标权重和经济转化因子，将原多目标优化问题转化为单目标优化问题，并设计改进 Dijkstra 算法和 O-D 矩阵搜索算法对模型进行求解；最后实例分析的结果表明，单目标优化并不能满足具有不同偏好的决策者，且不同的运输方式组合，会影响最优路径的目标值，进而影响整个问题的目标值。杜天松等（2018）以总成本最小、风险最低、可靠性最强为目标，在双层配送网络上，以道路危险度等级为约束，构建了一个油田危险品物资运输的多目标选址—路径优化模型，通过多目标演化算法求得了帕累托最优解的集合，并采用随机多属性可接受度分析方法对帕累托最优解集进行再次筛选，最终得到选址方案和配送路线。

3.4.2 与危险品运输情景相关的研究

除上述与危险品运输车辆路径优化直接相关的研究外，还有很多研究与危险品运输的特殊情景相关。本书在第 4 章构建危险品运输车辆路径优化的基本模型后，第 5 章至第 8 章分别在 4 个不同的实际情景下对危险品运输车辆路径优化进行深入研究，这 4 个情景分别为禁止车辆并行的危险品运输车辆路径优化、考虑事故后路段失效的危险品运输车辆路径优化、基于实时装载量风险的危险品运输车辆路径优化以及重大事故规避的危险品运输车辆路径优化。以下将对与这些情景相关的研究进行综述。

首先，是禁止车辆并行的危险品运输车辆路径优化。禁止车辆并行的原因是危险品事故具有传播性，即一起事故发生后，很容易影响临近的相关单元，导致事故后果扩大或者二次事故，这一特性在危险品贮存园区布置等研究中被广泛考虑。Cozzani 等（2005）建立了一套系统的风险传播（即多米诺效应风险）定量评价方法，并提出将多米诺效应纳入决策范畴以正确评估和控制风险。Cozzani 等（2006）进一步将风险传播与地理信息系统相结合，设计了风险定量评价程序，并应用于化工厂布局的几个案例。Darbra 等（2010）通过对 225 起事故案例进行分析，研究了风险传播在工厂和危险品运输中的主要特点，分析的方面包括事故情景、事故类型、涉及的危险品类型、事故原因和事故后果等，结果表明爆炸导致火灾再引发爆炸是主要的事故传播序列。Zhang 等（2011）研究了化工园区的事故传播，认为事故的多米诺效应是避免事故升级的关键，并指出为了控制事故规模，必须切断各风险对象之间的联系。

其次，是考虑事故后路段失效的危险品运输车辆路径优化。危险品运输存在一个重要的实际情形，即如果发生重大事故，发生事故的路段将因事故处置和清理过程而会无法继续通行（路段失效），并且危险品物流公司需要另外安排一辆车继续进行事故车尚未完成的运输任务，才可以满足客户的需求。在涉及交通拥堵的城市交通路径选择的相关研究中，诸多学者考虑了路段失效的情况，主要包括出行者在出行前的路径选择和出行者遭遇实时突发性堵塞的占线路径选择策略两个方面。对于出行者在出行前的路径选择，一类研究针对最短路径上的关键边或关键点，如 Corley 等（1982）研究了如何在加权网络中寻找 n 个最重要的节点，删除这些节点会导致两个指定节点之间的最短路径距离增加。Nardelli 等（2003）研究了如何在路网中找出一类关键点，此类关键点发生堵塞对网络效率的影响最大，并证明了该问题的时间复杂性和空间复杂性。另一类则研究相异路径问题，即 O-D 点对间的多条路径，使得决策者在出发前即拥有多种可选方案，一旦某条路径发生堵塞则可选择其他路径代替。Miaou 等（1991）研究了在美国洲际公路系统上运输核废料的情境下，求解 k- 最短路径的算法，他们设计了 4 种不同的算法并对算法的性能进行了比较。Akgun 等（2000）在给定交通网络的情况下，研究了在 O-D 点对间寻找若干空间上不同的路径的问题，对 3 种不同空间路径生成方法进行了讨论，并介绍了这些方法的计算经验。对于出行者遭遇实时突发性堵塞的占线路径选择问题，Papadimitriou 等（1991）首先提出了加拿大旅行者问题，即出行者已知路网结构但在出行中会遭遇不可预知的突发性堵塞，如何进行路径选择的问题。Xu 等（2009）在此基础上开展了进一步研究，提出了贪婪策略和短视策略以及二者结合的比较策略，并证明了策略的竞争比。Su 等（2008）则研究了堵塞可恢复的加拿大旅行者问题，提出了一个最佳策略，即比较策略。

再次，是基于实时装载量风险的危险品运输车辆路径优化。大部分危险品运输车辆路径优化的相关研究将运输风险视为路段上的固定权重（如事故概率、人口数量）。例如，Erkut 等（2005）总结的常见的危险品运输风险的度量方式，其中传统风险在相关研究中的使用率最高，其将危险品的运输风险定义为事故概率和事故后果的乘积，其他风险度量方式还包括人口覆盖、事故率、感知风险、期望 - 方差风险、负效用风险、最小最大风险、条件风险。然而，危险品运输车辆的实时装载量是风险的重要相关因素，不同实时装载量的车辆在同一处发生事故所造成的后果显然不同。因此，仅将运输风险考虑为路段上的固定权重无法反映出实际情形。在危险品运输车辆路径优化的相关研究中采用的风险定义绝大多数都基于 Erkut 等所总结的这几种风险度量方式。近年来，一些学者也开始采用时变的风险度量方式。Setak 等（2015）研究了时变风险的车辆路径优化，但是他们所建立的模型仅以运输成本最小为单个目标。Androutsopoulos 等（2012）在双目标危险品运输车辆路径优化的研究中采用了时变风险，他们提出的风险度量包括了时变的事故发生率、时变的危险品泄漏率以及时变的人口数量，但是他们所提出的风险度量并没有将车辆的实时装载量视为关键，也没有时变风险参数的具体定义及表达式。

最后，是重大事故规避的危险品运输车辆路径优化。在危险品运输车辆路径优化的相关研究中，常用事故概率与事故后果的乘积来表示风险（即期望值），但是一些学者认为用期望值表示风险违背了重大事故规避原则。因为概率较低并不代表完全不可能发生事故，一旦危险品运输车辆在事故后果非常大的路段发生事故，就会造成严重的危害。多位学者提出将风险定义为事故后果，并且最小化车辆路径上所有路段的事故后果最大者，然而他们的研究集中于优化 O-D 点对间的运输路径。例如，ReVelle 等（1991）针对商业核反应堆燃料棒的运输问题，基于核反应堆燃料棒极大的危险性质，提出将风险定义为运输路线上的人口覆盖，并建立了以运输成本最小和人口覆盖最小为双目标的运输车辆路线选择模型。Bell 等（2008）认为道路交通网络的可靠性取决于其面对破坏性事件时的脆弱程度，他们提出了一种网络脆弱性的分析方法，并研究了一个以最坏情况尽可能好作为风险规避目标的路线选择问题。Bersani 等（2010）认为危险品运输的风险规避即为找到 O-D 点对间最大事故后果最小的路径，他们将整个运输活动分解为多个 O-D 点对间的运输活动并进行分析和求解。Liu 等（2013）研究了铁路运输网络上的危险品运输路径选择问题，他们将断轨视为事故的最坏后果，以最坏后果影响最小为目标建立模型并进行了求解。

3.5 本章小结

学者们针对危险品运输车辆路径优化进行了大量的研究工作，上文已对现有相关研究进行了整理和分类。早期的相关研究主要是单目标危险品运输车辆路径优化，成果数量较多，而多目标危险品运输车辆路径优化是近年来的主要研究方向。除上文综述的研究外，还有很多的相关研究，在此不能全部列举。现有的研究成果仍无法完全解决决策者面对的实际问题，存在诸多可改进和完善的空间，也有很多新的问题尚待解决。

将上面综述的部分研究的优化目标总结如表 3-4 所示，可以看出大部分相关研究以运输成本最小和总风险最小为双目标。然而，仅考虑总风险最小而不考虑危险品运输车辆的个体风险可能会导致如下情况，即部分车辆的风险特别高，尽管总风险较低。一旦风险高的危险品运输车辆发生事故，会造成严重的危害，对运输活动产生极为不利的影响。本书后续内容将在以往相关研究的基础上，着眼于危险品运输过程中车辆的个体风险，以车辆个体风险最小和运输成本最小为双目标，研究危险品运输车辆路径优化。

表 3-4　多目标危险品运输车辆路径优化相关研究的目标

研 究 者	运输成本最小	总风险最小	行驶距离最短	人口覆盖最小	事故率最小	死亡人数最小	受天气影响最小	重复承担风险人数最少	社会风险最小	价值风险最小	运输过程用时最短
Abkowitz（1988）	√	√									
Zografos（1989）		√		√							√
Karkazis（1995）	√	√									
Helander（1997）	√					√					
Akgun（2000）	√	√									
Zografos（2004）	√	√									
Zografos（2008）	√	√									
Akgun（2007）	√						√				
Dadkar（2008）	√							√			
Marti（2009）	√		√								
Verna（2009）	√	√									
Jassbi（2010）			√	√	√				√		
Kand（2011）	√									√	
Minciardi（2011）	√	√									
Kwon（2012）	√									√	
Kara（2004）			√	√							
Erkut（2007）				√	√						√
Erkut（2008）	√	√									
Clark（2009）	√	√									
Kazantzia（2011）	√	√									

续表

研 究 者	运输成本最小	总风险最小	行驶距离最短	人口覆盖最小	事故率最小	死亡人数最小	受天气影响最小	重复承担风险人数最少	社会风险最小	价值风险最小	运输过程用时最短
Xie（2012）	√	√									
Meng（2005）	√	√									
Androutsopoulos（2012）	√	√									
Pradhananga（2010）	√	√									
Pradhananga（2014）	√	√									
Fan（2015）	√	√									

多目标危险品运输车辆路径优化是研究的主要趋势，现有研究中采用的方法多为加权法、分层求解法、几种多目标进化算法（如NSGA-II）和ε约束法等。表3-5列出了部分多目标危险品运输车辆路径优化研究中所采用的求解方法。但是，这些方法均存在缺陷，而ε约束法可求得完整的帕累托前沿，具有一定的优势，只是该方法求解大规模问题压力较大，需结合问题性质设计有效的优化策略。本书后续内容也将针对构建的双目标危险品运输车辆路径优化模型，结合ε约束法设计可求得帕累托前沿的精确算法，并且为大规模问题设计近似算法，以期为多目标危险品运输车辆路径优化的求解提供一些思路。

表3-5 多目标危险品运输车辆路径优化的部分求解方法

研 究 者	研 究 问 题	求 解 方 法
Zografos（1989）	多目标路径选择	分层求解法
Zografos（2004）	多目标车辆路径问题	加权法
魏航（2006）	多目标路径选择	加权法
Jassbi（2010）	多目标路径选择	加权法
Androutsopoulos（2010）	多目标车辆路径问题	加权法
辛春林（2016）	多目标路径选择	分层求解法
殷勇（2017）	多目标路径选择	非支配排序遗传算法
刘亿鑫（2019）	多目标路径选择	多目标粒子群算法
柴获（2019）	多目标车辆路径问题	非支配排序遗传算法

第 4 章 危险品运输车辆路径优化的基本问题

4.1 引　　言

本书第 2 章和第 3 章介绍了危险品运输车辆路径优化研究所需用到的理论基础和国内外相关文献综述，本章将给出危险品运输车辆路径优化的基本问题，构建危险品运输车辆路径优化的基本模型；在此基础上，构建基于车辆个体风险的危险品运输车辆路径优化模型，并详细介绍如何应用几种常见的方法进行求解。本章内容是危险品运输车辆路径优化研究的基本内容，也是第 5 章至第 8 章研究的基础。

危险品运输问题不同于普通货物的运输问题，由于危险品的危险特性，在进行危险品运输决策时以及在危险品运输车辆路径优化的研究中，运输过程中的风险是一个必须考虑的重要因素。因此，将风险纳入决策范畴，结合车辆路径优化的经典问题，即构成危险品运输车辆路径优化的研究问题。

近年来结合车辆路径问题所做的研究越来越多，因此本章给出的经典危险品运输车辆路径优化问题是一个以运输成本和风险最小为双目标的车辆路径问题。将从问题描述与相关定义、决策变量与模型构建两个方面进行详细论述。在此基础上，结合危险品运输车辆路径优化的创新性内容，即对车辆个体风险的考量，给出基于车辆个体风险的危险品运输车辆路径优化问题。最后，结合基于车辆个体风险的危险品运输车辆路径优化问题，简要介绍如何应用加权法、分层求解法、ε约束法这 3 种常见的多目标优化问题求解方法进行求解。

4.2 经典危险品运输车辆路径优化问题

由于风险是危险品运输车辆路径优化研究中必须考虑的重要因素，在问题界定阶段，首先必须明确运输风险的定义。Erkut 等（2005）总结了 8 种常见的风险度量方式，其中传统风险在相关研究中的使用率最高。因此，选择传统风险作为本问题的风险定义，即风险定义为事故率和事故后果的乘积，其中事故率可由历史数据中获取，事故后果一般可用事故路段周围的人口数来表示。

经典危险品运输车辆路径优化问题一般是一个双目标优化问题，其中一个目标是成本最小；另一个目标则是风险最小。对于成本目标，一般是指参与运输的所有车辆花费的运输成本总和最小，通常可用总运输距离或总工作时间乘以车辆行驶单位运输距离（车辆工作单位时间）所花费的单位成本来表示。对于风险目标，一般是指整个车队的总运输风险最小，即所有车辆运输路径的风险总和最小。问题中考虑的约束条件为一般性的约束条件，如车辆的装载量限制等。以下首先给出问题描述。

4.2.1 问题描述与相关定义

1. 问题描述

给定一个无向道路交通网络 $G(V,E)$。$V=\{v_0,v_1,\cdots,v_n\}$ 为网络中的节点集合，其中 v_0 表示危险品配送中心，$v_1,v_2,\cdots,v_n$ 为 n 个客户；$E=\{e(v_i,v_j)\mid v_i,v_j\in V\}$ 为网络中边的集合。危险品配送中心 v_0 拥有 K 辆最大装载量为 Q 的运输车辆，每个客户 v_i 的危险品需求量为 q_i。l_{ij} 表示边 $e(v_i,v_j)$ 的长度，c 表示危险品配送车辆行驶单位距离所产生的运输成本，r_{ij} 表示在边 $e(v_i,v_j)$ 上运输危险品的风险。现需安排危险品运输车辆从配送中心出发，为每个客户进行配送并满足他们的需求，最后返回配送中心。以运输成本最小和总风险最小为双目标，求各车的配送路径。

为完善问题和便于讨论，给出如下的基本假设。

（1）配送中心 v_0 拥有的车辆数足以满足配送的需求。

（2）每辆车访问每个客户最多一次。

（3）客户的需求不可被分割，即每个客户的需求仅可由一辆车满足。

（4）每个客户的需求量 q_i 不会超过车辆的最大装载量 Q。

2. 风险定义

对于本问题的风险定义，采用在危险品运输车辆路径优化相关研究中使用率最高的传统风险定义，即

$$r_{ij} = P_{ij} D_{ij}$$

其中，P_{ij} 和 D_{ij} 分别为危险品运输车辆通过边 $e(v_i, v_j)$ 时发生事故的概率，以及事故所产生的后果。

通过观测历史数据可得到发生事故的概率 P_{ij}，并且将事故后果 D_{ij} 表示为事故发生地周围可受事故影响的人数。对于本问题而言，风险的定义并非需要研究和讨论的重点，在已知发生事故的概率 P_{ij} 和事故所产生的后果 D_{ij} 后，r_{ij} 即为已知的参数，也是边 $e(v_i, v_j)$ 上的一种权重。

4.2.2 决策变量与模型构建

1. 决策变量

在构建模型前，首先给出如下的决策变量：

$$x_{ijk} = \begin{cases} 1 & \text{车辆}k\text{通过边}e(v_i, v_j) \\ 0 & \text{其他} \end{cases}$$

$$y_{ik} = \begin{cases} 1 & \text{车辆}k\text{为客户}v_i\text{配送} \\ 0 & \text{其他} \end{cases}$$

2. 模型构建

综合考虑问题的优化目标及所有约束条件，建立如下数学模型。

$$f_1 = \min \sum_{i=0}^{n} \sum_{j=1}^{n} \sum_{k=1}^{K} r_{ij} x_{ijk} \tag{4-1}$$

$$f_2 = \min \sum_{i=0}^{n} \sum_{j=0}^{n} \sum_{k=1}^{K} cl_{ij} x_{ijk} \tag{4-2}$$

s.t.

$$\sum_{h=0}^{n} x_{hik} = \sum_{j=0}^{n} x_{ijk} \quad (i = 0,1,\cdots,n; k = 1,2,\cdots,K) \tag{4-3}$$

$$\sum_{i=0}^{n} x_{ijk} \leqslant 1 \quad (j = 1,2,\cdots,n; k = 1,2,\cdots,K) \tag{4-4}$$

$$\sum_{k=1}^{K} y_{ik} = 1 \quad (i = 1, 2, \cdots, n) \tag{4-5}$$

$$y_{ik} \leqslant \sum_{h=0}^{n} x_{hik} \quad (i = 1, 2, \cdots, n; k = 1, 2, \cdots, K) \tag{4-6}$$

$$\sum_{i=1}^{n} y_{ik} q_i \leqslant Q \quad (k = 1, 2, \cdots, K) \tag{4-7}$$

$$r_{ij} = P_{ij} D_{ij} \quad (i = 0, 1, \cdots, n; j = 0, 1, \cdots, n) \tag{4-8}$$

$$\sum_{i \in S} \sum_{j \in S} x_{ijk} \leqslant |S| - 1 \quad (k = 1, 2, \cdots, K) \tag{4-9}$$

$$x_{ijk}, y_{ik} \in \{0, 1\} \tag{4-10}$$

目标函数（4-1）表示总风险最小。目标函数（4-2）表示运输成本最小。约束条件（4-3）保证访问每个客户的车辆必须离开，且从配送中心出发的车辆数等于回到配送中心的车辆数。约束条件（4-4）保证每辆车访问每个客户最多一次。约束条件（4-5）保证每个客户的需求仅由一辆车满足。约束条件（4-6）表示车辆的配送路径必须经过客户才可为此客户进行配送。约束条件（4-7）表示每辆车的配送量之和不大于车辆的最大装载量。约束条件（4-8）为传统风险的表达式。约束条件（4-9）为子回路消除约束。约束条件（4-10）为决策变量的取值约束。

4.3　基于车辆个体风险的危险品运输车辆路径优化问题

上一节给出了经典的危险品运输车辆路径优化问题，该问题是一个双目标问题，其中一个目标是运输成本最小，另一个目标是总风险最小。大部分危险品运输车辆路径优化相关研究的风险目标均设定为类似的总风险最小，然而仅考虑总风险最小而不考虑运输车辆的个体风险可能会导致如下情况，即部分车辆的风险特别高，尽管总风险较低。一旦风险高的危险品运输车辆发生事故，会造成严重的危害，对运输活动产生极不利的影响，出现如图 4-1 所示的情形。因此，本节将结合危险品运输车辆路径优化的创新性内容：对车辆个体风险的考量，给出基于车辆个体风险的危险品运输车辆路径优化问题。

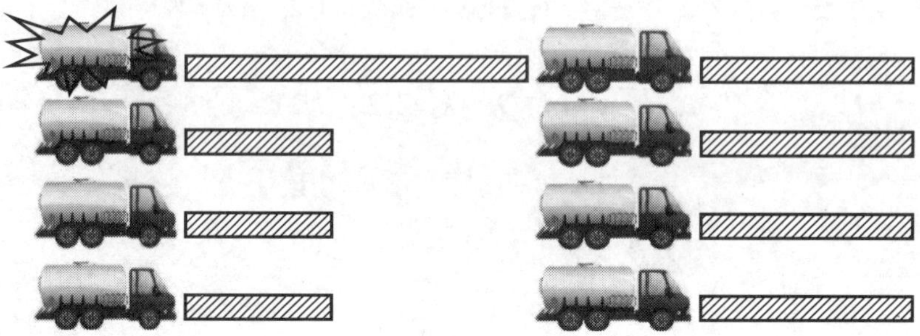

(a) 总风险最小可能的结果　　(b) 车辆个体风险最小可能的结果

图 4-1　总风险最小和车辆个体风险最小可能的结果

4.3.1　问题描述与相关定义

1. 问题描述

给定一个无向道路交通网络 $G(V,E)$。$V=\{v_0,v_1,v_2,\cdots,v_n\}$ 为网络中的节点集合，其中 v_0 表示危险品配送中心，$v_1,v_2,\cdots,v_n$ 为 n 个客户；$E=\{e(v_i,v_j)\mid v_i,v_j\in V\}$ 为网络中边的集合。危险品配送中心 v_0 拥有 K 辆最大装载量为 Q 的运输车辆，每个客户 v_i 的危险品需求量为 q_i。l_{ij} 表示边 $e(v_i,v_j)$ 的长度，c 表示危险品配送车辆行驶单位距离所产生的运输成本，r_{ij} 表示在边 $e(v_i,v_j)$ 上运输危险品的风险。现需安排危险品运输车辆从配送中心出发，为每个客户进行配送并满足他们的需求，随后返回配送中心。以运输成本最小和车辆个体最小为双目标，求各车的配送路径。

为完善问题和便于讨论，给出如下基本假设。

（1）配送中心 v_0 拥有的车辆数足以满足配送的需求。

（2）每辆车访问每个客户最多一次。

（3）客户的需求不可被分割，即每个客户的需求仅可由一辆车满足。

（4）每个客户的需求量 q_i 不会超过车辆的最大装载量 Q。

2. 车辆个体风险最小

基于车辆个体风险的危险品运输车辆路径优化问题与经典的危险品运输车辆

路径优化问题大体相同，区别之处主要在于风险目标的设定，即问题的两个目标为运输成本最小和车辆个体风险最小。在此不再累述风险定义部分和决策变量设定，以下讨论如何设定车辆个体风险最小。

车辆个体风险最小，即将每辆车的风险都纳入考虑范畴，规避部分车辆的风险特别高的不利情况。本研究中采用最坏情形规避和最小最大化的思想设定车辆个体风险最小的目标函数，即将车辆个体风险最小设定为风险最大的车辆风险尽可能小，即令 $\max\limits_{k}\sum\limits_{i=0}^{n}\sum\limits_{j=1}^{n} r_{ij}x_{ijk}$ 尽可能小。

在此种思路下，风险最大的车辆风险成为最小化的目标，而除风险最大的车辆外，其他车辆的风险必然不大于风险最大的车辆风险，可有效避免出现部分车辆的风险特别高，尽管总风险较低的情况。

4.3.2 基于车辆个体风险的危险品运输车辆路径优化模型

综合考虑问题的优化目标及所有约束条件，建立如下基于车辆个体风险的危险品运输车辆路径优化模型。

$$f_1 = \min \max_{k} \sum_{i=0}^{n}\sum_{j=1}^{n} r_{ij}x_{ijk} \tag{4-11}$$

$$f_2 = \min \sum_{i=0}^{n}\sum_{j=0}^{n}\sum_{k=1}^{K} cl_{ij}x_{ijk} \tag{4-2}$$

s.t.

约束条件（4-3）～（4-10）

目标函数（4-11）表示车辆个体风险最小。目标函数（4-2）仍表示运输成本最小。其他各约束条件的含义与经典的危险品运输车辆路径优化模型均相同。

4.4 求解双目标危险品运输车辆路径优化

一般而言，在危险品运输车辆路径优化问题中必须考虑风险因素的影响，近些年的研究主要针对多目标危险品运输车辆路径优化。在研究中最常见的是双目标优化问题，其中一个目标是成本最小化；另一个目标则是风险最小化。已有大量研究涉及单目标问题的求解，此非本书的重点，在此不进行详细介绍；而多目标优化问题的求解，是危险品运输车辆路径优化所涉及的重要内容。

在本书第二章中总结了几种常见的求解多目标优化问题的方法。本节将针对基于车辆个体风险的危险品运输车辆路径优化问题，简要运用加权法、分层求解法、ε约束法这 3 种方法进行求解，为本书后续的内容打下基础。

4.4.1 运用加权法求解

加权法是求解多目标优化问题最常见的方法，已历经了多年的改进。在加权法的进化过程中，主要是对权重选取的方法进行了大量改进；近年来也有一些研究致力于改进加权法以求得近似的帕累托前沿。在此首先运用最基础的加权法进行求解，此后将介绍可求得近似帕累托前沿的较为先进的加权法。

首先，根据加权法的基本原则，为基于车辆个体风险的危险品运输车辆路径优化问题的两个目标 f_1 和 f_2 分配权重，用 C_1 和 C_2 来表示。需要注意，其中可能存在量纲不统一的问题，但这并非本书的重点，读者可参考其他文献研究统一量纲的方法，在此假设两个目标的量纲是统一的。通过加权，可将原问题的两个目标合为一个目标函数，即为

$$f = \min C_1 \max_k \sum_{i=0}^{n}\sum_{j=1}^{n} r_{ij} x_{ijk} + C_2 \sum_{i=0}^{n}\sum_{j=0}^{n}\sum_{k=1}^{K} cl_{ij} x_{ijk}$$

其中 C_1 和 C_2 为权重，且 $C_1 + C_2 = 1$。

在加权后，原问题模型即转化为如下单目标模型：

问题 P^s：

$$f = \min C_1 \max_k \sum_{i=0}^{n}\sum_{j=1}^{n} r_{ij} x_{ijk} + C_2 \sum_{i=0}^{n}\sum_{j=0}^{n}\sum_{k=1}^{K} cl_{ij} x_{ijk} \tag{4-12}$$

s.t.

约束条件（4-3）～（4-10）

此后，只需运用求单目标优化问题的算法求解该单目标问题 P^s 即可。通过该方法来求解多目标优化问题较为简单，但是由于恰当的权重选取极为困难，解

的质量一般难以保证；同时，只求得一个解也无法体现在多个不同目标之间的权衡。

为此，一些学者采用了较为先进的加权法，如 Androutsopoulos 等（2012）在双目标危险品运输车辆路径优化研究中所采用的方法。根据 Androutsopoulos 等所使用的加权法，在加权得到单目标优化问题 P^s 后，需多次变化权重的取值进行多次求解。

例如，分别令 $\begin{cases} C_1 = 1 \\ C_2 = 0 \end{cases}$，$\begin{cases} C_1 = 0.75 \\ C_2 = 0.25 \end{cases}$，$\begin{cases} C_1 = 0.5 \\ C_2 = 0.5 \end{cases}$，$\begin{cases} C_1 = 0.25 \\ C_2 = 0.75 \end{cases}$，$\begin{cases} C_1 = 0 \\ C_2 = 1 \end{cases}$

对上述加权转化后的单目标问题 P^s 进行 5 次求解，最后删去被支配解，可得到近似的帕累托前沿。

该加权法得出的解为近似的帕累托前沿，在一定程度上可以反映问题的精确解，即完整的帕累托前沿，该方法对一些问题的求解有较好的效果，但其仍有一些缺点。首先，该方法通过权重的变化对加权得到单目标优化问题进行若干次求解，很有可能漏掉帕累托前沿上的某些解；其次，若想得到更为接近帕累托前沿的结果就需要提高权重变化的次数，也就是需要增加对加权得到单目标优化问题的求解次数，使得求解时间大大延长。总而言之，该方法是较好的求多目标优化问题的加权法，但仍然无法保证得到完整的帕累托前沿。

4.4.2 运用分层求解法求解

有些学者针对危险品的运输网络所具有的双层网络特性进行研究。所谓双层网络即网络中存在两个决策者，一个是危险品物流公司；另一个为政府管理部门。一般来说，危险品运输的双层网络被设定为上层网络由政府管理部门所期望的风险最小化表示优化目标，下层网络由危险品物流公司所期望的运输成本最小化表示优化目标。由此，一个以运输成本最小和风险最小为双目标的危险品运输车辆路径优化问题的优化目标就可以按优先级排序，即可通过分层求解法求解。

分层求解法在为问题的目标分配优先程度之后，将按照目标的优先级依次求解。例如，对于基于车辆个体风险的危险品运输车辆路径优化问题，令车辆个体风险最小化的目标 f_1 的优先级大于运输成本最小化的目标 f_2，则首先需求解仅包含目标函数f_1的单目标问题：

$$f_1 = \min \max_k \sum_{i=0}^{n} \sum_{j=1}^{n} r_{ij} x_{ijk}$$

s.t.

约束条件（4-3）～（4-10）

如果求得唯一的最优解，则停止计算，所得结果即为最终的车辆路径方案。如果求得多个目标函数值相同（假设最优目标函数值同为F）的最优解，则再求解如下的单目标问题：

$$f_2 = \min \sum_{i=0}^{n} \sum_{j=0}^{n} \sum_{k=1}^{K} cl_{ij} x_{ijk}$$

s.t.

$$\max_k \sum_{i=0}^{n} \sum_{j=1}^{n} r_{ij} x_{ijk} = F \tag{4-13}$$

约束条件（4-3）～（4-10）

由此得到的解为最终的结果。此方法本质上是加权法的一种特例，即首先使优先级最高的目标权重为1，而另一个目标权重为0进行求解；然后在保证优先级最高的目标达到最优的前提下，使另一个目标尽可能优。

显然，该方法所求得的解质量不高，而且对于问题本身属性有一定的要求，但是其仍有一定的应用价值。例如，对于双层网络下的双目标危险品运输车辆路径优化就可以采用此方法求解；对于一个重大灾害后的紧急救援物资配送问题，首先需要保证受灾群众的生命安全，则运输成本的优先级远低于物资的配送效率，此时适用于分层求解法进行求解，优先保证救援物资的配送效率，然后才考虑最小化运输成本。该方法比较简单，而且对于一般的需在多个目标间进行权衡的问题，该方法并不适用，因此这里不深入讨论此方法。

4.4.3 运用ε约束法求解

ε约束法是一种目前可求得完整的帕累托前沿的方法，相对于加权法和分层求解法而言，具有很多优势。根据ε约束法的基本原则，首先将目标f_1转为受ε值限制的约束条件，即为

$$\max_{k} \sum_{i=0}^{n} \sum_{j=1}^{n} r_{ij} x_{ijk} \leqslant \varepsilon \tag{4-14}$$

则原问题就可转化为如下的单目标问题：

$$f_2 = \min \sum_{i=0}^{n} \sum_{j=0}^{n} \sum_{k=1}^{K} cl_{ij} x_{ijk}$$

s.t.

约束条件（4-3）～（4-10）和约束条件（4-14）

此后，需要变化 ε 的取值，并对上述单目标问题进行多次求解。关于 ε 的取值范围（f_1^I 和 f_1^N），在本书第二章已进行过讨论。早期的 ε 约束法将 ε 的取值范围平分为若干区间，之后令 ε 的取值分别等于这些区间的分界值对模型进行多次求解。然而，该方法的缺点与变化权重的加权法类似，第一是有可能漏掉帕累托前沿上的某个解，第二是若想得到更为接近帕累托前沿的结果就需要划分出更为细密的区间，使得求解时间大大延长。

近些年，Bérubé 等（2009）所用的改进后的 ε 约束法解决了上述缺点，也可求得完整的帕累托前沿，是求多目标优化问题的一种精确算法。上述根据 ε 约束法的基本原则所转化的单目标问题称为 P，则具体步骤如下：

第 1 步，计算 f_1^I 和 f_1^N。

第 2 步，令 $\varepsilon = f_1^N$。

第 3 步，求解问题 P 并得到解 x'，将 $(f_1(x'), f_2(x'))$ 并入集合 Y'。

第 4 步，令 $\varepsilon = f_1(x') - \delta$。如果 $\varepsilon < f_1^I$，转至第 3 步；否则，转至下一步。

第 5 步，从 Y' 中删除被支配解，得到帕累托前沿 Y。

由此即可得到原问题完全的帕累托前沿。但由于根据 ε 约束法的基本原则所转化的单目标问题 P 需要多次求解，该方法求得精确解也需要花费很长的时间；单目标问题 P 的求解次数取决于帕累托前沿上解的个数及求解过程中生成被支配解的数量，其中生成被支配解所花费的计算时间属于无用功，因此结合问题本身的性质减少被支配解的生成可有效地加快 ε 约束法的求解速度。

4.5 本章小结

危险品运输问题不同于普通货物的运输问题，由于危险品的危险特性，在危险品运输决策和危险品运输车辆路径优化的研究中，运输过程中的风险是一个必须考虑的重要因素。伴随着多目标优化问题求解技术的发展，越来越多的学者着眼于多目标优化问题的研究。大多数的多目标危险品运输车辆路径优化研究着手于解决一个双目标优化问题。在该双目标优化问题中，一个目标是运输成本最小，另一个目标则是风险最小。

本章首先给出经典的危险品运输车辆路径优化问题，即一个运输成本和风险最小化的双目标危险品运输车辆路径优化问题。该问题是大多数研究所依据的基础问题，本章从问题描述与相关定义、决策变量与模型构建两个方面进行了详细论述。其次，在此基础上结合危险品运输车辆路径优化的创新性内容：对车辆个体风险的考量，给出了基于车辆个体风险的危险品运输车辆路径优化问题。最后，结合基于车辆个体风险的危险品运输车辆路径优化问题，简要介绍了应用加权法、分层求解法、ε约束法这 3 种常见的方法求解多目标危险品运输车辆路径优化问题，为本书后续的内容打下了基础。

第5章 禁止车辆并行的危险品运输车辆路径优化

5.1 引 言

由于危险品的危险特性，在运输决策时，风险是一个必须考虑的重要因素。早期的研究大多只考虑单个目标，如 Batta 等（1988）以“令人反感”的部分总长度最小为目标的研究、Tarantilis 等（2001）以满足风险阈值条件下的运输距离最短为目标的研究、Bula 等（2016）以考虑危险品类型和数量影响的传统风险最小为目标的研究等。

由于单目标模型难以描述危险品运输过程中多个目标的最小化，多目标危险品运输车辆路径优化引起了大量学者的关注。在大多数研究中，一个目标是运输成本最小，而另一个目标是风险最小。例如，Current 等（1988）以危险品运输车辆的行驶里程最小和路径覆盖人数最小为目标的研究、Zografos 等（1989）以承受风险的人口数最少、事故可能造成的财产损失最小、运输时间最短为目标的研究、Androutsopoulos 等（2010）在客户有时间窗要求的条件下建立以最小成本和风险为目标的研究、Fan 等（2015）以时间窗的保证风险和成本最小化为目标的研究、Androutsopoulos 等（2012）在时变网络上以运输成本和总风险最小为目标的研究等。

然而仅考虑总风险最小而不考虑运输车辆的个体风险可能会导致如下情况，即部分车辆的风险特别高而总风险较低。一旦风险高的危险品运输车辆发生事故，则会造成严重的危害，对运输活动产生极不利的影响。

另外，危险品事故具有传播性，即一起事故发生后，很容易影响临近的相关单元，导致事故后果扩大或者二次事故。这一特性在危险品贮存园区布置等研究中被广泛考虑，然而在危险品运输的相关研究中却鲜有涉及。如果危险品运输车队中有多辆车在运输过程中并行，即多辆危险品运输车在同一道路共同行驶，一旦一辆车发生事故，很容易危及与其并行的危险品运输车辆。如果不重视这一重要因素，容易导致连环事故。例如，2012 年 7 月在 G4 高速上发生的事故，该事故由同一物流公司的两辆载有甲缩醛的并行车辆追尾所导致，两辆车上总计 45 吨甲缩醛发生泄漏并引起大面积流淌火，其中一名驾驶员当场死亡。2014 年 3 月晋济高速山西晋城段，两辆半挂货车在隧道内发生追尾，这两辆车载有甲醇且追尾事故使得前车的尾部卸料管损坏，导致甲醇大面积泄漏；后车电气短路引燃了甲醇并形成流淌火，流淌火进一步弥漫至隧道内的其他车辆。该事故共造成 40 人死亡，12 人受伤，烧毁 42 辆各式车辆，直接经济损失高达 8 197 万元。因此，国内很多危险品运输的操作手册就规定车队在驶出场站时一定要等前车开出一段距离之后后车再驶出，避免车队的车辆之间紧跟的情况。《波士顿条例》在 1980 年就规定“装载危险品的卡车在行驶时要与其他危险品运输车保持一定的最小距离”；克利夫兰也有与波士顿条例类似的规定。为了避免上述现象的发生，有必要在决策危险品运输车辆的路径时，禁止出现车辆并行的情况。

本章研究关注车辆的个体风险，以车辆个体风险最小和运输成本最小为双目标，研究禁止车辆并行的危险品运输车辆路径优化，旨在解决危险品运输的实际问题。以下首先给出问题描述与建模。

5.2 禁止车辆并行的危险品运输车辆路径优化问题描述与建模

1. 问题描述与相关定义

给定一个无向道路网络 $G=(V,E)$。$V=\{v_0,v_1,\cdots,v_n\}$ 为网络的节点集合，其中 v_0 表示危险品配送中心，$v_1,v_2,\cdots,v_n$ 表示客户。$E=\{e(v_i,v_j)\mid v_i,v_j\in V\}$ 为边（路段）的集合。l_{ij} 表示边 $e(v_i,v_j)$ 的长度，且所有长度满足三角不等式。t_{ij} 表示边 $e(v_i,v_j)$ 的通行时间。r_{ij} 表示危险品运输车辆通过边 $e(v_i,v_j)$ 的风险。c 为车辆行

驶单位距离的运输成本。q_i 表示客户 v_i 的危险品需求量，Q 则表示车辆的装载量。现需安排车辆从配送中心出发，为每个客户配送危险品并满足他们的需求，最后返回配送中心。以运输成本最小和车辆个体风险最小为双目标，求各车的配送路径。

（1）假设条件。为完善问题，给出如下基本假设。

（a）配送中心有 K 辆危险品运输车辆，且数量足以满足配送需求。

（b）每辆车访问每个客户最多一次。

（c）不允许拆分客户的需求，即每个客户仅可由一辆车负责配送，且每个客户的需求量 q_i 不超过车辆装载量 Q。

（d）配送过程中禁止车辆并行。

（2）运输风险。本章研究的风险定义采用应用广泛的传统风险，即风险 $r_{ij}=\Omega_{ij}D_{ij}$，其中 Ω_{ij} 和 D_{ij} 分别为边 $e(v_i,v_j)$ 的事故率和发生事故的后果。由于在本章研究中，风险定义并非研究的重点，不失一般性，可将 r_{ij} 视为边 $e(v_i,v_j)$ 的一种权重。此外，车辆完成配送后返回配送中心的过程，由于未载有危险品，视为不会产生风险。

（3）禁止车辆并行。车辆并行即为若干辆车在同一条路段（边）上行驶，为避免出现连环事故，在危险品配送过程中禁止出现车辆并行的情况。图 5-1 给出了车辆配送路径可能出现的几种情形，其中实线表示配送车辆 1 的路径，虚线表示另一车辆 2 的路径，边上的数字表示边的通行时间。对于情形 1 和情形 2，两辆车的配送路径没有重合的边，如图 5-1（a）和图 5-1（b）所示，则在配送过程中不会出现车辆并行的情况。然而对于情形 3（见图 5-1（c））和情形 4（见图 5-1（d）），车辆的配送路径上都存在重合的边 $e(v_2,v_3)$。在情形 3 中考虑边的通行时间，当车辆 2 到达 v_2 时，车辆 1 已经离开边 $e(v_2,v_3)$，因此也不会出现车辆并行的情况。但是在情形 4 中，当车辆 2 到达 v_2 时，车辆 1 仍在边 $e(v_2,v_3)$ 上通行。因此，禁止车辆并行需要应对的是情形 4 中的情况。

在现实中，大量相关的危险品运输手册都提到在离开站点时，后车必须等候前车驶出一定距离后才可以出发。与此同理，当危险品运输车辆即将通过一条路段时，如果此路段上尚有其他危险品运输车辆正在通行，则等待一段时间至前车驶离该路段，是一种避免车辆并行的有效手段。在本章研究中，采用此方法禁止危险品运输车辆并行。对于图 5-1 中的四种情形，因为前三种情形中不会出现车辆并行的情况，所以车辆在配送过程中均无须等待。而对于情形 4，车辆 2 在 v_2 的等待时间为 1，即等候至车辆 1 驶离边 $e(v_2,v_3)$。另一个必须关注的情况是现实中的道路多为双向道路，如边 $e(v_1,v_2)$ 和 $e(v_2,v_1)$ 并非两条剥离的道路，而是表示一条双向道路的两个方向。因此，车辆等待必须包含图 5-2 所示的两种情形。

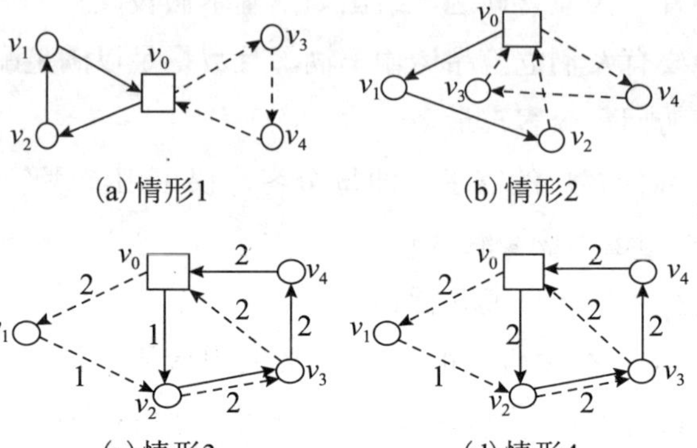

(a) 情形1　(b) 情形2　(c) 情形3　(d) 情形4

图 5-1　车辆配送路径可能出现的情形

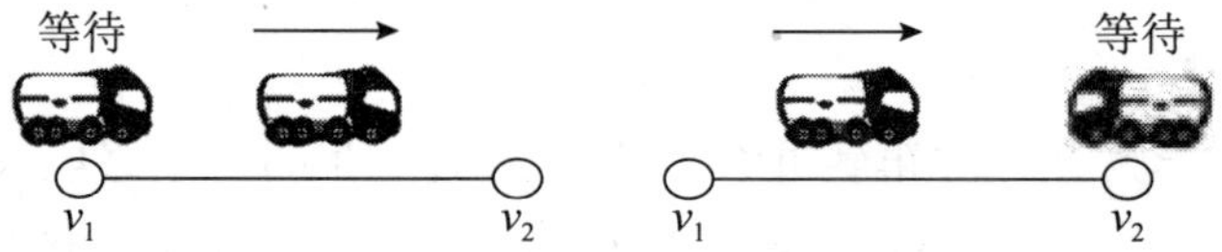

(a) 两车同向行驶　(b) 两车逆向行驶

图 5-2　车辆需要等待的两种情形

此外，路段的通行时间具有一定的不确定性。参照 Tian 等（2016）的定义，边 $e(v_i,v_j)$ 的通行时间 $t_{ij}=E\left(\dfrac{l_{ij}}{vel_{ij}}\right)$，其中 vel_{ij} 为车辆通过边 $e(v_i,v_j)$ 的速度且服从均匀分布。

2. 决策变量与其他参数

（1）决策变量。根据上述问题描述可知，本章问题以运输成本最小和车辆个体风险最小为双目标，需决策危险品运输车辆的配送路径，以及车辆在各个节点需要等待的时间。因此，给出如下决策变量。

$$x_{ijk}=\begin{cases}1 & \text{车辆}k\text{通过边}e(v_i,v_j)\\0 & \text{其他}\end{cases}\qquad y_{ik}=\begin{cases}1 & \text{车辆}k\text{为客户}v_i\text{配送}\\0 & \text{其他}\end{cases}$$

T_{ik}：车辆k到达点v_i的时间

w_{ik}：车辆k在点v_i的等待时间

（2）其他参数包括：

f_1, f_2：目标函数1和2

r_{ij}：危险品运输车辆通过边$e(v_i, v_j)$的风险

l_{ij}：边$e(v_i, v_j)$的长度

c：单位距离的运输成本

K：配送中心的车辆数

t_{ij}：边$e(v_i, v_j)$的通行时间

vel_{ij}：车辆通过边$e(v_i, v_j)$的速度

q_i：客户v_i的需求量

Q：车辆的装载量

M：一个足够大的正数

3. 模型构建

综合问题目标与所有约束条件，建立如下数学模型。

问题 P5：

$$f_1 = \min \max_k \sum_{i=0}^{n} \sum_{j=1}^{n} x_{ijk} r_{ij} \tag{5-1}$$

$$f_2 = \min \sum_{i=0}^{n} \sum_{j=0}^{n} \sum_{k=1}^{K} c x_{ijk} l_{ij} \tag{5-2}$$

s.t.

$$\sum_{h=0}^{n} x_{hik} = \sum_{j=0}^{n} x_{ijk} \quad (i = 0,1,\cdots,n; k = 1,2,\cdots,K) \tag{5-3}$$

$$\sum_{i=0}^{n} x_{ijk} \leqslant 1 \quad (j = 1,2,\cdots,n; k = 1,2,\cdots,K) \tag{5-4}$$

$$T_{0k} = 0 \quad (k = 1,2,\cdots,K) \tag{5-5}$$

$$\begin{gathered} T_{ik} + w_{ij} + t_{ij} - T_{jk} \leqslant (1 - x_{ijk})M \\ (i = 0,1,\cdots,n; j = 1,2,\cdots,n; k = 1,2,\cdots,K) \end{gathered} \tag{5-6}$$

$$\begin{gathered} T_{ik} + t_{ij} - T_{i\kappa} + w_{i\kappa} \leqslant (2 - x_{ijk} - x_{ij\kappa})M \\ (i = 0,1,\cdots,n; j = 1,2,\cdots,n; k = 1,2,\cdots,K; \kappa = 1,2,\cdots,K; k < \kappa) \end{gathered} \tag{5-7}$$

$$\begin{gathered} T_{ik} + t_{ij} - T_{j\kappa} + w_{j\kappa} \leqslant (2 - x_{ijk} - x_{ij\kappa})M \\ (i = 1,2,\cdots,n; j = 1,2,\cdots,n; k = 1,2,\cdots,K; \kappa = 1,2,\cdots,K; k < \kappa) \end{gathered} \tag{5-8}$$

$$t_{ij}=E\left(\frac{l_{ij}}{vel_{ij}}\right)\quad(i=0,1,\cdots,n;j=1,2,\cdots,n)\tag{5-9}$$

$$\sum_{k=1}^{K}y_{ik}=1\quad(i=1,2,\cdots,n)\tag{5-10}$$

$$y_{ik}\leqslant\sum_{h=0}^{n}x_{hik}\quad(i=1,2,\cdots,n;k=1,2,\cdots,K)\tag{5-11}$$

$$\sum_{i=0}^{n}y_{ik}q_i\leqslant Q\quad(k=1,2,\cdots,K)\tag{5-12}$$

$$\sum_{i\in S}\sum_{j\in S}x_{ijk}\leqslant|S|-1\quad(k=1,2,\cdots,K)\tag{5-13}$$

$$x_{ijk},y_{ik}\in\{0,1\};T_{ik},w_{ik}\geqslant 0\tag{5-14}$$

目标函数（5-1）为车辆个体风险最小。目标函数（5-2）为运输成本最小。约束条件（5-3）保证车辆访问客户后必须离开，以及完成配送后返回配送中心。约束条件（5-4）表示每辆车访问每个客户最多一次。其中约束条件（5-5）和约束条件（5-6）表示车辆到达每个节点的时间。约束条件（5-7）和约束条件（5-8）表示禁止车辆并行。约束条件（5-9）是车辆通行时间的表达式。约束条件（5-10）保证所有客户的需求都得到满足。约束条件（5-11）表示每辆车只可为其路径上的客户配送危险品。约束条件（5-12）是车辆装载量约束。约束条件（5-13）消除子回路，其中 S 为 $V\setminus\{v_0\}$ 的任意子集。约束条件（5-14）是决策变量的取值范围。

5.3 禁止车辆并行的危险品运输车辆路径优化模型分析与求解

在本节，首先，给出模型分析与求解所需的多目标优化相关内容；其次，设计一个两阶段精确算法用于求得帕累托最优解；最后，针对大规模问题的求解设计近似算法。

由第 2 章的分析可知，多目标优化问题的求解方法中常见的加权法等，难以求得完整的帕累托前沿；而 ε 约束法历经多次改进，已可求得完整的帕累托前沿，因此在本文中对于多目标问题的求解算法将基于 ε 约束法进行设计。

根据 Bérubé 等（2009）的研究，ε 约束法的步骤可表示如下。其中 (f_1^I, f_2^I) 和 (f_1^N, f_2^N) 为 Ideal 点和 Nadir 点（见第 2 章），问题 P 为按照 ε 约束法的基本思想转化后的单目标问题，δ 是一个足够小的正数。

算法 5-1：

第 1 步，计算 (f_1^I, f_2^I) 和 (f_1^N, f_2^N)。

第 2 步，令集合 $Y' = \{(f_1^N, f_2^I)\}$，$\varepsilon = f_1^N - \delta$。

第 3 步，求解问题 P 并得到精确解 x^*。将 x^* 对应的目标函数值 $(f_1(x^*), f_2(x^*))$ 并入 Y'。

第 4 步，令 $\varepsilon = f_1(x^*) - \delta$。如果 $\varepsilon \geqslant f_1^I$，转至第 3 步；否则，转至下一步。

第 5 步，从 Y' 中删去被支配解，得到帕累托前沿 Y。

下面将在算法 5-1 的基础上，设计求解本章问题的算法。该算法为两阶段算法，且包含在算法 5-1 基础上的几处改进。

5.3.1 基于 ε 约束法的两阶段精确算法

在本节将设计基于 ε 约束法的精确算法。由算法 5-1 的基本步骤可知，ε 约束法的两个主要部分分别为求解 Ideal 点 (f_1^I, f_2^I) 和 Nadir 点 (f_1^N, f_2^N) 以确定 ε 的取值范围，以及将不同的 ε 值多次迭代以生成各个解。在此将分别对应这两部分设计改进之处，以更好地对本章的研究问题进行求解。

此外，在上文所建立的数学模型中，约束条件（5-5）～（5-8）保证配送过程中不出现车辆并行的情况。而目标函数（5-1）和目标函数（5-2）与车辆的等待时间 w_{ik} 无关，这表示即使不考虑约束条件（5-5）～（5-8），目标函数值仍保持不变。令 x 表示决策变量 x_{ijk}，可得如下命题。

命题 5-1： 在约束条件（5-3）～（5-4）和约束条件（5-9）～（5-14）下的 x' 与约束条件（5-3）～（5-14）下的 x 对应的目标函数值相同。

证明：见附录 1.1。

根据 ε 约束法的基本思想和命题 5-1，将原问题 P5 中的约束条件（5-5）～（5-8）分离并转化为带 ε 约束的单目标子问题，如下所示。

问题 P5-0：

$$f_2 = \min \sum_{i=0}^{n} \sum_{j=0}^{n} \sum_{k=1}^{K} c x_{ijk} l_{ij} \tag{5-2}$$

s.t.

约束条件（5-3）～（5-4）和约束条件（5-9）～（5-14）

$$\max_{k} \sum_{i=0}^{n} \sum_{j=1}^{n} x_{ijk} r_{ij} \leqslant \varepsilon \tag{5-15}$$

由于分离约束条件（5-5）～（5-8），对问题的求解可分为两个阶段。在阶段 1，基于 ε 约束法的思想，对不考虑约束条件（5-5）～（5-8）的问题进行求解并得到帕累托前沿，决策者可从帕累托最优解中选择偏好的解。在阶段 2，对于决策者选择的解，计算车辆的等待时间 w_{ik} 以满足约束条件（5-5）～（5-8）。通过将问题的求解分为两个阶段，计算车辆等待时间 w_{ik} 的部分只需在阶段 2 进行一次，而无须在 ε 约束法的每次迭代中都进行一次，进而节约求解时间。

在下面将讨论对于 ε 约束法（算法 5-1）的若干处改进以及计算车辆等待时间的具体方法。

1. 计算 ε 的取值范围

应用 ε 约束法求解多目标优化问题首先要确定 ε 的取值范围。令 ε^L 和 ε^U 表示 ε 的上界和下界，则 $\varepsilon^L = f_1^I$，$\varepsilon^U = f_1^N$。根据相关研究可知，为得到 f_1^I 需求解下述问题 P5-1，为得到 f_1^N 需求解下述问题 P5-2。

问题 P5-1：

$$f_1 = \min \max_{k} \sum_{i=0}^{n} \sum_{j=1}^{n} x_{ijk} r_{ij}$$

s.t.

约束条件（5-3）～（5-4）和约束条件（5-9）～（5-14）

问题 P5-2：

$$f_2 = \min \sum_{i=0}^{n} \sum_{j=0}^{n} \sum_{k=1}^{K} c x_{ijk} l_{ij}$$

s.t.

约束条件（5-3）～（5-4）和约束条件（5-9）～（5-14）

因此，在经典 ε 约束法中，确定 ε 的取值范围必须求解问题 P5-1 和 P5-2。求解问题 P5-1 和求解问题 P5-2 均为单目标混合整数规划问题，一般可通过相关求解软件进行精确求解（如 CPLEX）。通过对 ε 的下界 ε^L 进行深入分析，可得出如下与目标函数（5-1）相关的性质，其中 SRP_i 表示从配送中心 v_0 到客户 v_i 的最小风险路径，$r(SRP_i)$ 表示路径 SRP_i 的风险。

性质 5-1：车辆的最大个体风险下界为 $\max_i r(SRP_i)$。

证明：见附录 1.2。

由性质 1 可知，$f_1^I = \max_i r(SRP_i)$。以风险为路段权重，$\max_i r(SRP_i)$ 可通过 Dijkstra 算法快速求得，其时间复杂性为 $O(n^2)$，由此避免了求解混合整数规划问题 P5-1，节省了求解时间。

2. 规避被支配解的预处理

在 ε 约束法的运算过程中会生成一些被支配解，这些解不在帕累托前沿上，且会在最后被删除。对于本章研究的问题，有一类被支配解的生成可通过在算法流程中添加一个预处理而规避，由此可以节约生成这些被支配解所需的求解时间。规避这类被支配解的预处理的基本思想将通过下述例子来说明。

假设在 ε 约束法的运算过程中生成了解 x，其由配送路径 $p_1=(v_0,v_1,v_2,v_0)$ 和 $p_2=(v_0,v_3,v_0)$ 构成，如图 5-3（a）所示。显然这两条路径的风险为 6 和 3，即为两辆配送车辆的个体风险，则最大的车辆个体风险 $f_1=6$。假设解 x 之后生成的解为 x'，且由配送路径 $p_1'=(v_0,v_2,v_1,v_0)$ 和 $p_2'=(v_0,v_3,v_0)$ 构成，如图 5-3（b）所示。p_1' 和 p_2' 的风险分别为 5 和 3，即 $f_1'=5$。对比 x 和 x'，二者之间的区别仅为路径方向不同，所以运输成本相同，但 $f_1'<f_1$。因此，解 x 被解 x' 支配且应被删除。在 ε 约束法的运算过程中，每当一个解生成后，在下一次迭代前通过如下预处理（算法 5-2），即可规避此类被支配解。

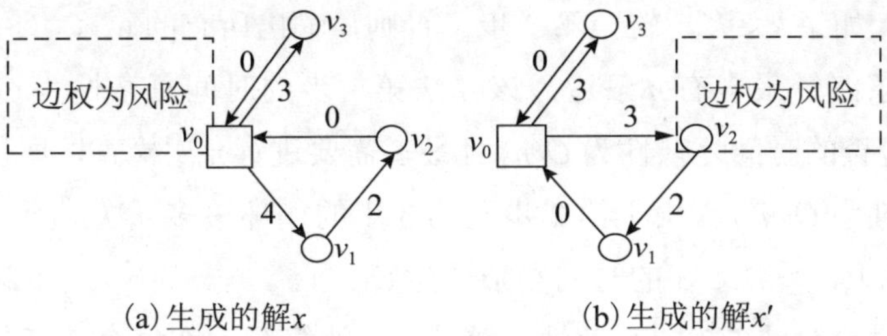

图 5-3　求解过程中生成的两个解的例子

算法 5-2：

第 1 步，令 $k=1$。

第 2 步，记录与当前生成的解对应的路径 p_k 及其长度 l_k 和风险 r_k。

第 3 步，改换路径 p_k 的方向并生成路径 p'_k。如果 $l'_k \leqslant l_k$ 且 $r'_k \leqslant r_k$，用路径 p'_k 替换路径 p_k。

第 4 步，如果 $k<K$，令 $k=k+1$，回到第 3 步。

由于每条路径上最多有 n 条边，且每个解最多包含 n 条路径，所以算法 5-2 的时间复杂性为 $O(n^2)$。

3. 计算车辆在每个节点的等待时间

上文中已经分析过，在该两阶段精确算法中，车辆在每个节点的等待时间将在阶段 2 进行求解。在阶段 1 完成后，决策者已选定一个偏好的解，也即确定了各车的配送路径，则在阶段 2 所求得的车辆等待时间只需满足约束条件（5-5）～（5-8）。计算车辆等待时间的基本思想如下。

令 TM_{ij} 表示所有的车辆通过边 $e(v_i,v_j)$ 且到达点 v_j 的最晚时间。安排各车沿其配送路径行进，车辆 1 无需在任何节点等待；而对于车辆 2 至车辆 K，每当一辆车 k 到达点 v_i 且即将驶入边 $e(v_i,v_j)$ 时，需确保其到达点 v_i 的时间 T_{ik} 加上等待时间 w_{ik} 不会早于 TM_{ij}。具体步骤如下。

算法 5-3：

第 1 步，令 $w_{i1}=0$，并计算 T_{i1}。依次检查 x_{ij1}，如果 $x_{ij1}=1$，则令 $TM_{ij}=T_{j1}$。令 $k=1$。

第 2 步，令 $k=k+1$，$w_{ik}=0$，计算 T_{ik}。记路径 p_k 上的客户集合为 V_k。依次检查 p_k 上的边，如果 $T_{ik} \geqslant TM_{ij}$，则令 $TM_{ij}=T_{ik}+t_{ij}$；否则，对于 V_k 的所有客户，令 $w_{ik}=TM_{ij}-T_{ik}$，$T_{ik}=T_{ik}+w_{ik}$，从 V_k 中删去 v_i。

第 3 步，如果 $k<K$，转至第 2 步；否则，输出所有的 w_{ik}。

由于每条路径最多有 n 条边，该算法第 1 步的时间复杂性为 $O(n)$。由于第 2 步中每次检查的时间复杂性为 $O(n)$ 且最多需要进行 n 次检查，所以算法第 2 步的时间复杂性为 $O(n^2)$。由于第 2 步至第 3 步的循环最多 n 次，所以时间复杂性为 $O(n^3)$。综上，算法 5-3 的时间复杂性为 $O(n^3)$。

接下来讨论算法 5-3 的有效性。算法 5-3 计算车辆在每个节点的等待时间且保证满足约束条件（5-5）～（5-8）。从定理 1 可知，计算所得的等待时间不会改变目标函数（5-1）和（5-2）的值。不失一般性，假设有两辆车 k 和 $\kappa(k<\kappa)$，且 $e(v_i,v_j)$ 是两车路径上都有的边。根据约束条件（5-7）可知，算法 5-3 的解如为可行解，需满足 $T_{ik}+t_{ij}\leqslant T_{i\kappa}+w_{i\kappa}$。如果假设算法 5-3 的解为不可行解，则 $T_{ik}+t_{ij}>T_{i\kappa}+w_{i\kappa}$ 成立。然而算法 5-3 生成的解必满足 $TM_{ij}\leqslant T_{i\kappa}+w_{i\kappa}$，即 $T_{ik}+t_{ij}\leqslant T_{i\kappa}+w_{i\kappa}$。所以算法 5-3 不会得出不可行解。

4. 算法的整体流程

综合 ε 约束法和上述若干改进之处，所设计的两阶段精确算法的整体流程如下。

算法 5-4：

阶段 1：

第 1 步，计算 $\max\limits_i r(SRP_i)$，令 $\varepsilon^L=\max\limits_i r(SRP_i)$。

第 2 步，求解问题 P5-2 并得到精确解 x^U，记录对应的 $(f_1(x^U),f_2(x^U))$。令 $Y'=\{(f_1(x^U),f_2(x^U))\}$，$\varepsilon=f_1^U-\delta$。

第 3 步，求解问题 P5-0 并得到精确解 x^*。针对解 x^* 应用算法 5-2 并得到 x'。将与 x' 对应的 $(f_1(x'),f_2(x'))$ 并入 Y'。

第 4 步，令 $\varepsilon=f_1(x')-\delta$。如果 $\varepsilon\geqslant f_1^I$，转至第 3 步；否则，转至下一步。

第 5 步，从 Y' 中删去被支配点，得到帕累托前沿 Y。

阶段 2：

第 6 步，决策者从 Y 中选择一个偏好的解。

第 7 步，应用算法 5-3 计算车辆的等待时间。

5.3.2　针对大规模问题的近似算法

在上一节设计了基于 ε 约束法的两阶段精确算法，但是针对大规模问题，由于问题 P5-0 和问题 P5-2 是 NP 难问题且需要多次求解，所以该算法的计算量很大。因此，在本节将设计针对大规模问题的近似算法以求解问题 P5-0。该近似算法也适用于求解问题 P5-2，因为问题 P5-2 可视为 ε 值非常大的问题 P5-0。

1. 近似算法

该近似算法的第 1 步是计算出一条 TSP（travelling salesman problem）路径。然后安排车辆沿该 TSP 路径进行配送。如果车辆的剩余装载量不足以满足下个客户的需求，或行驶至下个客户会导致该车的风险超过 ε，则安排该车返回配送中心并让下一辆车从配送中心出发继续后面的配送工作。图 5-4 是该方法的一个示意图。

因为 ε 的下界由最小风险路径所决定，其有可能低于 r_{0i}。即对于边 $e(v_0,v_i)$ 且 $r_{0i}>\varepsilon$，车辆从配送中心出发后并不会直接沿边 $e(v_0,v_i)$ 前往 v_i。对于此种情况，可求解一从 v_0 到 v_i 的约束最短路径问题，其包含路径风险不大于 ε 的约束，从而得到从 v_0 到 v_i 的路径 $p(v_0,v_i)$。

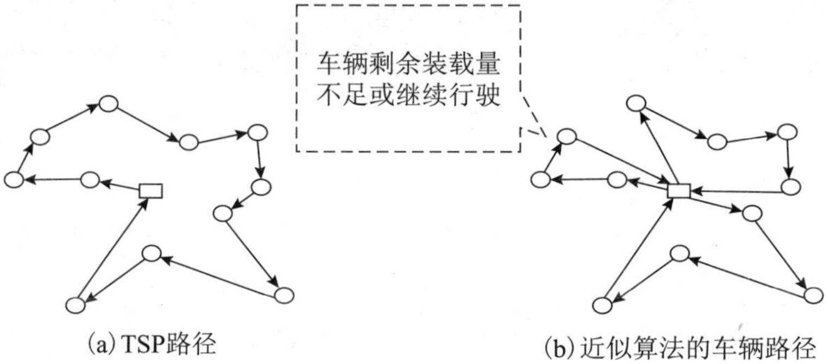

图 5-4　近似算法的车辆路径

近似算法的具体步骤如下，其中 $r(v_i,v_j)$ 表示边 $e(v_i,v_j)$ 的风险，等同于 r_{ij}。

算法 5-5：

第 1 步，应用 Christofides 的算法计算 TSP 路径，按顺序将 TSP 路径上的客户记为 $V'=\{v_1',v_2',\cdots,v_n'\}$。

第 2 步，应用 Desrochers 的算法求解约束最短路径问题，得到所有的 $p(v_0,v_i)$。记录 $p(v_0,v_i)$ 的长度 l_{0i} 和风险 r_{0i}，令 $k=1$。

第 3 步，安排车辆 k 沿 $p(v_0,v_1')$ 行驶，并将车辆 k 的路径记为 $p(v_0,v_1')$。令 $i=2$，$U_k=q_1'$，$R_k=r(v_0,v_1')$。

第 4 步，如果 $i>n$，输出所有车辆的路径；否则，如果 $U_k+q_1'\leqslant Q$ 且 $R_k+r(v_{i-1}',v_i')\leqslant\varepsilon$，令 $U_k=U_k+q_i'$，$R_k=R_k+r(v_{i-1}',v_i')$，$i=i+1$，将边 $e(v_{i-1}',v_i')$ 添加至车辆 k 的路径末；如果 $U_k+q_1'>Q$ 或 $R_k+r(v_{i-1}',v_i')>\varepsilon$，则将边 $e(v_{i-1}',v_0)$ 添加至车辆 k 的路径末，令 $k=k+1$，$U_k=q_i'$，$R_k=r(v_0,v_i')$，$i=i+1$，转至第 4 步。

算法第 1 步应用 Christofides 算法的时间复杂性为 $O(n^3)$。算法第 2 步应用

Desrochers 算法的时间复杂性为 $O(n^5)$。第 3 步至第 4 步的循环次数为 n，所以时间复杂性为 $O(n^2)$。综上，算法 5-5 的时间复杂性为 $O(n^5)$。

2. 算法 5-5 的近似比

一个近似算法的性能一般通过时间复杂性和近似比来评价，上文已分析得出算法 5-5 的时间复杂性为 $O(n^5)$，即该算法是一个多项式时间算法，以下将分析算法 5-5 的近似比。近似比是近似算法 A 所得解对应的目标函数值 $c(A)$ 与最优解对应的目标函数值 $c(\mathrm{OPT})$ 之间的比值。如果 $c(A) \leqslant \alpha c(\mathrm{OPT})$ 成立，则称 α 为近似算法 A 的近似比。显然 $\alpha \geqslant 1$，且近似比 α 越接近于 1，近似算法所得的解就越接近于最优解。

为得出算法 5-5 的近似比，先给出如下引理，该引理是一个运输成本最小化的一般车辆路径优化问题的最优解所对应的最优运输成本的下界。

引理 5-1：一般车辆路径优化问题的最优运输成本的下界为 $\max\left\{c\sum_{i=1}^{n}\frac{2l_{0i}q_i}{Q}, cT^*(\mathrm{TSP})\right\}$，其中 $T^*(\mathrm{TSP})$ 为最优 TSP 路径的长度。

相较于一般车辆路径优化问题，近似算法 5-5 所求解的问题 P5-0 还包含 ε 约束，所以近似算法 5-5 所得解对应的运输成本不会小于一般车辆路径优化问题的最优运输成本；因此，引理 5-1 的结论也适用于问题 P5-0。

引理 5-2：近似算法 5-5 所求得的运输成本的上界为 $c\sum_{i=1}^{n}2\tau_{0i} + cT(\mathrm{TSP})$，其中 τ_{0i} 为路径 $P(v_0, v_i)$ 的长度，$T(\mathrm{TSP})$ 为算法 5-5 求得的 TSP 路径的长度。

证明：见附录 1.3。

综合引理 5-1 和引理 5-2，可以得出如下定理。

定理 5-1：近似算法 5-5 的近似比为 $\dfrac{\sum_{i=1}^{n}Q\tau_{0i}}{\sum_{i=1}^{n}q_i l_{0i}} + a$，其中 a 为求解 TSP 路径的近似算法的近似比。

证明：见附录 1.4。

针对大规模问题进行求解时，具体步骤与算法 5-4 相同，其中对于问题 P5-0 和问题 P5-2 的求解应用近似算法 5-5 即可。

5.4 算法测试

在本节通过算例对本章所建数学模型及设计的求解算法进行测试。求解算法通过 Visual C++ 6.0 和 CPLEX（v12.6）编程，所有测试均在一台装有 3.3GHz 的处理器、8.0GB 内存及 Windows 7 操作系统的电脑上进行。

5.4.1 精确算法的测试

上文我们设计了基于 ε 约束法的两阶段精确算法，在阶段 1 求得所有的帕累托最优解，然后决策者从中选择一个偏好的解，在阶段 2 计算车辆在每个节点的等待时间以满足禁止车辆并行的约束。

在测试前，生成 10 个规模合理可精确求解的随机算例。每个算例都包含 1 个配送中心和 8 个客户，它们在一个方平面上随机生成且用欧式距离表示各点之间的距离。在 [1,100] 的区间内随机生成边的风险。由于单位运输成本为固定值，不失一般性，令其为 1。令车辆装载量 $Q=30$，各个客户的需求量在 [1,30] 的区间内随机生成。

应用基于 ε 约束法的两阶段精确算法求解所有的算例，并将该算法的求解时间与经典 ε 约束法（算法 5-1 结合混合整数规划求解软件）进行比较。每个算例的求解将重复 5 次并取平均求解时间，所得结果如下表 5-1 所示，精确至秒。

表 5-1 所示的结果表明，对于所有算例，本章所设计的两阶段精确算法的求解时间均小于经典 ε 约束法的求解时间。两阶段精确算法的求解时间在平均上只有经典 ε 约束法求解时间的 60.18%，对于差距最大的算例，只有 42.01%。由此可见，本章所设计的两阶段精确算法可以加快求解速度。

表 5-1　两阶段精确算法与经典 ε 约束法的求解时间

算　例	两阶段精确算法的求解时间（秒）	经典 ε 约束法的求解时间（秒）	求解时间之间的比值（%）
1	1956	2578	75.87
2	256	424	62.50
3	677	1243	54.47

续表

算　　例	两阶段精确算法的求解时间（秒）	经典 ε 约束法的求解时间（秒）	求解时间之间的比值（%）
4	696	1536	45.31
5	1792	2225	80.54
6	633	1349	46.92
7	1861	4430	42.01
8	1201	2094	57.35
9	547	576	94.97
10	1374	1832	75.00
平均			60.18

加权法是求解多目标优化问题的常见方法，但是一般来说，加权法无法求得完整的帕累托前沿。本章研究所设计的求解方法基于 ε 约束法，可求得完整的帕累托前沿。Androutsopoulos 等（2012）所设计的加权法较为先进，可求得近似的帕累托前沿，在此将采用 Androutsopoulos 等的加权法进行精确求解，并与本章研究设计的 ε 约束法进行对比，结果如表 5-2 所示。可以看出，除算例 2、6、9 外，加权法均无法求得完整的帕累托前沿。

表 5-2　ε 约束法与加权法的比较

算例	加权法求得解的数目	ε 约束法求得解的数目	加权法未求出的帕累托最优解的数目
1	5	7	2
2	2	2	0
3	3	5	2
4	3	4	1
5	3	5	2
6	4	4	0
7	3	5	2
8	4	5	1
9	3	3	0
10	3	4	1

为更直观地体现车辆等待而避免车辆并行，在此基于算例 3 的一个解来进行说明。这个解包含 5 条路径，$p_1=(v_0,v_2,v_1,v_4,v_0)$，$p_2=(v_0,v_2,v_3,v_0)$，$p_3=(v_0,v_2,v_1,v_0)$，$p_4=(v_0,v_7,v_5,v_0)$，$p_5=(v_0,v_6,v_8,v_0)$。其中，路径 p_1、p_2、p_3 都包含边 $e(v_0,v_2)$；路径 p_1、p_3 都包含边 $e(v_2,v_1)$。在下述分析中将忽略路径 p_4、

p_5，因为它们的路径上无任何边与其他路径重复。已知边 $e(v_0,v_2)$ 和 $e(v_2,v_1)$ 的通行时间分别为 7.28 和 49.01，表 5-3 给出了算法求得的各车在各点的等待时间。

表 5-3　各车在各点的等待时间

等待时间 w_{ik}	k=1	k=2	k=3	k=4	k=5
i=0	0	7.28	14.56	0	0
i=1	0	0	0	0	0
i=2	0	34.45	0	0	0
i=3	0	0	0	0	0
i=4	0	0	0	0	0
i=5	0	0	0	0	0
i=6	0	0	0	0	0
i=7	0	0	0	0	0
i=8	0	0	0	0	0

由表 5-3 可知，车辆 2 在配送中心 v_0 等待直到车辆 1 驶离边 $e(v_0,v_2)$，因此 $w_{02}=7.28$。车辆 3 在 v_0 等待直到车辆 1 和 2 均驶离边 $e(v_0,v_2)$，因此 $w_{03}=14.56$。而对于边 $e(v_2,v_1)$，车辆 3 达到点 v_2 的时间为 21.84，然而此时车辆 1 尚未驶离边 $e(v_2,v_1)$，所以车辆 3 在点 v_2 需等待。下图 5-5 是车辆 1、车辆 2、车辆 3 的等待时间示意图。

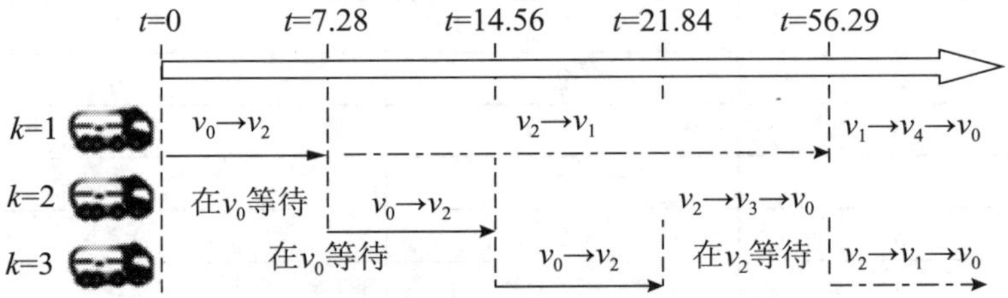

图 5-5　车辆 1、车辆 2、车辆 3 的等待时间

5.4.2　近似算法的测试

在上文中也设计了近似算法，将近似算法应用于上述 10 个算例，所得结果及精确算法求得的结果如图 5-6 所示。由于该近似算法是一个多项式时间算法，这 10 个算例的求解时间均小于 1 秒，而这些算例精确求解则需要如表 5-1 所示的数百乃至数千秒。因此，该近似算法可以有效求解大规模问题。

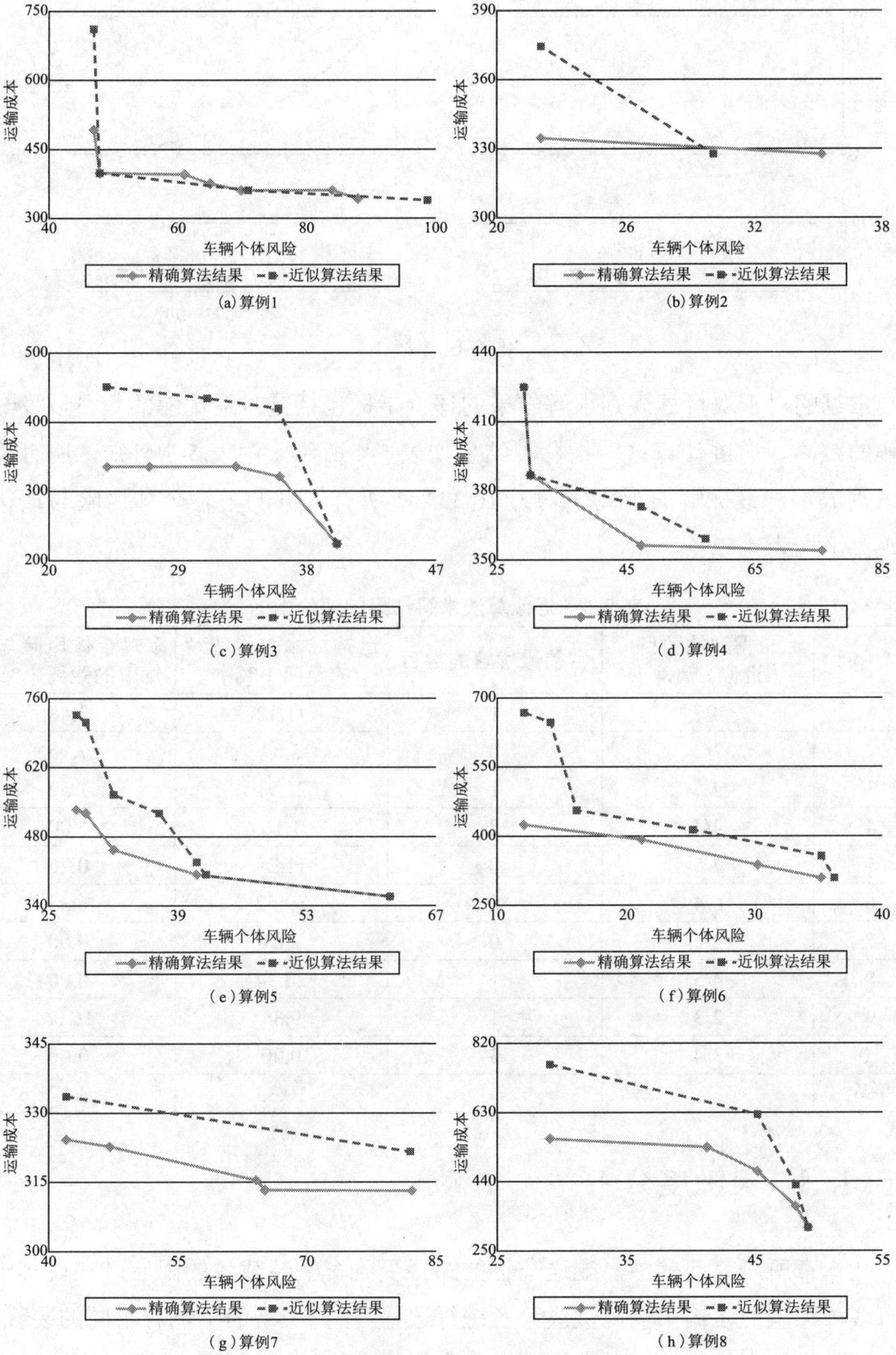

图 5-6　精确算法与近似算法的结果

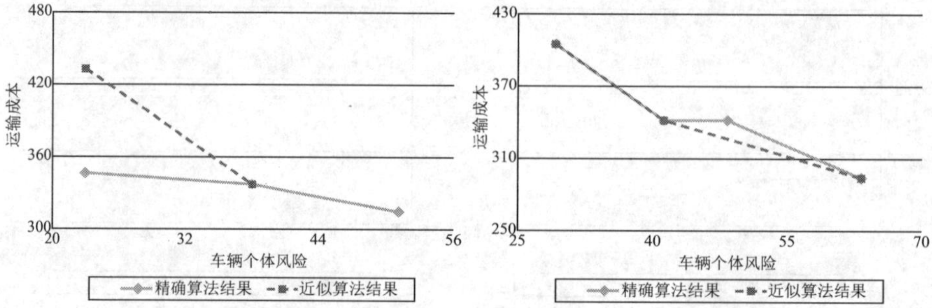

（i）算例9　　（j）算例10

图 5-6 （续）

常见的对于双目标规划求解结果的评价指标包括覆盖最优解的数目以及与最优解的距离，通过计算这些指标，结果如表 5-4 所示。由表 5-4 可知，所有算例的运输成本与最优解的距离平均为 10.33%，所有算例的车辆个体风险与最优解的距离平均为 4.12%。

表 5-4 近似算法求解结果的评价指标

算 例	求得解的数目（近似 / 精确）	覆盖最优解的数目	运输成本与最优解的距离（%）	车辆个体风险与最优解的距离（%）
1	4/7	1	11.12	3.48
2	2/2	0	5.84	7.15
3	4/5	1	21.91	1.52
4	4/4	2	1.16	6.00
5	7/5	0	11.29	0.70
6	6/4	0	19.52	6.35
7	2/5	0	2.84	0.00
8	4/5	1	20.34	0.00
9	2/3	1	9.34	16.06
10	3/4	3	0.00	0.00
平均			10.33	4.12

5.4.3 灵敏度分析

在本章所研究问题中，配送车辆的路径受到车辆装载量的限制。在现实中，常有多种类型的运输车辆可供决策者进行选择，不同类型的车辆有不同的装载量，那么装载量的变化是否会对求解结果产生影响，将通过下述测试进行分析。

上文的算例在生成时，车辆装载量 Q 设为 30，在此将车辆装载量分别设为 Q，$Q+10$，$Q+20$，由此产生 3 种不同装载量的车辆。将它们带入上文的 10 个算例进行精确求解，所得结果如图 5-7 所示。

从图 5-7 可以看出，在单位运输成本不变的情况下，随着车辆装载量增大，运输成本呈现出明显的下降趋势。因此，如果可供选择的车辆单位运输成本相同，应选择装载量较大的车辆。然而，一般而言，装载量较大的车辆伴随着较高的单位运输成本。因此，在车辆装载量为 Q，$Q+10$，$Q+20$ 时，分别设单位运输成本 $c=1$，$c=1.1$，$c=1.2$。代入 10 个算例进行求解，结果如图 5-8 所示。

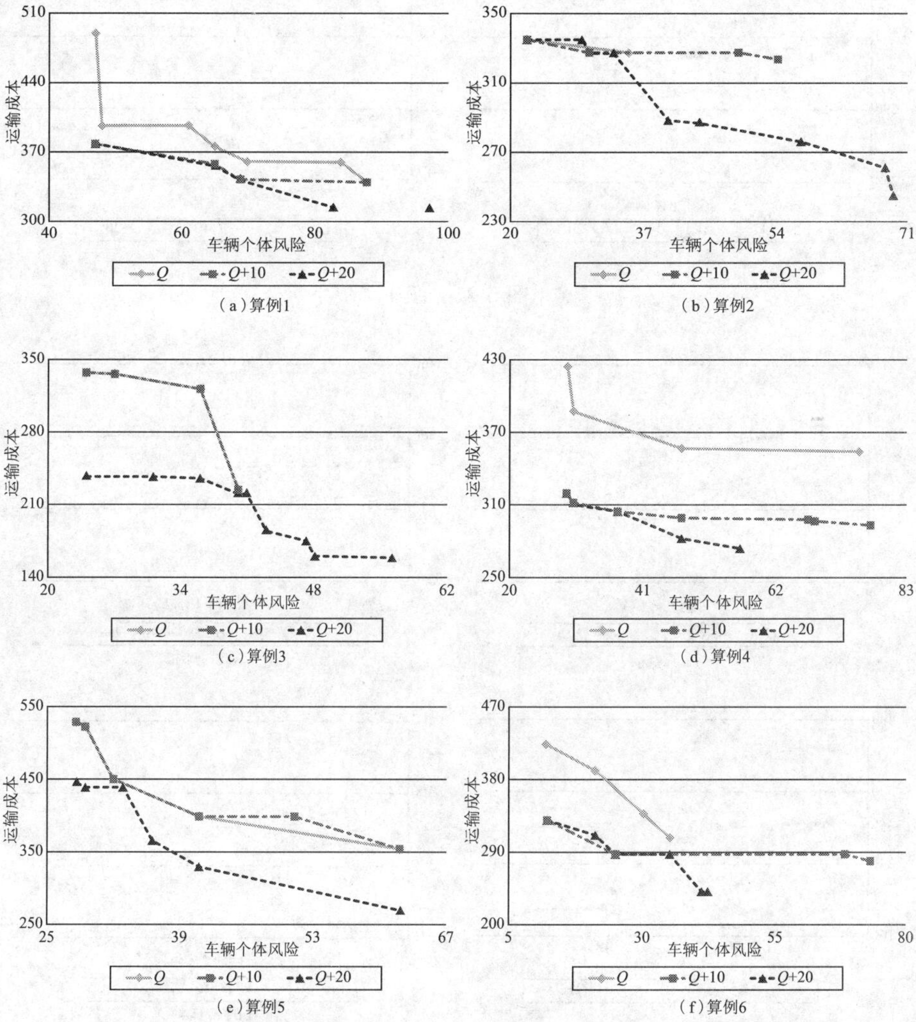

图 5-7 单位运输成本不变不同装载量的求解结果

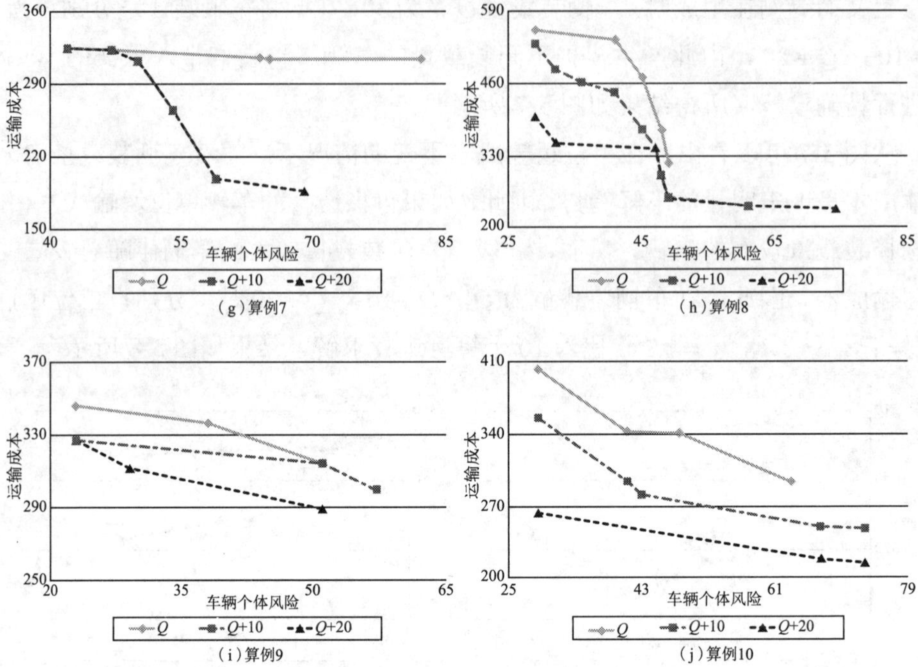

（g）算例7 （h）算例8 （i）算例9 （j）算例10

图 5-7 （续）

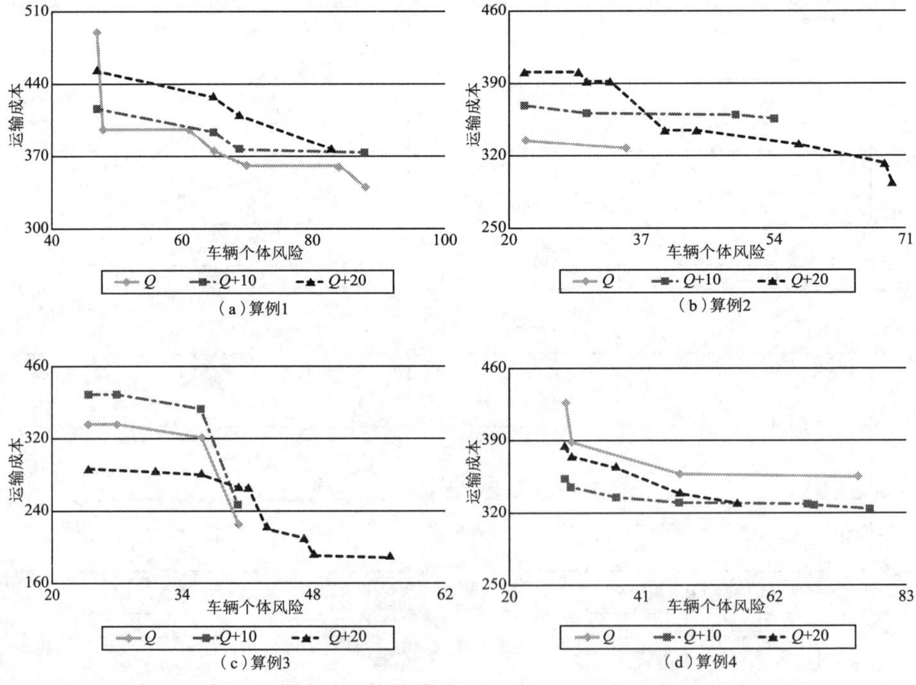

（a）算例1 （b）算例2 （c）算例3 （d）算例4

图 5-8　单位运输成本变化不同装载量的求解结果

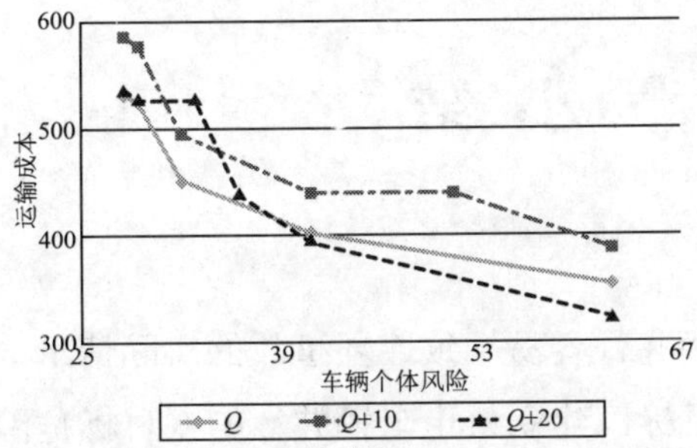

（e）算例5

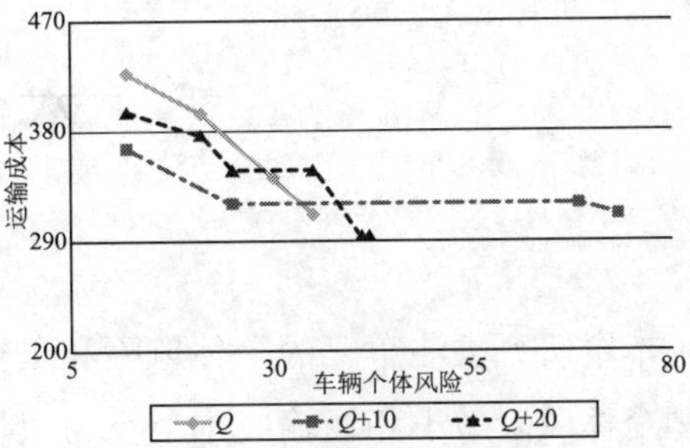

（f）算例6

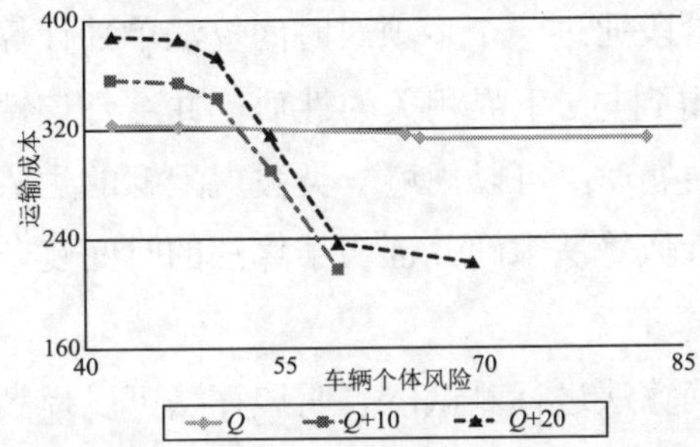

（g）算例7

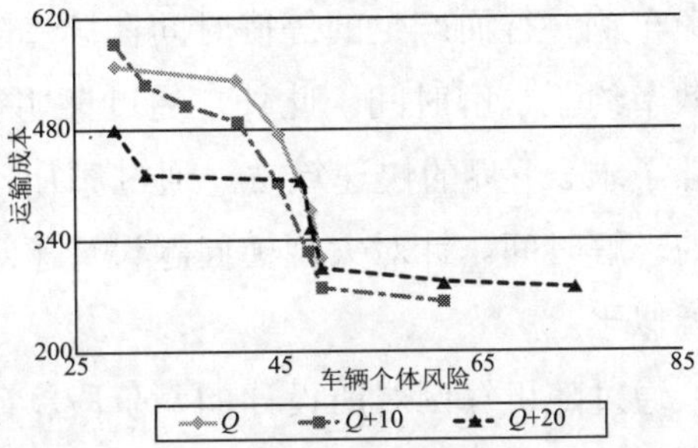

（h）算例8

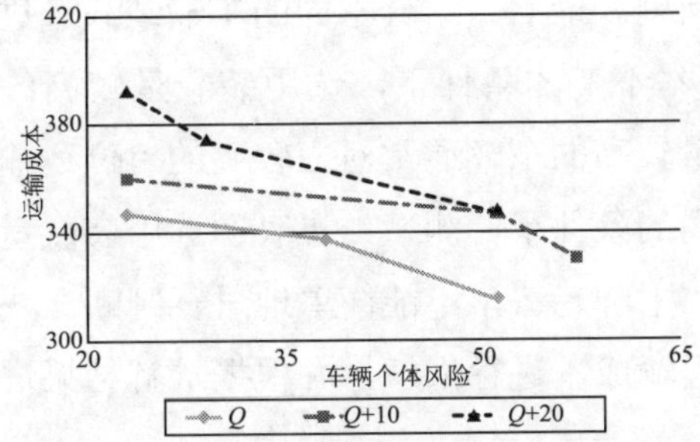

（i）算例9

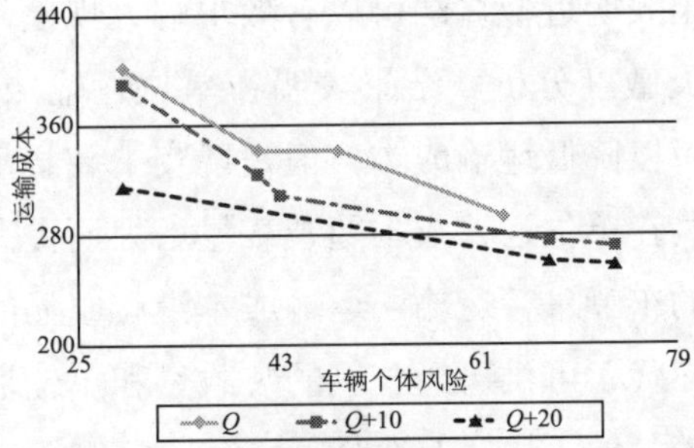

（j）算例10

图 5-8 （续）

由图 5-8 可以看出，部分算例的运输成本仍随车辆装载量提升而有所下降，如算例 10；但也存在部分算例的运输成本有所升高，如算例 9。那么在单位运输成本变化的情况下，不能简单地进行判断，决策者应代入可供选择车辆的装载量和单位运输成本进行求解，并根据求解结果进行比较，做出最好的选择。

5.5 本章小结

本章研究关注车辆的个体风险和车辆并行容易导致连环事故的实际情形，以车辆个体风险最小和运输成本最小为双目标，建立禁止车辆并行的双目标危险品运输车辆路径优化模型。基于ε约束法，设计了一个两阶段精确算法。在该算法中，避免车辆并行而产生的等待时间在第二阶段通过一个多项式时间算法单独计算，有效节约了求解时间。此外，通过证明得到与ε下界相关的性质，并结合该性质设计了求ε下界的快速算法。通过添加预处理，可以规避一类被支配解的生成，节约求解时间。针对大规模问题设计了近似算法求解并证明了算法的时间复杂性和近似比。

通过随机算例对所设计的两阶段精确算法进行测试，表明该算法可以提高求解效率。进一步对近似算法进行测试，并计算了近似算法的解与最优解的距离，结果表明近似算法可以有效求解大规模问题。最后，结合不同的车辆装载量进行了灵敏度分析。结果表明在单位运输成本不变的条件下，选用装载量较高的车辆可以降低运输成本；但是现实中装载量较高的车辆通常对应较高的单位运输成本，在单位运输成本随装载量增大而提高的条件下，测试结果表明选用装载量较高的车辆进行运输，运输成本没有明显的下降趋势，不能简单地进行判断。决策者应代入可供选择车辆的装载量和单位运输成本进行求解，并根据求解结果进行比较，做出最好的选择。

第 6 章

考虑事故后路段失效的危险品运输车辆路径优化

6.1 引　　言

危险品运输车辆路径优化的相关研究忽视了一个重要的实际情形，即如果发生重大的事故，发生事故的路段将会无法通行（路段失效），如图 6-1 所示。危险品物流公司需要另外安排一辆车去完成事故车尚未完成的运输任务，才可以满足客户的需求。在涉及交通拥堵的城市交通路径选择的相关研究中，诸多学者考虑了路段失效的情况，主要包括出行者在出行前的路径选择和出行者遭遇实时突发性堵塞的占线路径选择策略两个方面，但是现有研究没有考虑危险品运输事故所导致的路段失效对于车辆路径选择的影响。

图 6-1　危险品运输车辆发生事故后导致路段失效

本章研究聚焦于考虑事故后路段失效的危险品运输车辆路径优化。首先给出两种应对路段失效的策略，分别建立了两种策略下的危险品运输车辆路径优化模型。设计算法求解并比较两种策略下运输成本和求解时间的大小关系，旨在将事故后路段失效纳入危险品运输的决策范畴。以下首先给出问题描述与建模。

6.2 考虑事故后路段失效的危险品运输车辆路径优化问题描述与建模

1. 问题描述与基本模型

给定一个无向道路网络 $G=(V,E)$。$V=\{v_0,v_1,\cdots,v_n\}$ 为网络的节点集合，其中 v_0 表示危险品配送中心，$v_1,v_2,\cdots,v_n$ 表示客户。$E=\{e(v_i,v_j)\mid v_i,v_j\in V\}$ 为边（路段）的集合。l_{ij} 表示边 $e(v_i,v_j)$ 的长度，且所有长度满足三角不等式。r_{ij} 表示危险品运输车辆通过边 $e(v_i,v_j)$ 的风险。c 为车辆行驶单位距离的运输成本。q_i 表示客户 v_i 的危险品需求量，Q 则表示车辆的装载量。现需安排车辆从配送中心出发，为每个客户配送危险品并满足他们的需求量，最后返回配送中心。以运输成本最小和车辆个体风险最小为双目标，求各车的配送路径。

（1）假设条件。为完善问题描述，给出如下假设。

（a）配送中心有 K 辆危险品运输车辆，且数量足以满足配送需求。

（b）每个客户只被访问一次。

（c）不允许拆分客户的需求，即每个客户仅可由一辆车负责配送，且每个客户的需求量 q_i 不超过车辆装载量 Q。

（d）当危险品运输车辆在边 $e(v_i,v_j)$ 上发生事故后，边 $e(v_i,v_j)$ 有可能变为失效路段（失效边）。

（2）决策变量与其他参数。首先，给出如下决策变量：

$$x_{ijk}=\begin{cases}1 & \text{车辆}k\text{通过边}e(v_i,v_j)\\0 & \text{其他}\end{cases}$$

其他参数如下：

f_1,f_2：目标函数1和目标函数2

r_{ij}：危险品运输车辆通过边$e(v_i,v_j)$的风险

l_{ij}：边$e(v_i,v_j)$的长度

c：单位距离的运输成本

K：配送中心的车辆数

q_i：客户v_i的需求量

Q：车辆的装载量

（3）不考虑事故后路段失效的基本模型。这里首先给出不考虑事故后路段失效的基本数学模型，在此之后将进一步对事故后路段失效进行深入分析。

问题 P6′：

$$f_1 = \min \max_k \sum_{i=0}^{n}\sum_{j=1}^{n} x_{ijk} r_{ij} \tag{6-1}$$

$$f_2 = \min \sum_{i=0}^{n}\sum_{j=0}^{n}\sum_{k=1}^{K} c x_{ijk} l_{ij} \tag{6-2}$$

s.t.

$$\sum_{h=0}^{n} x_{hik} = \sum_{j=0}^{n} x_{ijk} \quad (i=0,1,\cdots,n;k=1,2,\cdots,K) \tag{6-3}$$

$$\sum_{h=0}^{n}\sum_{k=1}^{K} x_{ijk} = 1 \quad (j=1,2,\cdots,n) \tag{6-4}$$

$$\sum_{h=0}^{n}\sum_{i=1}^{n} q_i x_{hik} \leqslant Q \quad (k=1,2,\cdots,K) \tag{6-5}$$

$$\sum_{i\in S}\sum_{j\in S} x_{ijk} \leqslant |S|-1 \quad (k=1,2,\cdots,K) \tag{6-6}$$

$$x_{ijk} \in \{0,1\} \tag{6-7}$$

目标函数（6-1）为车辆个体风险最小。目标函数（6-2）为运输成本最小。约束条件（6-3）保证车辆访问客户后必须离开，以及完成配送后返回配送中心。约束条件（6-4）表示每个客户只被访问一次。约束条件（6-5）是车辆装载量约束。约束条件（6-6）消除子回路，其中 S 为 $V\setminus\{v_0\}$ 的任意子集。约束条件（6-7）是决策变量的取值范围。

2. 运输风险与路段失效

在上一章中，已经分析得知对于危险品的运输风险，广泛采用传统风险的定义，即风险 $r_{ij}=\Omega_{ij}D_{ij}$，其中 Ω_{ij} 和 D_{ij} 分别为边 $e(v_i,v_j)$ 发生事故的概率和发生事

故的后果。在本章研究中，风险定义仍非研究的重点，因此将继续沿用传统风险的定义。

在现实中，一旦危险品运输车辆在路段 $e(v_i,v_j)$ 上发生事故，$e(v_i,v_j)$ 有可能变为失效路段，即无法通行的路段。如果只发生轻微事故，例如轻度剐蹭等，则不会严重影响边 $e(v_i,v_j)$ 的通行；但是如果事故较为严重，则由于事故救援及路面清理工作的影响，$e(v_i,v_j)$ 在短时间内无法通行，即变为失效路段。在此，令 Pd_{ij} 表示发生事故后边 $e(v_i,v_j)$ 失效的概率。

一旦出现路段 $e(v_i,v_j)$ 失效的情况，从节点 $v_i \sim v_j$ 需要一条绕路 $e'(v_i,v_j)$。令 l'_{ij}，P'_{ij}，D'_{ij} 分别表示绕路 $e'(v_i,v_j)$ 的长度、事故率及事故后果。在此，假设绕路 $e'(v_i,v_j)$ 不会出现失效的情况。这条假设在关于交通拥堵的研究中极为常见；并且由于危险品相关事故具有“低概率 / 高危害”的特性，罕见短时间内的连续多起事故，所以该假设也在一定程度上符合实际情况。

3. 预先筹划策略与实时应对策略

针对考虑事故后路段失效的危险品运输车辆路径优化问题，从实际出发，给出如下两种应对策略，即预先筹划策略与实时应对策略。

（1）预先筹划策略。对于预先筹划策略，需在危险品运输车辆出发前就将事故后路段可能失效的情况纳入决策范畴，经过全面考虑并给出配送方案。

如果危险品运输车辆在路段 $e(v_i,v_j)$ 上发生事故，且 $e(v_i,v_j)$ 变为失效路段，为满足客户的需求，危险品物流公司则需要安排一辆备用车辆进行事故车尚未完成的配送工作。该备用车辆在到达 $e(v_i,v_j)$ 的起始节点 v_i 后，需通过绕路 $e'(v_i,v_j)$ 才可前往 v_j 并进行后续的配送，如图 6-2 所示。由于派出备用车辆，会导致整个运输过程中的运输成本和车辆风险发生变化。该备用车辆行至 v_j 经过的距离为 $l_{0i}+l'_{ij}$，而风险则为 $P_{0i}D_{0i}+P'_{ij}D'_{ij}$。但如果事故较为轻微，且 $e(v_i,v_j)$ 没有变为失效路段，则原先的运输车辆可以继续完成配送任务，从节点 $v_i \sim v_j$ 仍可通过 $e(v_i,v_j)$。综上，对于危险品运输车辆路径上的边 $e(v_i,v_j)$，在考虑路段失效的情况后，其期望运输成本 $cL_{ij}=c[(1-P_{ij}Pd_{ij})l_{ij}+P_{ij}Pd_{ij}(l_{0i}+l'_{ij})]$；类似地，其期望运输风险为 $R_{ij}=P_{ij}[D_{ij}+Pd_{ij}(P_{0i}D_{0i}+P'_{ij}D'_{ij})]$。

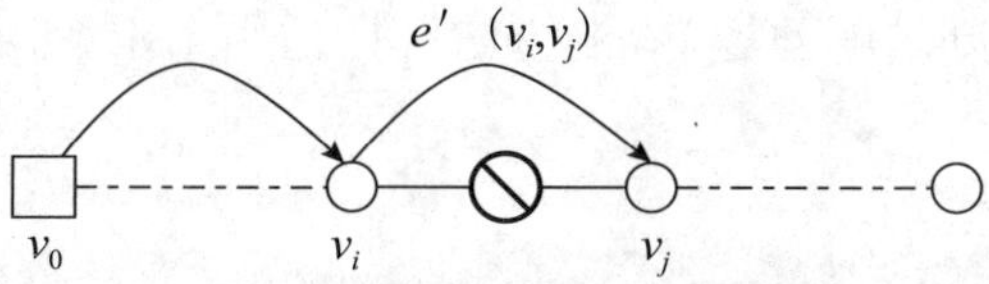

图 6-2 备用车辆的行驶路线

结合上述基本数学模型，可给出如下问题 P6。则预先筹划策略给出的配送方案即为求解问题 P6 后得到的结果。

问题 P6：

$$f_1 = \min \max_k \sum_{i=0}^{n} \sum_{j=1}^{n} R_{ij} x_{ijk} \tag{6-8}$$

$$f_2 = \min \sum_{i=0}^{n} \sum_{j=0}^{n} \sum_{k=1}^{K} cL_{ij} x_{ijk} \tag{6-9}$$

s.t.

约束条件（6-3）～（6-7）

（2）实时应对策略。实时应对策略不同于预先筹划策略，在危险品运输车辆出发前不考虑事故后路段可能失效的情况，则此时的配送方案即为求解问题 P6′后得到的结果。当配送过程中出现事故后路段失效的情况后，危险品物流公司再安排备用车辆进行事故车尚未完成的配送工作。

6.3 考虑事故后路段失效的危险品运输车辆路径优化模型分析与求解

上节已针对考虑事故后路段失效的危险品运输车辆路径优化问题进行了分析并给出了两种应对策略。为最终得到配送方案，在这两种策略中，需要求解问题 P6 和问题 P6′。本节将探讨上述两种策略中问题 P6 和问题 P6′的求解。

由 5.3 节的分析可知，大多数多目标优化问题的求解方法难以求得完整的帕累托前沿，而 ε 约束法历经多次改进，已可求得完整的帕累托前沿，因此本章仍将基于 ε 约束法设计求解算法。注意到可以通过设置路段失效的概率为 0 将问题

P6 转化为问题 P6′，则求解问题 P6 的方法同样适用于求解问题 P6′，因此以下讨论将全部针对问题 P6。

6.3.1 基于 ε 约束法的精确算法

在本节将设计基于 ε 约束法的精确算法。上一章中 5.3 节已给出了经典 ε 约束法（算法 5-1）的具体步骤，在此，首先根据 ε 约束法的基本思想，将问题 P6 转化为带 ε 约束的单目标子问题，如下所示。

问题 P6-0：

$$f_2 = \min \sum_{i=0}^{n} \sum_{j=0}^{n} \sum_{k=1}^{K} cL_{ij} x_{ijk}$$

s.t.

约束条件（6-3）～（6-7）

$$\max_k \sum_{i=0}^{n} \sum_{j=1}^{n} R_{ij} x_{ijk} \leqslant \varepsilon \tag{6-10}$$

与 5.3 节类似，不会直接应用算法 5-1 进行求解，而是针对本章的研究问题给出对于算法 5-1 的若干处改进，具体如下。

1. 计算期望运输成本与期望运输风险

由于预先筹划策略在危险品运输车辆出发前就将事故后路段可能失效的情况纳入决策范畴，在问题 P6 中包含期望运输成本与期望运输风险。它们与路段失效后的绕路相关，要得出期望运输成本与期望运输风险的关键是求得绕路 $e'(v_i, v_j)$。绕路 $e'(v_i, v_j)$ 可通过在网络 $G^*(V, E \setminus \{e(v_i, v_j)\})$ 上求解从点 v_i～点 v_j 的最短路径来得到，具体步骤如下。

算法 6-1：

第 1 步，令 $E^* = \{e(v_i, v_j) \mid v_i, v_j \in V\}$。

第 2 步，从 $E = \{e(v_i, v_j) \mid v_i, v_j \in V\}$ 中选择一条路径 $e(v_i, v_j)$，并生成网络 $G^*(V, E \setminus \{e(v_i, v_j)\})$。应用 Dijkstra 算法求解网络 G^* 中从点 v_i 到点 v_j 的最短路径，记为 $e'(v_i, v_j)$。

第 3 步，从 E^* 中删去 $e(v_i, v_j)$，如果 $E^* \neq \varnothing$，转至第 2 步。

由于网络上最多有 n^2 条边，且 Dijkstra 算法的时间复杂性为 $O(n^2)$，所以算法 6-1 的时间复杂性为 $O(n^4)$。

2. 确定 ε 的取值范围

应用 ε 约束法求解多目标优化问题首先要确定 ε 的取值范围，即 ε 的上界 $\varepsilon^L = f_1^I$，下界 $\varepsilon^U = f_1^N$。对于本章的研究问题，即需求解下述问题 P6-1 以得到 f_1^I，以及需求解下述问题 P6-2 以得到 f_1^N。

问题 P6-1：

$$f_1 = \min \max_k \sum_{i=0}^{n} \sum_{j=1}^{n} R_{ij} x_{ijk}$$

s.t.

约束条件（6-3）～（6-7）

问题 P6-2：

$$f_2 = \min \sum_{i=0}^{n} \sum_{j=0}^{n} \sum_{k=1}^{K} c L_{ij} x_{ijk}$$

s.t.

约束条件（6-3）～（6-7）

由 5.3 节对 ε 的下界 ε^L 的分析（性质 5-1）可知，车辆个体风险的下界为 $\max_i r(SRP_i)$，即从配送中心 v_0 到客户 v_i 的最小风险路径 SRP_i 的风险 $r(SRP_i)$ 中最大者。对于本章的问题 P6，性质 5-1 仍然适用，则 ε 的下界 $\varepsilon^L = f_1^I = \max_i r(SRP_i)$。以风险为路段权重，$\max_i r(SRP_i)$ 可通过 Dijkstra 算法快速求得，其时间复杂性为 $O(n^2)$，由此避免了求解混合整数规划问题 P6-1。

3. 规避被支配解的预处理

在 ε 约束法的运算过程中会生成一些被支配解，这些解不在帕累托前沿上，且会在最后被删除。对于本章研究的问题，仍可使用第 5 章所提出的预处理，对于一类被支配解进行规避，其基本思想详见 5.3 节。这里给出预处理的具体步骤如下。

算法 6-2：

第 1 步，记录与当前生成的解对应的所有路径 p_k 及其期望长度 $L(p_k)$ 和期望风险 $R(p_k)$。

第 2 步，令 $k = 1$。

第 3 步，改换路径 p_k 的方向并生成路径 p'_k。如果 $L(p'_k)\leqslant L(p_k)$ 且 $R(p'_k)\leqslant R(p_k)$，用路径 p'_k 替换路径 p_k。

第 4 步，如果 $k<K$，令 $k=k+1$，回到第 2 步。

由于每条路径上最多有 n 条边，且每个解最多包含 n 条路径，所以算法 6-2 的时间复杂性为 $O(n^2)$。

4. 不可行路径禁止约束

在 ε 约束法的运算过程中，会生成一系列问题 P6-0 的解。每次迭代求解问题 P6-0 时，问题 P6-0 中 ε 的值为 $f_1(x)-\delta$，其中 x 为在上一次迭代求解问题 P6-0 所得的解，δ 是一个足够小的正数。每当 ε 的值变为 $f_1(x)-\delta$，由于 ε 的值变小影响 ε 约束（6-10），与解 x 相对应的一些路径会变为不可行路径，即它们在解中存在会导致该解为不可行解。并且由于在整个 ε 约束法的运算过程中，ε 的值只会不断变小，则一旦某条路径由于 ε 值和约束（6-10）的限制变为不可行路径，该条路径在后续的求解过程中将一直是不可行路径。因此，可为这些不可行路径添加禁止约束，即在某条路径由于 ε 值和约束（6-10）的限制变为不可行路径后，在后续迭代的问题 P6-0 中禁止车辆使用该路径进行配送。对于任一不可行路径 $p^{\inf}$，所添加的禁止约束如下，其中 $E(p^{\inf})$ 是路径 $p^{\inf}$ 上的边集。

$$\sum_{e(v_i,v_j)\in E(p^{\inf})} x_{ijk}\leqslant |E(p^{\inf})|-1 \quad (k=1,2,\cdots,K) \tag{6-11}$$

下面给出的是添加不可行路径禁止约束的具体过程，其中 $\{p_x\}$ 表示解 x 中的路径。

算法 6-3：

第 1 步，从 $\{p_x\}$ 中找出期望风险最大的路径，记为 $p^{\inf}$。

第 2 步，如果 $R(p^{\inf})>\varepsilon$，为问题 P4-0 添加约束（6-11）。

第 3 步，从 $\{p_x\}$ 中删去 $p^{\inf}$，如果 $\{p_x\}\neq\varnothing$，转至第 1 步。

算法第 1 步的时间复杂性为 $O(n)$。由于一个解中最多包含 n 条路径，所以算法第 1 步到算法第 3 步的循环次数最多为 n，则算法 6-3 的时间复杂性为 $O(n^2)$。

5. 算法的整体流程

综合 ε 约束法和上述若干改进之处，所设计的精确算法的整体流程如下。

算法 6-4：

第 1 步，应用算法 6-1 求出所有的绕路 $e'(v_i,v_j)$，并记录与 $e'(v_i,v_j)$ 对应的 l'_{ij}，

P'_{ij}，D'_{ij}。

第 2 步，计算 $\max\limits_{i} r(SRP_i)$，令 $\varepsilon^L = \max\limits_{i} r(SRP_i)$。

第 3 步，求解问题 P6-2 并得到精确解 x^U，记录对应的 $(f_1(x^U), f_2(x^U))$。令 $Y' = \{(f_1(x^U), f_2(x^U))\}$，$\varepsilon = f_1^U - \delta$。

第 4 步，应用算法 6-3 添加不可行路径禁止约束，求解问题 P6-0 并得到精确解 x^*。针对解 x^* 应用算法 6-2 并得到 x'，将与 x' 对应的 $(f_1(x'), f_2(x'))$ 并入 Y'。

第 5 步，令 $\varepsilon = f_1(x') - \delta$。如果 $\varepsilon \geqslant f_1^I$，转至第 3 步；否则，转至下一步。

第 6 步，从 Y' 中删去被支配点，得到帕累托前沿 Y。

6.3.2　针对大规模问题的近似算法

在上一节设计了基于 ε 约束法的两阶段精确算法，但是针对大规模问题，由于问题 P6-0 和问题 P6-2 是 NP 难问题且需要多次求解，所以该算法的计算量很大。因此，在本节将给出针对大规模问题的近似算法以求解问题 P6-0。该近似算法也适用于求解问题 P6-2，因为问题 P6-2 可视为 ε 值非常大的问题 P6-0。

1. 近似算法

该近似算法的第 1 步是计算出一条 TSP 路径。然后安排车辆沿该 TSP 路径进行配送。如果车辆的剩余装载量不足以满足下个客户的需求，或行驶至下个客户会导致该车的期望风险超过 ε，则安排该车返回配送中心并让下一辆车从配送中心出发继续后面的配送工作。图 6-3 是该方法的一个示意图。不同于在第 5 章所设计的近似算法，在这里该算法通过将第一辆车（k=1）的装载量分别设为 $1,2,\cdots,Q$，以重复上述流程 Q 次，并取这 Q 次重复中最好的结果。

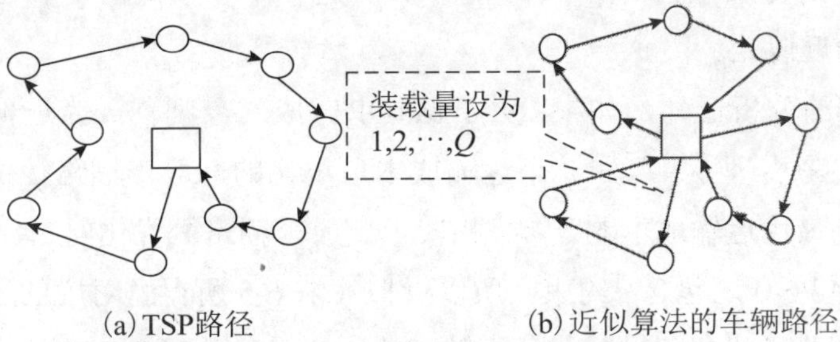

图 6-3　近似算法的车辆路径

近似算法的具体步骤如下，其中 $r(v_i,v_j)$ 表示边 $e(v_0,v_i)$ 的风险，等同于 r_{ij}。

算法 6-5：

第 1 步，以期望运输成本为边的权重，应用 Christofides 的算法计算 TSP 路径，按顺序将 TSP 路径上的客户记为 $V^*=\{v_{1^*},v_{2^*},\cdots,v_{n^*}\}$。令 $Q_k=\{1,2,\cdots,Q\}$，$\gamma=1$。

第 2 步，如果 $Q_1\leqslant q_{1^*}$，设 $k=2$；否则，设 $k=1$，为路径 p_k 添加边 $e(v_0,v_{1^*})$，设 $U_k=q_{1^*}$，$R_k=R_{0,1^*}$，$L_k=L_{0,1^*}$，$i=1$。

第 3 步，令 $i=i+1$。如果 $i>n$，转至第 4 步。如果 $i<n$，则如果 $U_k+q_{1^*}\leqslant Q$ 且 $R_k+R_{(i-1)^*,i^*}\leqslant\varepsilon$，令 $U_k=U_k+q_{1^*}$，$R_k=R_k+R_{(i-1)^*,i^*}$，$L_k=L_k+L_{(i-1)^*,i^*}$，为路径 p_k 添加边 $e(v_{(i-1)^*},v_{i^*})$，转至第 3 步；否则，为路径 p_k 添加边 $e(v_{(i-1)^*},v_0)$，令 $L_k=L_k+L_{(i-1)^*,0}$，$k=k+1$，$U_k=q_{i^*}$，$R_k=R_{0,i^*}$，$L_k=L_{0,i^*}$，为路径 p_k 添加边 $e(v_0,v_{i^*})$，转至第 3 步。

第 4 步，为路径 p_k 添加边 $e(v_{(i-1)^*},v_0)$，令 $L_k=L_k+L_{(i-1)^*,0}$。将期望运输成本记为 $C_\gamma=\sum_{k=1}^{K}cL_k$。如果 $Q_\gamma<Q$，令 $Q_\gamma=Q_\gamma+1$，$\gamma=\gamma+1$，转至第 2 步。否则，计算 $\min_\gamma C_\gamma$ 并找出与其对应的路径。

算法第 1 步应用 Christofides 的算法的时间复杂性为 $O(n^3)$。算法第 2 步至算法第 3 步的循环次数最多为 n，所以时间复杂性为 $O(n^3)$。算法第 2 步至算法第 4 步的循环次数为 Q，所以时间复杂性为 $O(Qn^3)$。综上，算法 6-5 的时间复杂性为 $O(Qn^3)$。

2. 算法 6-5 的近似比

一个近似算法的性能一般通过时间复杂性和近似比来评价，上文已分析得出算法 6-5 的时间复杂性为 $O(Qn^3)$，即该算法是一个多项式时间算法，以下将分析算法 6-5 的近似比。

由 5.3 节的分析已知，如果 $c(A)\leqslant\alpha c(\text{OPT})$ 成立，则称 α 为近似算法 A 的近似比。以及参考引理 5-1 可知一个运输成本最小化的一般车辆路径优化问题的最优解所对应的最优运输成本的下界。相较于一般车辆路径优化问题，近似算法 6-5 所求解的问题 P6-0 还包含 ε 约束，所以近似算法 6-5 所得解对应的运程成本不会小于一般车辆路径优化问题的最优运输成本；因此，引理 5-1 的结论也适用于问题 P6-0。

由于在问题 6 中采用的是期望运输成本和期望运输风险，将它们与引理 5-1 相结合，得到如下引理 6-1。

引理 6-1：车辆路径优化问题的最优运输成本的下界为 $\max\left\{c\sum_{i=1}^{n}\frac{2L_{0i}q_i}{Q},cL^*(\text{TSP})\right\}$，其中 $cL^*(\text{TSP})$ 为最优 TSP 路径的期望运输成本。

结合引理 6-1 对近似比进行分析，得到如下定理。

定理 6-1：近似算法 6-5 的近似比为 $\dfrac{\sum_{i=1}^{n}QL_{0i}}{\sum_{i=1}^{n}q_iL_{0i}}+a$，其中 a 为求解 TSP 路径的近似算法的近似比。

证明：见附录 2.1。

针对大规模问题进行求解时，具体步骤与算法 6-4 相同，其中对于问题 P6-0 和问题 P6-2 的求解应用近似算法 6-5 即可。

6.3.3　两种策略之间的比较

通过上述内容中所设计的求解方法，可以得到预先筹划策略与实时应对策略下的危险品运输车辆路径方案。在本节将比较两种策略下结果的不同之处。

不同于实时应对策略，在预先筹划策略中需在危险品运输车辆出发前就将事故后路段可能失效的情况纳入决策范畴，经过全面考虑并给出配送方案。则两种策略下的运输成本有所不同。假设约束可以得到满足，则预先筹划策略下的运输成本为 $\sum_{i=0}^{n}\sum_{j=0}^{n}\sum_{k=1}^{K}cL_{ij}\chi_{ijk}$，其中 χ_{ijk} 的值源于求解问题 P6 得到的结果。

而对于实时应对策略，在车辆出发前不考虑事故后路段可能失效的情况，所得配送方案的运输成本为 $\sum_{i=0}^{n}\sum_{j=0}^{n}\sum_{k=1}^{K}cL_{ij}\chi'_{ijk}$，其中 χ'_{ijk} 的值源于求解问题 P6′ 得到的结果。然而实时应对策略下的成本还包含配送过程中实时遭遇路段失效后所产生的额外成本，即为 $\sum_{i=0}^{n}\sum_{j=0}^{n}\sum_{k=1}^{K}cP_{ij}Pd_{ij}(l'_{ij}-l_{ij}+l_{0i})\chi'_{ijk}$。因此，实时应对策略下的总成本为

$$\sum_{i=0}^{n}\sum_{j=0}^{n}\sum_{k=1}^{K}cL_{ij}\chi'_{ijk}+\sum_{i=0}^{n}\sum_{j=0}^{n}\sum_{k=1}^{K}cP_{ij}Pd_{ij}(l'_{ij}-l_{ij}+l_{0i})\chi'_{ijk}$$
$$=\sum_{i=0}^{n}\sum_{j=0}^{n}\sum_{k=1}^{K}c[l_{ij}+P_{ij}Pd_{ij}(l'_{ij}-l_{ij}+l_{0i})]\chi'_{ijk}$$
$$=\sum_{i=0}^{n}\sum_{j=0}^{n}\sum_{k=1}^{K}c[(1-P_{ij}Pd_{ij})l_{ij}+P_{ij}Pd_{ij}(l'_{ij}+l_{0i})]\chi'_{ijk}$$
$$=\sum_{i=0}^{n}\sum_{j=0}^{n}\sum_{k=1}^{K}cL_{ij}\chi'_{ijk}$$

由于预先筹划策略下问题P6的求解目标是期望运输成本最小，则必有 $\sum_{i=0}^{n}\sum_{j=0}^{n}\sum_{k=1}^{K}cL_{ij}\chi_{ijk}\leqslant\sum_{i=0}^{n}\sum_{j=0}^{n}\sum_{k=1}^{K}cL_{ij}\chi'_{ijk}$ 成立，由此给出如下定理。

定理 6-2：预先筹划策略下的运输成本不大于实时应对策略下的运输成本。

预先筹划策略下更低一些的运输成本是通过花费更多的求解时间而得到的。在预先筹划策略下需要求出所有的绕路，从上述分析可知，求出绕路的计算的时间复杂性为 $O(n^4)$。然而，假设实时应对策略下遭遇的路段失效为 ϕ 次，则该策略下的计算的时间复杂性为 $O(\phi n^2)$。由于最多只有 n^2 条边，所以有 $\phi\leqslant n^2$，即 $\phi n^2\leqslant n^4$。因此，相较于实时应对策略，预先筹划策略需要花费更多的求解时间。

6.4 算法测试

在本节通过算例对本章所建数学模型及设计的求解算法进行测试。求解算法通过 Visual C++ 6.0 和 CPLEX（v12.6）编程，所有测试均在一台装有 3.3GHz 的处理器、8.0GB 内存及 Windows 7 操作系统的电脑上进行。

6.4.1 精确算法的测试

上文我们设计了基于 ε 约束法的精确算法，本节将通过算例对精确算法进行测试。首先随机生成 8 个算例 *1~*8，每个算例都包含 1 个配送中心，算例

*1~*4 包含 10 个客户，算例 *5~*6 包含 15 个客户，算例 *7 包含 20 个客户，算例 *8 包含 30 个客户。所有的点均在一个方平面上随机生成且用欧式距离表示各点之间的距离。与风险相关的事故率和事故后果等均为随机生成。由于单位运输成本为固定值，不失一般性，令其为 1。令车辆装载量 $Q = 30$，各个客户的需求量在 [1,30] 的区间内随机生成。

应用基于 ε 约束法的精确算法求解所有的算例，并将该算法的求解时间与经典 ε 约束法（算法 5-1 结合混合整数规划求解软件）进行比较，所得结果如下。

表 6-1 所示的结果表明，对于所有算例，本章所设计的精确算法的求解时间均小于经典 ε 约束法的求解时间。两阶段精确算法的求解时间在平均上只有经典 ε 约束法求解时间的 53.45%，对于差距最大的算例，只有 33.33%。由此可见，本章所设计的精确算法确实可以加快求解速度。

表 6-1 精确算法与经典 ε 约束法的求解时间

算 例	客户数	精确算法的求解时间（秒）	经典 ε 约束法的求解时间（秒）	求解时间之间的比值（%）
*1	10	2	4	50.00
*2	10	2	3	66.67
*3	10	2	6	33.33
*4	10	4	8	50.00
*5	15	43	65	66.15
*6	15	54	101	53.47
*7	20	1 008	1 960	51.43
*8	30	892	1 577	56.56
平均				53.45

6.4.2 近似算法的测试

由于现有研究中尚无关于双目标危险品运输的标准化算例，在此将借鉴 Golden 等（1984）的研究算例。这些算例在一般 VRP 的相关研究中较为常用，且一些双目标危险品运输车辆路径优化的研究也选用这些算例。Golden 等的算例包含客户数分别为 12,20,20,30,50,50,75。将 Golden 等的算例与上述生成的 8

个随机算例相结合，共同构成 15 个算例，记为算例 #1~#15，它们包含的客户数分别为 10,10,10,10,12,15,15,20,20,20,30,30,50,50,75。

将上文中设计的近似算法应用于上述 15 个算例，所得结果及精确算法求得的结果如图 6-4 所示（对于客户数 $n \geqslant 50$ 的算例，由于精确求解时间过长，所以没有标注精确算法求得的结果）。由于该近似算法是一个多项式时间算法，这 15 个算例的求解时间最多只有数秒，而这些算例精确求解则需要如表 6-1 所示的数百乃至数千秒。因此，该近似算法可以有效求解大规模问题。

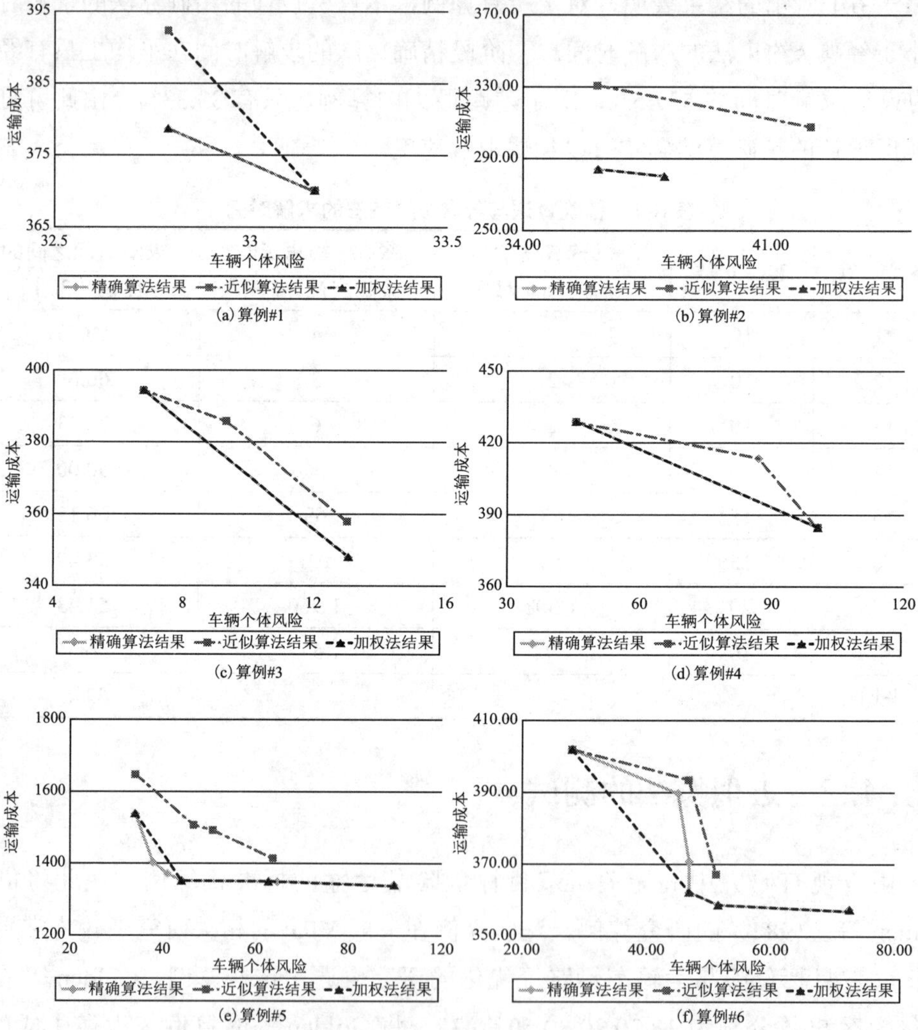

图 6-4　精确算法与近似算法的结果及其与加权法的对比

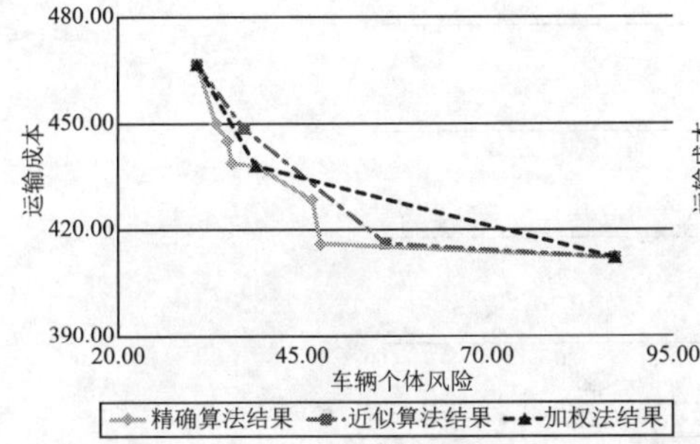

(g) 算例#7

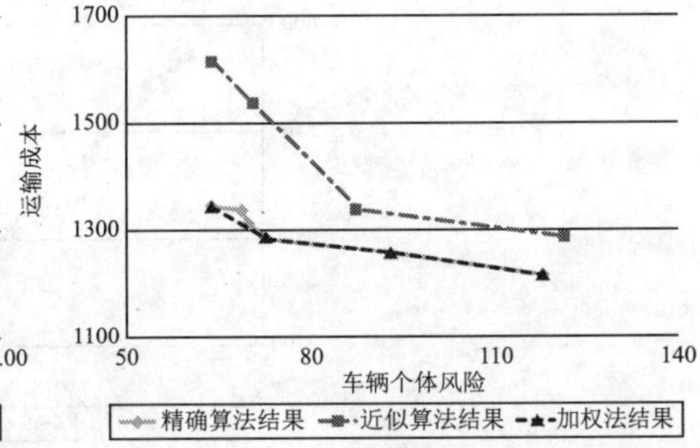

(h) 算例#8

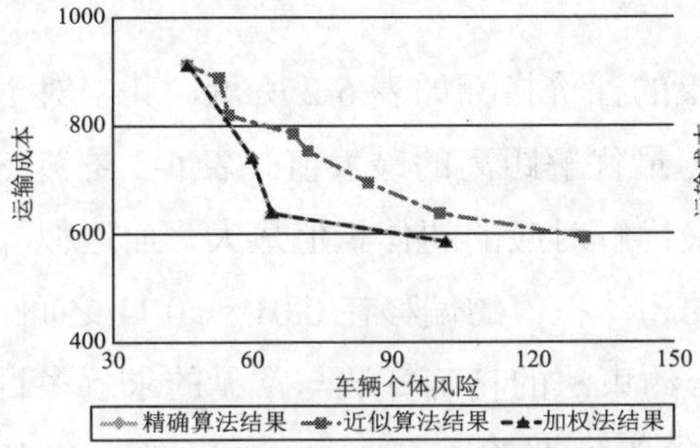

(i) 算例#9

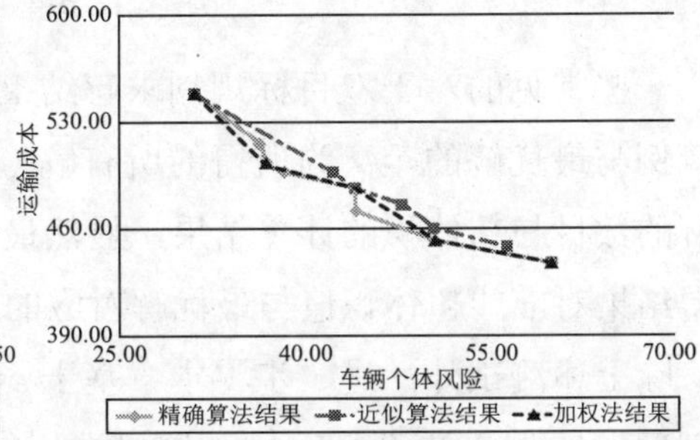

(j) 算例#10

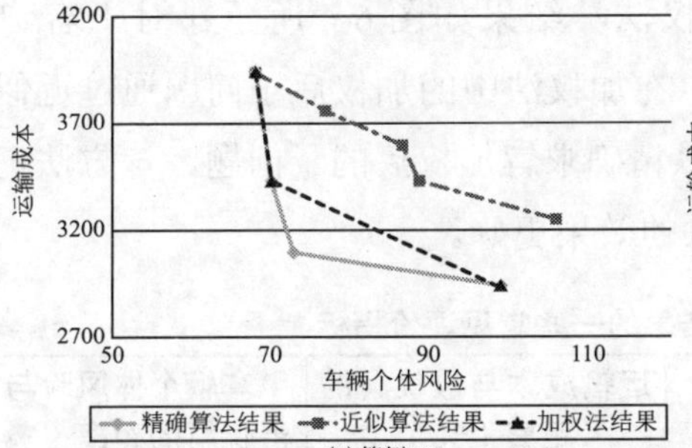

(k) 算例#11

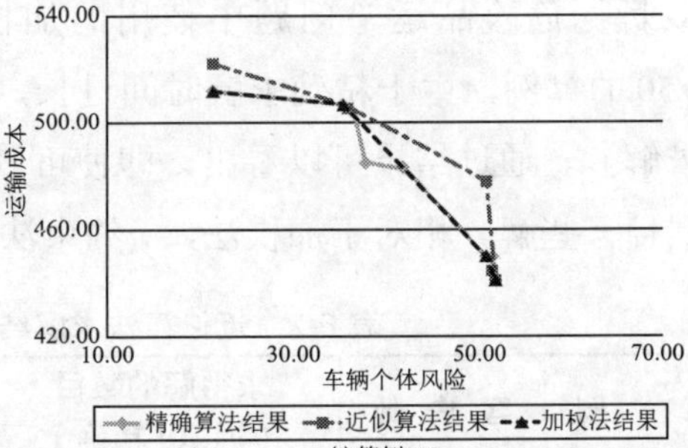

(l) 算例#12

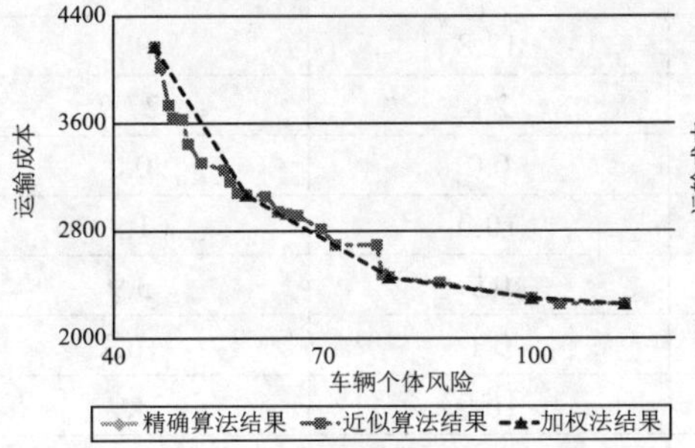

(m) 算例#13

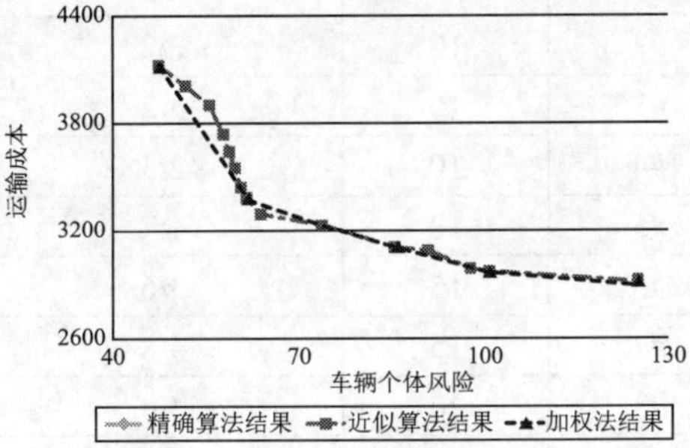

(n) 算例#14

图 6-4 （续）

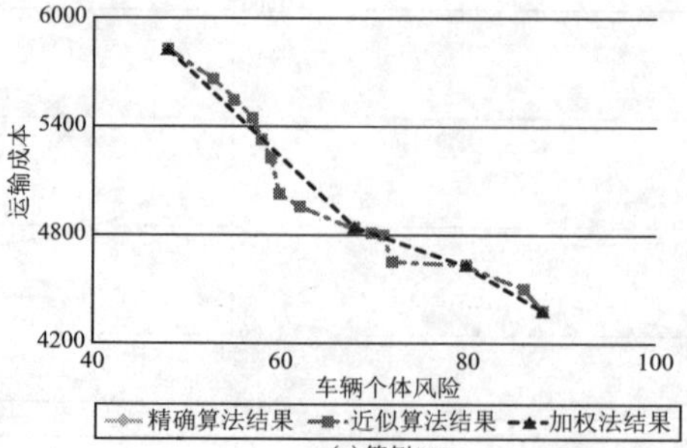

(o) 算例#15

图 6-4 （续）

一些常见的对于双目标规划求解结果的评价指标如表 6-2 所示，其中对于每个算例与最优解的距离为所得的所有解与最优解距离的最大值。表 6-3 是覆盖最优解的数目与超体积的计算结果，显然最优解对应的超体积值最大，而近似算法求得结果对应的超体积值与最优解对应的超体积值的偏移在 0.01 ～ 0.11 之间。

除上述测试外，进一步将本章基于 ε 约束法的精确算法与常见的求解多目标规划问题的加权法进行对比。这里选用较为近期的 Androutsopoulos 等（2012）在双目标危险品运输问题中使用的加权法，结果如图 6-4 所示（对于客户数 $n \geqslant 50$ 的算例，由于精确求解时间过长，在加权法中的加权后子问题通过近似算法求解）。通过结果可以看出，即使可以精确求解加权后的子问题，该方法仍可能漏掉一些解。相对于加权法，ε 约束法的效果更好。

表 6-2　近似算法求解结果的一些常见评价指标

算　例	客 户 数	求得解的数目（近似 / 精确）	运输成本与最优解的距离（%）	车辆个体风险与最优解的距离（%）
#1	10	2/2	3.4	0.0
#2	10	2/2	13.8	9.9
#3	10	3/2	2.8	27.9
#4	10	2/3	0.0	0.0
#5	12	4/7	10.0	1.9
#6	15	3/6	0.9	3.9
#7	15	4/8	0.1	16.2
#8	20	4/6	16.9	8.9
#9	20	8/4	12.9	5.8
#10	20	6/8	2.4	5.7

续表

算　例	客 户 数	求得解的数目（近似 / 精确）	运输成本与最优解的距离（%）	车辆个体风险与最优解的距离（%）
#11	30	5/4	12.0	9.4
#12	30	5/8	1.0	1.2
平均			6.35	7.07

表 6-3　覆盖最优解的数目与超体积

算　例	客 户 数	覆盖最优解的数目	超体积（精确解）	超体积（近似解）
#1	10	1	0.99	0.98
#2	10	0	0.99	0.98
#3	10	1	0.98	0.97
#4	10	2	0.96	0.94
#5	12	0	0.92	0.88
#6	15	1	0.95	0.90
#7	15	2	0.84	0.76
#8	20	0	0.94	0.84
#9	20	1	0.89	0.84
#10	20	2	0.86	0.79
#11	30	1	0.93	0.82
#12	30	2	0.89	0.78
#13	50			0.82
#14	50			0.86
#15	75			0.83

6.4.3 灵敏度分析

在本章所研究问题中，配送车辆的路径受到车辆装载量的限制。在现实中，常有多种类型的运输车辆可供决策者进行选择，不同类型的车辆有不同的装载量，那么装载量的变化是否会对求解结果产生影响，将通过下述测试进行分析。

上面的算例生成时，车辆装载量 Q 设为 30，在此将车辆装载量分别设为 Q，$Q+10$，$Q+20$，由此产生 3 种不同装载量的车辆。将它们带入上文的 15 个算例进行求解，所得结果如图 6-5 所示。

从图 6-5 可以看出，随着车辆装载量增大，运输成本整体上呈现出下降趋势。这是因为车辆路径受车辆装载量所约束，车辆装载量增大后，更多的路径可以满足车辆装载量约束，因而可能出现运输成本更低的配送方案。但是，结果中仍有很多重合的点，算例 #13 是一个典型的例子。这是因为除车辆装载量约束外，车辆路径也受到风险的限制；尽管由于车辆装载量增大，一些路径可以满足装载量约束，但是可能这些路径的风险较高，所以仍不能组成更好的配送方案。正如前文所述，一般而言装载量较大的车辆伴随着较高的单位运输成本，因此决策者应代入可供选择车辆的装载量和单位运输成本进行求解，并根据求解结果进行比较，进行最好的选择。

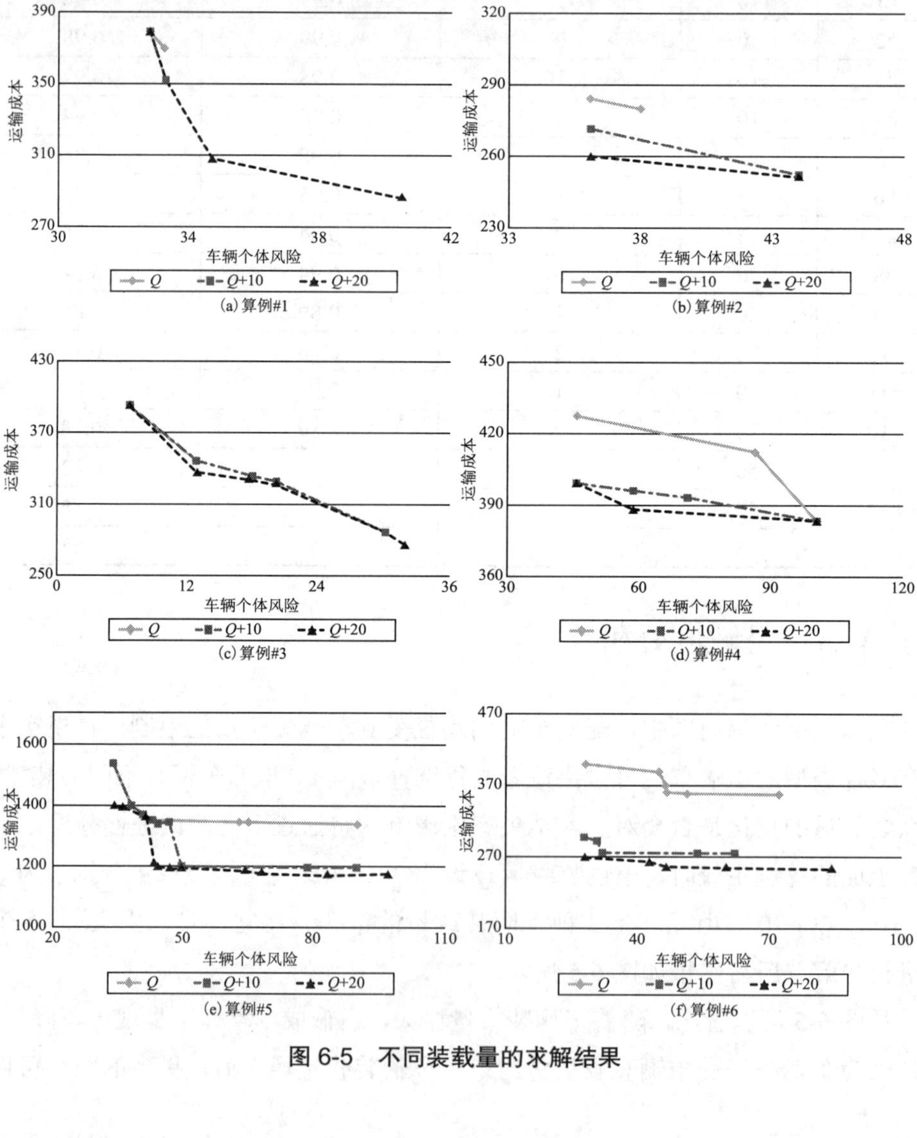

图 6-5　不同装载量的求解结果

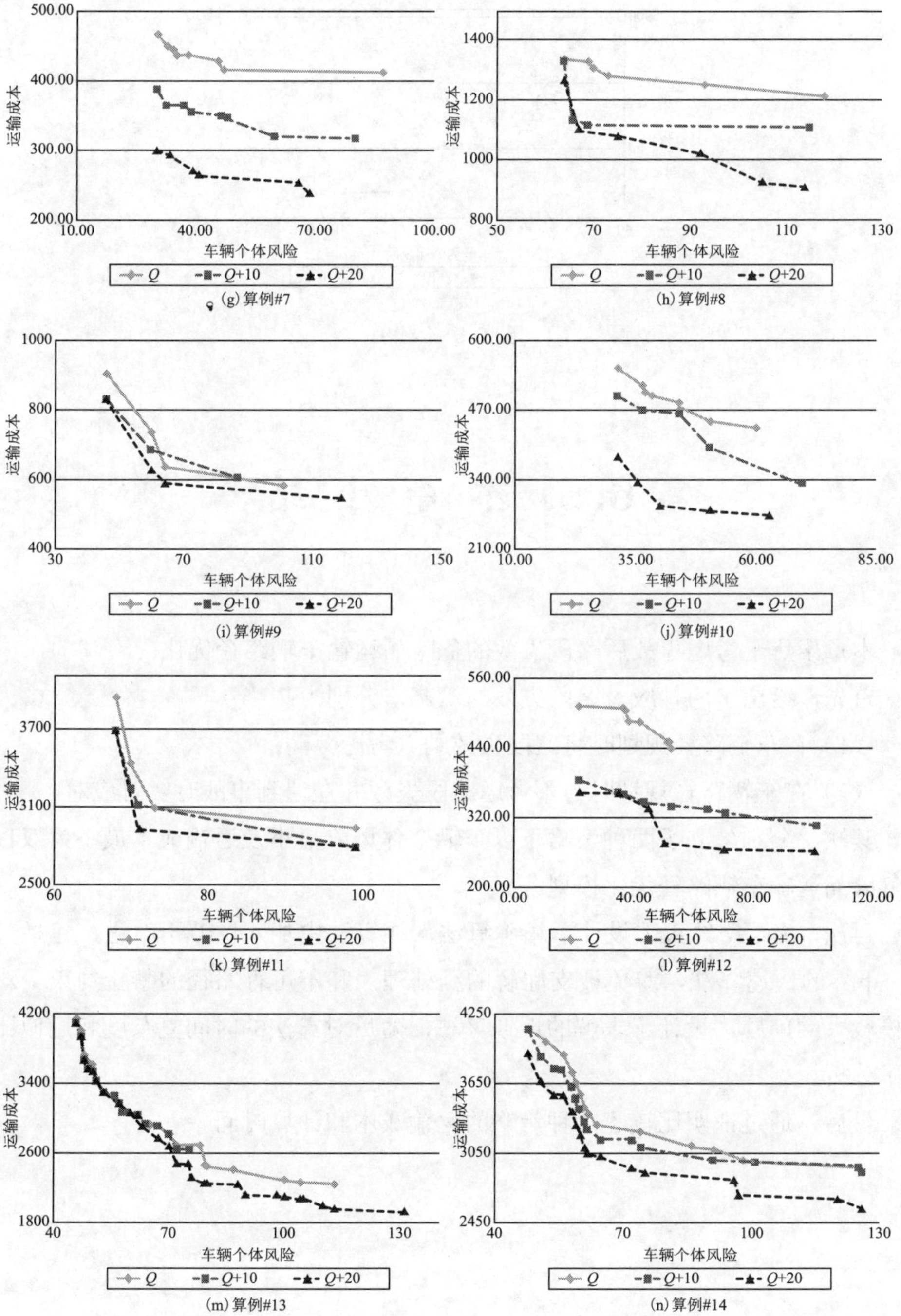
运输成本
车辆个体风险
Q
Q+10
Q+20
(g) 算例#7
(h) 算例#8
(i) 算例#9
(j) 算例#10
(k) 算例#11
(l) 算例#12
(m) 算例#13
(n) 算例#14

图 6-5 （续）

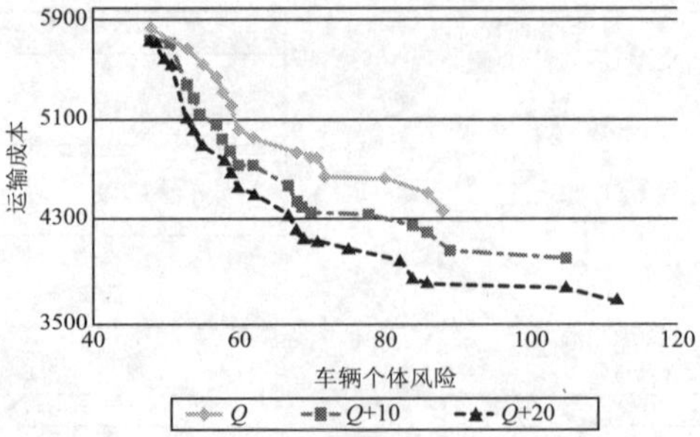

(o) 算例#15

图 6-5 （续）

6.5 本章小结

本章聚焦于考虑事故后路段失效的危险品运输车辆路径优化。

首先，给出了两种应对路段失效的策略，分别为：

（1）在车辆路径规划时将路段失效纳入考虑范畴；

（2）在车辆路径规划时暂不考虑路段失效并在遇到事故时实时应对。

其次，分别建立了两种策略下以车辆个体风险最小及运输成本最小为双目标的危险品运输车辆路径优化模型。

再次，基于 ε 约束法设计了精确算法，在算法中加入了若干改进，包括一个求 ε 下界的快速算法，避免被支配解的预处理，和不可行路径的禁止约束。对于规模较大的问题，设计了求解的近似算法，随后对算法的时间复杂度和近似比进行了分析。

最后，通过证明比较了两种策略的运输成本和计算时间。

第 7 章

基于实时装载量风险的危险品运输车辆路径优化

7.1 引　　言

大部分危险品运输车辆路径优化的相关研究将运输风险视为路段上的固定权重（例如事故概率、人口数量）。Erkut 等（2005）总结了常见的危险品运输风险的度量方式，其中传统风险在相关研究中的使用率最高，其将危险品的运输风险定义为事故概率和事故后果的乘积。然而，危险品运输车辆的装载量是风险的重要相关因素，不同装载量的车辆在同一处发生事故所造成的后果显然不同，如图 7-1 所示，仅将运输风险考虑为路段上的固定权重无法反映出实际情形。例如，2005 年 3 月京沪高速南行线沂淮江段，一辆装运 40.44 吨液氯的罐式半挂货车因左前轮突然爆胎，方向失控冲入对向车道并发生侧翻，与对向驶来的半挂车碰撞，液氯罐车所载液氯泄漏；肇事车核载为 15 吨，事发时超载 169.6%；事故共造成 29 人中毒死亡，456 人中毒住院治疗，1 867 人门诊留治。

图 7-1　不同实时装载量的危险品运输车辆

在危险品运输车辆路径优化的相关研究中采用的风险定义绝大多数都是基于 Erkut 等（2005）所总结的这几种风险度量方式。近年来，一些学者也开始采用时变的风险度量方式。Setak 等（2015）研究了时变风险的车辆路径优化，但是他们所建立的模型仅以运输成本最小为单个目标。Androutsopoulos 等（2012）则在双目标危险品运输车辆路径优化的研究中采用了时变风险，他们提出的风险度量包括了时变的事故发生率、时变的危险品泄漏率以及时变的人口数量，但是他们所提出的风险度量并没有将车辆的实时装载量视为关键，也没有时变风险参数的具体定义及表达式。

本章研究将实时装载量视为影响风险的重要因素。首先，给出基于实时装载量的风险定义，并建立了基于实时装载量风险的双目标危险品运输车辆路径优化模型。其次，基于 ε 约束法，设计精确算法和近似算法求解。旨在解决基于实时装载量风险的实际情形与危险品运输车辆路径优化相结合的实际问题。以下首先给出问题描述与建模。

7.2 基于实时装载量风险的危险品运输车辆路径优化问题描述与建模

1. 问题描述

给定一个无向道路网络 $G=(V,E)$。$V=\{v_0,v_1,\cdots,v_n\}$ 为网络的节点集合，其中 v_0 表示危险品配送中心，$v_1,v_2,\cdots,v_n$ 表示客户。$E=\{e(v_i,v_j)\mid v_i,v_j\in V\}$ 为边的集合。l_{ij} 表示边 $e(v_i,v_j)$ 的长度，且所有长度满足三角不等式。r_{ij} 表示危险品运输车辆通过边 $e(v_i,v_j)$ 的风险。c 为车辆行驶单位距离的运输成本。q_i 表示客户 v_i 的危险品需求量，Q 则表示车辆的装载量。现需安排车辆从配送中心出发，为每个客户配送危险品并满足他们的需求量，最后返回配送中心。以运输成本最小和车辆个体风险最小为双目标，求各车的配送路径。

（1）假设条件。为完善问题描述，给出如下假设。

（a）配送中心有 K 辆危险品配送车辆，且数量足以满足配送需求。

（b）每个客户只被访问一次。

（c）不允许拆分客户的需求，即每个客户仅可由一辆车负责配送，且每个

客户的需求量 q_i 不超过车辆装载量 Q。

（d）危险品运输过程中的风险基于车辆实时装载量。

（2）基于实时装载量风险。在相关研究中，危险品运输过程中的风险一般被定义为边的固定权重。例如应用广泛的传统风险 $r_{ij}=\Omega_{ij}D_{ij}$，其中 Ω_{ij} 和 D_{ij} 分别为边 $e(v_i,v_j)$ 的事故率和发生事故的后果。由于事故率和发生事故的后果是决定风险的重要因素，一批研究着眼于事故率的定义。其中，常见的一种定义包含发生事故的概率及事故后发生泄漏的概率，它们的值可从历史数据中获得。在本章研究中，除发生事故的概率及事故后发生泄漏的概率以外，还添加了一个参数用以表示当天的情况对事故率的影响，即每天的不同情况下的概率与历史数据有所不同。例如，当天路段上有交通堵塞或者路面有损伤等情况会导致事故率上升；而如无特殊情况，则事故率与历史数据相同，该参数的值等于 1 即可。那么，边 $e(v_i,v_j)$ 的事故率可定义为 $\Omega_{ij}=P_{ij}P'_{ij}\omega_{ij}$，其中 P_{ij} 是发生事故的概率，P'_{ij} 是事故后发生泄漏的概率，ω_{ij} 是表示表示当天情况产生影响的参数。

在相关研究中，发生事故的后果一般用人口覆盖来表示。但是，发生事故车辆的实时装载量是影响事故后果的重要因素，且相关研究并未重视这一点。在本章研究中，边 $e(v_i,v_j)$ 上发生事故的后果 $D_{ij}=Pop_{ij}s^{\lambda}y_{ij}$，其中 Pop_{ij} 表示人口覆盖，s^{λ} 表示发生事故后每单位危险品 λ 所造成的后果，y_{ij} 表示车辆通过边 $e(v_i,v_j)$ 的实时装载量。

综上，给出如下基于实时装载量的风险定义。

定义 7-1： 基于实时装载量的风险 $r_{ij}=\Omega_{ij}D_{ij}=P_{ij}P'_{ij}\omega_{ij}Pop_{ij}s^{\lambda}y_{ij}$。

2. 决策变量与其他参数

车辆路径优化问题是运筹学等学科的研究热点问题，关于该问题有多种建模方式，如弧流量模型、集合覆盖模型等。大多数危险品运输车辆路径优化问题的数学模型都依照较为传统的建模方式。2004 年，Baldacci 等（2004）提出了一种 two-commodity 模型，这种建模方式特别适合本章的研究。原因主要有 3 点：首先，two-commodity 模型中包含表示车辆装载量的决策变量，适用于本章的研究问题；其次，所有决策变量的下标最多只有 2 个维度，模型整体不复杂；最后，获得该模型的 LP 松弛较为容易（本章的求解需使用 LP 松弛）。因此，本章选择用 two-commodity 模型作为基础的建模方式。根据 two-commodity 模型的思想，需生成配送中心 v_0 的一个复制点，记为 v_{n+1}（即与配送中心 v_0 位置相同的虚拟点）。

则具体的决策变量如下，且图 7-2 为辅助阐明决策变量的一个例子。

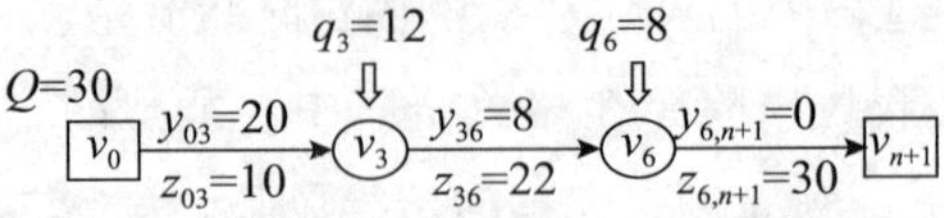

图 7-2　two-commodity 模型的决策变量

（1）决策变量

$$x_{ij}=\begin{cases}1 & \text{车辆}k\text{通过边}e(v_i,v_j)\\0 & \text{其他}\end{cases}$$

y_{ij}：车辆通过边$e(v_i,v_j)$的实时装载量

z_{ij}：车辆通过边$e(v_i,v_j)$时的剩余装载空间

R_i：车辆离开点v_i时的风险

（2）其他参数包括：

f_1,f_2：目标函数1和2

l_{ij}：边$e(v_i,v_j)$的长度

c：单位距离的运输成本

K：配送中心的车辆数

q_i：客户v_i的需求量

Q：车辆的装载量

P_{ij}：发生事故的概率

P'_{ij}：事故后发生泄漏的概率

ω_{ij}：当天情况产生的影响

Pop_{ij}：人口覆盖

s^{λ}：事故后每单位危险品λ造成的后果

M：一个足够大的正数

3. 模型构建

综合问题目标与所有约束条件，建立如下数学模型。

问题 P7：

$$f_1=\min\max_{i(i\in\{1,2,\cdots,n\})}R_i \tag{7-1}$$

$$f_2=\min\sum_{i=0}^{n}\sum_{j=1}^{n+1}cx_{ij}l_{ij} \tag{7-2}$$

s.t.

$$\sum_{h=0}^{n} x_{hi} = \sum_{j=1}^{n+1} x_{ij} = 1 \quad (i = 1, 2, \cdots, n) \tag{7-3}$$

$$\sum_{h=0}^{n} (y_{hi} - z_{hi}) + \sum_{j=1}^{n+1} (z_{ij} - y_{ij}) = 2q_i \quad (i = 1, 2, \cdots, n) \tag{7-4}$$

$$\sum_{i=1}^{n+1} y_{0i} = \sum_{i=1}^{n} q_i \tag{7-5}$$

$$KQ - \sum_{i=1}^{n+1} z_{0i} = \sum_{i=1}^{n} q_i \tag{7-6}$$

$$\sum_{i=1}^{n} z_{i,n+1} = KQ \tag{7-7}$$

$$y_{ij} + z_{ij} \leqslant Qx_{ij} \quad (i = 0, 1, \cdots, n; j = 1, 2, \cdots, n+1) \tag{7-8}$$

$$R_i + P_{ij} P'_{ij} \omega_{ij} Pop_{ij} s^{\lambda} y_{ij} \leqslant (1 - x_{ij}) M + R_j \quad (i = 0, 1, \cdots, n; j = 1, 2, \cdots, n) \tag{7-9}$$

$$x_{ij} \in \{0,1\}; y_{ij}, z_{ij}, R_i \geqslant 0 \tag{7-10}$$

目标函数（7-1）为车辆个体风险最小。目标函数（7-2）为运输成本最小。约束条件（7-3）保证每个客户只被访问一次。约束条件（7-4）～（7-6）表示的是整个配送过程中在网络上的危险品货物流。约束条件（7-7）表示车辆完成配送任务回到配送中心时是空载的。约束条件（7-8）是决策变量之间的关系。约束条件（7-9）表示危险品运输过程中的风险。约束条件（7-10）是决策变量的取值范围。

7.3 基于实时装载量风险的危险品运输车辆路径优化模型分析与求解

本章所研究的问题也是一个双目标优化问题，由本书此前的分析可知，ε约束法具有可求得完整的帕累托前沿的优势，因此，本节将设计一个基于ε约束法的精确算法用于求得帕累托最优解；而后，针对大规模问题的求解设计近似算法。

7.3.1 基于 ε 约束法的精确算法

根据 ε 约束法的基本思想，将原问题 P7 转化为带 ε 约束的单目标子问题，如下所示。

问题 P7-0：

$$f_2 = \min \sum_{i=0}^{n}\sum_{j=1}^{n+1} cx_{ij}l_{ij}$$

s.t.

约束条件（7-3）～（7-10）

$$\max_{i(i\in\{1,2,\cdots,n\})} R_i \leqslant \varepsilon \tag{7-11}$$

经典 ε 约束法的具体步骤如第 5 章的算法 5-1 所示。本节所设计的精确算法在经典 ε 约束法的基础上添加 3 处改进，具体如下。

1. 计算 ε 的取值范围

令 ε^L 和 ε^U 表示 ε 的上界和下界，即 $\varepsilon^L = f_1^I$，$\varepsilon^U = f_1^N$。对于本章的研究问题，求 f_1^I 需求解下述问题 P7-1，求 f_1^N 需求解下述问题 P7-2。

问题 P7-1：

$$f_1 = \min \max_{i(i\in\{1,2,\cdots,n\})} R_i$$

s.t.

约束条件（7-3）～（7-10）

问题 P7-2：

$$f_2 = \min \sum_{i=0}^{n}\sum_{j=1}^{n+1} cx_{ij}l_{ij}$$

s.t.

约束条件（7-3）～（7-10）

在经典 ε 约束法中，计算 ε 取值范围需求解的单目标混合整数规划问题 P7-1 和问题 P7-2，一般通过相关求解软件进行精确求解（例如 CPLEX）。在第 5 章通过证明得出了风险为固定权重条件下的车辆的最大个体风险下界（性质 5-1），而本章研究中基于实时装载量风险，结果有可能不同；因此，通过对 ε 的下界 ε^L 进行深入分析，可得如下性质。

性质 7-1： 车辆的最大个体风险下界为 $\max_i r(SRP_i)$，其中 SRP_i 表示从配送中心 v_0 到客户 v_i 的最小风险路径，$r(SRP_i)$ 表示路径 SRP_i 的风险。

证明：见附录 3.1。

由性质 7-1 可知，$f_1^I = \max_i r(SRP_i)$。一般来说，最小风险路径 SRP_i 可通过 Dijkstra 算法快速求得。然而，对于本章的研究问题，由于风险基于车辆的实时装载量，并不能直接应用 Dijkstra 算法求最小风险路径。为解决该问题，首先通过分析并给出如下性质。图 7-3 是辅助阐明性质 7-2 的一个例子。

性质 7-2： 对于一辆车的路径 $p=(v_0,\cdots,v_\alpha)$，如在该路径末添加客户 v_β，即路径变为 $p'=(v_0,\cdots,v_\alpha,v_\beta)$，则车辆的风险会增大 $\sum_{e(v_i,v_j)\in E(p')} P_{ij}P'_{ij}\omega_{ij}Pop_{ij}s^\lambda q_\beta$。

证明：见附录 3.2。

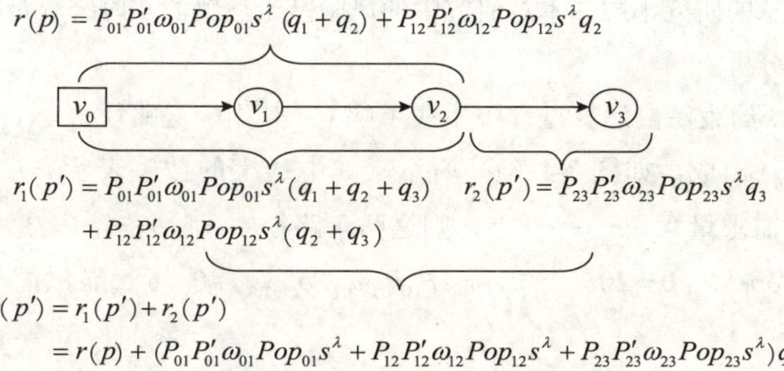

图 7-3　阐明性质 7-2 的例子

结合性质 7-2 和 Dijkstra 算法，设计求最小风险路径 SRP_i 的改进标号法如下。其中，$T(v_i)$ 和 $P(v_i)$ 是节点 v_i 的临时标号和永久标号，$w(v_i)$ 表示车辆驶入节点 v_i 时的累计风险（每单位危险品）。

算法 7-1：

第 1 步，令 $i=1$，$\tau=0$，$S_i=\{v_0\}$，$P(v_i)=0$，$w(v_i)=0$。对于 $v_j\in V\setminus S_i$，令 $T(v_j)=+\infty$。

第 2 步，如果 $S_i=V$，令 $r(SRP_i)=P(v_i)$；否则，转至第 3 步。

第 3 步，对于 $v_j\in V\setminus S_i$，如果 $T(v_j)>P(v_\tau)+(w(v_\tau)+P_{\tau j}P'_{\tau j}\omega_{\tau j}Pop_{\tau j}s^\lambda)q_j$，则令 $T(v_j)=P(v_\tau)+(w(v_\tau)+P_{\tau j}P'_{\tau j}\omega_{\tau j}Pop_{\tau j}s^\lambda)q_j$，$w(v_j)=w(v_\tau)+P_{\tau j}P'_{\tau j}\omega_{\tau j}Pop_{\tau j}s^\lambda$。

第 4 步，计算 $\min_{v_j\notin S_i} T(v_j)$，记与其对应的点为 v_σ。如果 $T(v_\sigma)<+\infty$，令 $P(v_\sigma)=T(v_\sigma)$，$S_{i+1}=S_i\cup\{v_\sigma\}$，$\tau=\sigma$，$i=i+1$，转至第 2 步；否则，对于

$v_\psi \in S_i$，令 $r(SRP_\psi) = P(v_\psi)$，对于 $v_j \notin S_i$，令 $r(SRP_j) = T(v_j)$。

算法第 1 步的时间复杂性为 $O(n)$。算法第 3 步的时间复杂性为 $O(n)$。算法第 4 步的时间复杂性为 $O(n)$。算法第 2 步至第 4 步的循环次数为 n，所以时间复杂性为 $O(n^2)$。综上，算法 7-1 的时间复杂性为 $O(n^2)$。

算法 7-1 是一个多项时间算法，通过应用算法 7-1，可求得 ε 的下界，避免求解混合整数规划问题 P7-1。

2. 规避被支配解的预处理

在 ε 约束法的运算过程中会生成一些被支配解，这些解不在帕累托前沿上，且会在最后被删除。对于本章研究的问题，有一类被支配解的生成可通过在算法流程中添加一个预处理而规避，由此可以节约生成这些被支配解所花费的求解时间。与前两章的研究不同，本章研究中的风险基于车辆的实时装载量，结合下述例子来具体分析。

假设在 ε 约束法的运算过程中生成了解 x，其由配送路径 $p_1 = (v_0, v_1, v_2, v_0)$ 和 $p_2 = (v_0, v_3, v_0)$ 构成，如图 7-4（a）所示，其中边上的数字表示 $P_{ij}P'_{ij}\omega_{ij}Pop_{ij}s^\lambda$。假设客户的需求量 $q_1 = q_2 = q_3 = 2$，则这两条路径的风险 $r(p_1) = 4P_{01}P'_{01}\omega_{01}Pop_{01}s^\lambda + 2P_{12}P'_{12}\omega_{12}Pop_{12}s^\lambda + 0 = 20$，$r(p_2) = 2P_{03}P'_{03}\omega_{03}Pop_{03}s^\lambda + 0 = 6$。显然，车辆个体风险 $f_1 = 20$。

假设解 x 之后生成的解为 x'，且由配送路径 $p'_1 = (v_0, v_2, v_1, v_0)$ 和 $p'_2 = (v_0, v_3, v_0)$ 构成，如图 7-4（b）所示。则 $r(p'_1) = 4P_{02}P'_{02}\omega_{02}Pop_{02}s^\lambda + 2P_{21}P'_{21}\omega_{21}Pop_{21}s^\lambda + 0 = 16$，$r(p'_2) = 2P_{03}P'_{03}\omega_{03}Pop_{03}s^\lambda + 0 = 6$，车辆个体风险 $f'_1 = 16$。对比 x 和 x'，二者之间的区别仅为路径方向不同，所以运输成本相同，但 $f'_1 < f_1$。因此，解 x 被解 x' 支配且应被删除。

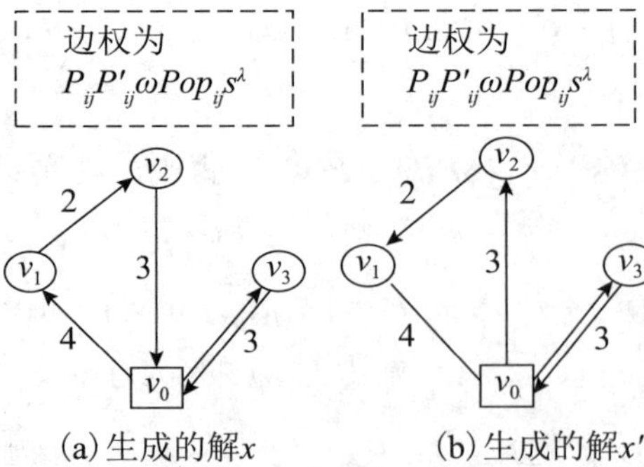

图 7-4　一类被支配解的例子

由于基于实时装载量风险，路径换向后，除上述因权重而引起的风险变化外，还可能因服务客户的顺序变化而产生风险的变化。在 ε 约束法的运算过程中，每当一个解生成后，在下一次迭代前通过如下的预处理（算法 7-2），即可规避此类被支配解。

算法 7-2：

第 1 步，记录与当前生成的解对应的路径 p_k 及其长度 $l(p_k)$ 和基于实时装载量的风险 $r(p_k)$，令 $k=1$。

第 2 步，改换路径 p_k 的方向并生成路径 p_k'。如果 $l(p_k')\leqslant l(p_k)$ 且 $r(p_k')\leqslant r(p_k)$，用路径 p_k' 替换路径 p_k。

第 3 步，如果 $k<K$，令 $k=k+1$，回到第 2 步。

由于每条路径上最多有 n 条边，且每个解最多包含 n 条路径，所以算法 7-2 的时间复杂性为 $O(n^2)$。

3. 问题 P7-0 的求解

根据 ε 约束法的基本思想，问题 P7-0 需要在算法流程中多次求解（不同的 ε 值）。问题 P7-0 是带有 ε 约束的车辆路径问题，整个求解过程的计算压力主要源于问题 P7-0 的求解。因此，以下将设计针对问题 P7-0 的求解算法，而非直接使用相关求解软件进行精确求解，旨在减少计算时间。主要包括两项内容，一是不可行路径禁止约束；二是求解时的分支方法。

（1）不可行路径禁止约束。正如之前在第 6 章的分析，在 ε 约束法的运算过程中，会生成一系列问题 P7-0 的解。每次迭代求解问题 P7-0 时，问题 P7-0 中 ε 的值为 $f_1(x)-\delta$。每当 ε 的值变为 $f_1(x)-\delta$，与解 x 相对应的一些路径会变为不可行路径，即它们在解中存在会导致该解为不可行解。并且，由于在整个 ε 约束法的运算过程中，ε 的值只会不断变小，则一旦某条路径由于 ε 值的限制变为不可行路径，该条路径在后续的求解过程中将一直是不可行路径。因此，可为这些不可行路径添加禁止约束，即在某条路径由于 ε 值的限制变为不可行路径后，在后续迭代的问题 P7-0 中禁止车辆使用该路径进行配送。对于任一不可行路径 p^{inf}，所添加的禁止约束如下，其中 $E(p^{\text{inf}})$ 是路径 p^{inf} 上的边集。

$$\sum_{e(v_i,v_j)\in E(p^{\text{inf}})} x_{ijk} \leqslant |E(p^{\text{inf}})|-1 \quad (k=1,2,\cdots,K) \tag{7-12}$$

下面给出的是添加不可行路径禁止约束的具体过程，其中 $\{p_x\}$ 表示解 x 中的路径，$r(p_x)$表示路径p_x的风险。

算法 7-3：

第 1 步，从$\{p_x\}$中找出风险$r(p_x)$最大的路径，记为$p^{\inf}$。

第 2 步，如果$r(p^{\inf})>\varepsilon$，为问题 P5-0 添加约束（7-12）。

第 3 步，从$\{p_x\}$中删去$p^{\inf}$，如果$\{p_x\}\neq\varnothing$，转至第 1 步。

算法第 1 步的时间复杂性为$O(n)$。由于一个解中最多包含n条路径，所以算法第 1 步到算法第 3 步的循环次数最多为n，则算法 7-3 的时间复杂性为$O(n^2)$。

（2）分支方法。在ε约束法的运算过程中，每当ε的值变为$f_1(x)-\delta$，与解x相对应的一些路径会变为不可行路径，即它们在解中存在会导致该解为不可行解。但是除这些不可行路径外，其他路径仍然满足ε约束，称为可行路径p_f。通过分析与大量算例测试发现，一个解所包含的路径中，有很多与上一个解所包含的路径相同。下述例子将说明这种现象。这是一个包含 5 个客户的例子，表 7-1 给出的是各个解所包含的路径。可以看出，解x_1,x_2,x_3都包含路径$v_0\to v_2\to v_3\to v_0$，解x_3,x_4都包含路径$v_0\to v_4\to v_0$。

表 7-1　各个解所包含的路径

解 x_1	解 x_2	解 x_3	解 x_4
$v_0\to v_1\to v_4\to v_5\to v_0$	$v_0\to v_1\to v_5\to v_4\to v_0$	$v_0\to v_1\to v_5\to v_0$	$v_0\to v_1\to v_3\to v_0$
$v_0\to v_2\to v_3\to v_0$	$v_0\to v_2\to v_3\to v_0$	$v_0\to v_2\to v_3\to v_0$	$v_0\to v_2\to v_5\to v_0$
		$v_0\to v_4\to v_0$	$v_0\to v_4\to v_0$

由上述分析表 7-1 给出的例子可知，很多可行路径p_f仍在下一个解中存在，因此在ε约束中求解问题 P7-0 之前，首先给出以下 2 个式子。

$$x_{ij}=1\quad e(v_i,v_j)\in E(p_f) \tag{7-13}$$

$$\sum_{e(v_i,v_j)\in E(p_f)} x_{ij}\leqslant|E(p_f)|-1 \tag{7-14}$$

式（7-13）表示可行路径p_f仍在下一个解中存在，反之式（7-14）表示可行路径p_f不在下一个解中存在。通过为问题 P7-0 分别添加式（7-13）或式（7-14），即可分为两支。

对于所有可行路径，首先按风险从小到大排序，记为$FP=\{p_{f1},p_{f2},\cdots\}$，为问题 P7-0 添加与$FP$中所有路径对应的式（7-13），得到问题 P7-0-1。首先，求解问题 P7-0-1，由于很多车辆路径已经确定，即大量决策变量已被赋值，所以问题 P7-0-1 的解可以很快得到，记对应的目标函数值为 $f(P7\text{-}0\text{-}1)$。接下来，从问题 P7-0-1 中删去与 p_{f1} 对应的式（7-13）并添加式（7-14），得到问题 P7-0-2。至此，问题 P7-0-1 和 P7-0-2 构成了分支的第一层。

取问题 P7-0-2 的拉格朗日松弛 LP7-0-2 并求解（通过用式（7-8）替换所有的决策变量 x_{ij}，之后可得到一线性规划问题），得到目标函数值 $f(LP7\text{-}0\text{-}2)$。如果 $LP7\text{-}0\text{-}2$ 无可行解或 $f(P7\text{-}0\text{-}1)\leqslant f(LP7\text{-}0\text{-}2)$，剪去问题 P7-0-2 这一支，否则则保留。

接下来，再对第一层分支的子问题分别添加与 p_{f1} 对应的式（7-13）或式（7-14），即可得到第二层分支。余下的部分皆采用上述方法分支及剪支。一个包含两条路径的分支示例如图 7-5 所示。当最后一层分支完成后，对尚未被剪去的支上的所有剩余子问题精确求解，最后取对应目标函数值最小的解。具体的步骤如算法 7-4 所示。

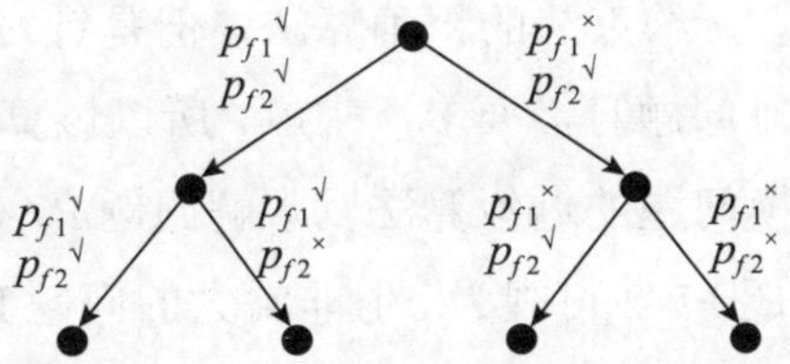

图 7-5　包含两条路径的分支示例

算法 7-4：

第 1 步，记录按风险从小到大排序的可行路径 $FP=\{p_{f1},p_{f2},\cdots\}$。为问题 P7-0 添加与 FP 中所有路径对应的式（7-13），得到问题 P7-0-1。精确求解问题 P7-0-1，得到 $f(P7\text{-}0\text{-}1)$。令 $\tau=1$，$PS_\tau=\{P7\text{-}0\text{-}1\}$。

第 2 步，取 FP 中风险最小的路径记为 p_f，令 $PS_{\tau+1}=PS_\tau$。

第 3 步，取 PS_τ 中的任一问题，记为 P。从 P 中删去与 p_f 对应的式（7-13）并添加对应的式（7-14），得到问题 P^* 及其拉格朗日松弛 LP^*。求解 LP^*，如果 LP^* 有可行解且 $f(P7\text{-}0\text{-}1)>f(LP^*)$，则将 P^* 并入 $PS_{\tau+1}$。从 PS_τ 中删去 P，如果 $PS_\tau\neq\varnothing$，转至下一步，否则转至第 3 步。

第 4 步，从 FP 中删去 p_f，令 $\tau=\tau+1$。如果 $FP\neq\varnothing$，转至第 2 步；否则，精确求解 PS_τ 中所有问题，输出目标函数值最小的解。

4. 算法的整体流程

综合 ε 约束法和上述若干改进之处，所设计的精确算法的整体流程如下。

算法 7-5：

第 1 步，通过算法 7-1 求出 f_1^I。

第 2 步，求解问题 P7-2 并得到精确解 x^U，记录对应的 $(f_1(x^U), f_2(x^U))$。令 $Y' = \{(f_1(x^U), f_2(x^U))\}$，$\varepsilon = f_1^U - \delta$。

第 3 步，通过算法 7-4 添加不可行路径禁止约束。

第 4 步，通过算法 7-5 求解问题 P7-0 并得到精确解 x^*。针对解 x^* 应用算法 7-2 并得到 x'。将与 x' 对应的 $(f_1(x'), f_2(x'))$ 并入 Y'。

第 5 步，令 $\varepsilon = f_1(x') - \delta$。如果 $\varepsilon \geqslant f_1^I$，转至第 3 步；否则，转至下一步。

第 6 步，从 Y' 中删去被支配点，得到帕累托前沿 Y。

7.3.2 针对大规模问题的近似算法

在上一节设计了基于 ε 约束法的精确算法，但是针对大规模问题，由于问题 P7-0 和问题 P7-2 是 NP 难问题且需要多次求解，所以该算法的计算量很大。因此，在本节将设计针对大规模问题的近似算法以求解问题 P7-0。该近似算法也适用于求解问题 P7-2，因为问题 P7-2 可视为 ε 值非常大的问题 P7-0。

1. 近似算法

该近似算法的第 1 步是计算出一条 TSP 路径。然后安排车辆沿该 TSP 路径进行配送。如果车辆的剩余装载量不足以满足下个客户的需求，或行驶至下个客户会导致该车的累计风险超过 ε，则安排该车返回配送中心并让下一辆车从配送中心出发继续后面的配送工作。图 7-6 是该方法的示意图。通过将第一辆车（k=1）的装载量分别设为 $1,2,\cdots,Q$，以重复上述流程 Q 次，并取这 Q 次重复中最好的结果。

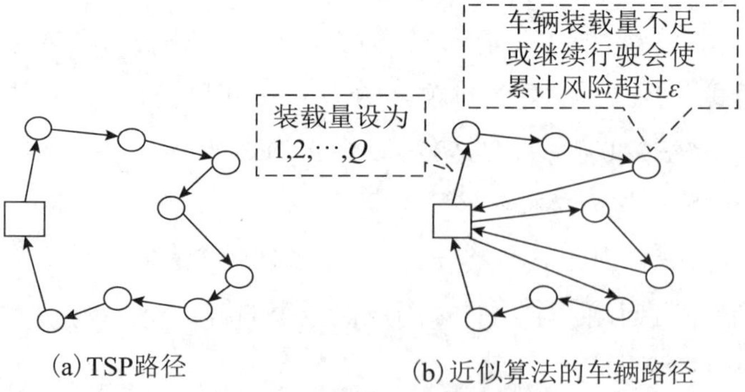

图 7-6　近似算法的车辆路径

不同于前两章的近似算法，本章的研究中基于实时装载量风险，因此这里必须用到上文中证明的性质 7-2，通过性质 7-2 可得出车辆行驶至下个客户的车辆风险。算法的具体步骤如下。

算法 7-6：

第 1 步，以期望运输成本为边的权重，应用 Christofides 的算法计算 TSP 路径，按顺序将 TSP 路径上的客户记为 $V^* = \{v_{1^*}, v_{2^*}, \cdots, v_{n^*}\}$。令 $Q_k = \{1, Q, \cdots, Q\}$，$\gamma = 1$。

第 2 步，如果 $Q_1 \leqslant q_{1^*}$，设 $k=2$；否则，设 $k=1$。为路径 p_k 添加边 $e(v_0, v_{1^*})$，设 $U_k = q_{1^*}$，$R_k = P_{0,1^*} P'_{0,1^*} \omega_{0,1^*} Pop_{0,1^*} s^{\lambda} q_{1^*}$，$i=1$。

第 3 步，令 $i = i+1$。如果 $i > n$，转第 4 步。如果 $i \leqslant n$，则如果 $U_k + q_{i^*} \leqslant Q_k$ 且 $R_k + \sum_{e(v_i, v_j) \in \{e(v_{i^*-1}, v_{i^*})\} \cup E(p_k)} P_{ij} P'_{ij} \omega_{ij} Pop_{ij} s^{\lambda} q_{i^*} \leqslant \varepsilon$，令 $U_k = U_k + q_{i^*}$，$R_k = R_k + \sum_{e(v_i, v_j) \in \{e(v_{i^*-1}, v_{i^*})\} \cup E(p_k)} P_{ij} P'_{ij} \omega_{ij} Pop_{ij} s^{\lambda} q_{i^*}$，为路径 p_k 添加边 $e(v_{(i-1)^*}, v_{i^*})$，转至第 3 步；否则，为路径 p_k 添加边 $e(v_{(i-1)^*}, v_0)$，令 $k = k+1$，$U_k = q_{i^*}$，$R_k = P_{0,i^*} P'_{0,i^*} \omega_{0,i^*} Pop_{0,i^*} s^{\lambda} q_{i^*}$，为路径 p_k 添加边 $e(v_0, v_{i^*})$，转至第 3 步。

第 4 步，为路径 p_k 添加边 $e(v_{i^*}, v_0)$。将期望运输成本记为 $C_\gamma = \sum_{k=1}^{K} cL_k$。如果 $Q_\gamma < Q$，令 $Q_\gamma = Q_\gamma + 1$，$\gamma = \gamma + 1$，转至第 2 步。否则，计算 $\min_{\gamma} C_\gamma$ 并找出与其对应的路径。

算法第 1 步应用 Christofides 的算法的时间复杂性为 $O(n^3)$。第 2 步至第 3 步的循环次数为 n，所以时间复杂性为 $O(n^3)$。第 2 步至第 4 步的循环次数为 Q，所以时间复杂性为 $O(Qn^3)$。综上，算法 7-6 的时间复杂性为 $O(Qn^3)$。

2. 算法 7-6 的近似比

一个近似算法的性能一般通过时间复杂性和近似比来评价，上文已分析得出算法 7-6 的时间复杂性为 $O(Qn^3)$，以下将分析算法 7-6 的近似比。已知近似比是近似算法 A 所得解对应的目标函数值 $c(A)$ 与最优解对应的目标函数值 $c(\text{OPT})$ 之间的比值。如果 $c(A) \leqslant \alpha c(\text{OPT})$ 成立，则称 α 为近似算法 A 的近似比。

为得出算法 7-6 的近似比，首先根据引理 5-1 得出，一般车辆路径优化问题的最优运输成本的下界为 $\max\left\{c\sum_{i=1}^{n} \frac{2d_{0i}q_i}{Q}, cT^*(\text{TSP})\right\}$。近似算法 7-6 所求解的问题 P7-0 还包含 ε 约束，所以近似算法 7-6 所得解对应的运程成本不会小于一般车辆路径优化问题的最优运输成本；因此，引理 5-1 的结论也适用于问题 P7-0。

进一步可以得出如下定理。

定理 7-1：近似算法 7-6 的近似比为 $\frac{\sum_{i=1}^{n} Qd_{0i}}{\sum_{i=1}^{n} q_i d_{0i}} + a$，其中 a 为求解 TSP 路径的近似算法的近似比。

证明：见附录 3.3。

针对大规模问题进行求解时，具体步骤与算法 7-5 相同，其中对于问题 P7-0 和 P7-2 的求解应用近似算法 7-6 即可。

7.4 算 法 测 试

在本节通过算例对本章所建数学模型及设计的求解算法进行测试。求解算法通过 Visual C++ 6.0 和 CPLEX（v12.6）编程，所有测试均在一台装有 3.3GHz 的处理器、8.0GB 内存及 Windows 7 操作系统的电脑上进行。

7.4.1 精确算法的测试

上文我们设计了基于 ε 约束法的精确算法。在测试前，生成 8 个规模合理的随机算例。每个算例都包含 1 个配送中心，算例 1~4 包含 10 个客户，算例 5~8 则分别包含 15、20、25、30 个客户。配送中心和客户在一个方平面上随机生成且用欧式距离表示各点之间的距离。由于单位运输成本为固定值，不失一般性，令其为 1。令车辆装载量 $Q=30$，各个客户的需求量在 [1,30] 的区间内随机生成。而与风险相关的参数中，P_{ij}、P_{ij}'、Pop_{ij} 为随机生成。而不失一般性，将 ω_{ij} 和 s^{λ} 设为 1。

应用基于 ε 约束法的精确算法求解所有的算例，并将该算法的求解时间与经

典 ε 约束法（算法 5-1 结合混合整数规划求解软件）进行比较，所得结果如表 7-2 所示。

表 7-2　精确算法与经典 ε 约束法的求解时间

算　例	客户数	精确算法的求解时间（秒）	经典 ε 约束法的求解时间（秒）	求解时间之间的比值
1	10	527	925	56.97%
2	10	359	636	56.45%
3	10	386	801	48.19%
4	10	483	864	55.90%
5	15	676	1 077	62.83%
6	20	1 312	2 278	57.59%
7	25	4 315	7 432	58.06%
8	30	11 806	19 563	60.35%
平均				57.04%

表 7-2 所示的结果表明，对于所有算例，本章所设计的精确算法的求解时间均小于经典 ε 约束法的求解时间。精确算法的求解时间在平均上只有经典 ε 约束法求解时间的 57.04%，对于差距最大的算例，只有 48.19%。由此可见，本章所设计的精确算法确实可以加快求解速度。

进一步采用 Androutsopoulos 等（2012）的加权法对上述算例进行精确求解，并与本章研究设计的 ε 约束法进行对比，结果如表 7-3 所示。可以看出，有半数的算例，加权法无法求得完整的帕累托前沿。

表 7-3　ε 约束法与加权法的比较

算　例	加权法求得解的数目	ε 约束法求得解的数目	加权法未求出的帕累托最优解的数目
1	4	6	2
2	2	2	0
3	2	2	0
4	2	2	0
5	3	3	0
6	4	5	1
7	4	7	3
8	5	8	3

7.4.2 近似算法的测试

由于现有研究中尚无强相关的标准化算例，在此仍将借鉴 Golden 等（1984）的研究算例。上一章已分析过，这些算例在一般 VRP 的相关研究中较为常用，且一些双目标危险品运输车辆路径优化的研究也选用这些算例。Golden 等的算例包含客户数分别为 12,20,20,30,50,50,75，依照上一节的方法，生成 Golden 等算例中缺少的参数数值。上一节中的随机算例 1~5 将保留并与 Golden 等的算例混合，因为它们规模较小易于求解，可用以同精确解进行比较。混合后按包含的客户数从少到多进行排序，并记为算例 #1~#12，它们包含的客户数分别为 10,10,10,10,12,15,20,20,30,50,50,75。将上文中设计的近似算法应用于上述 12 个算例进行求解。选取常见的对于双目标规划求解结果的评价指标，包括计算时间、生成解的数目、覆盖最优解的数目、与最优解的距离以及超体积。表 7-4 是这些指标的部分结果，只给出算例 #1~#6 的结果是因为它们可较为容易的精确求解。通过表 7-4 可以看出所有算例的运输成本与最优解的距离平均为 6.8%，所有算例的车辆个体风险与最优解的距离平均为 11.3%。

各算例的求解时间和超体积结果如表 7-5 所示。可以看出，最优解对应的超体积值最大，而近似算法求得结果对应的超体积值与最优解对应的超体积值的偏移在 0.01 ～ 0.2 之间。由于该近似算法是一个多项式时间算法，这 12 个算例的求解时间均未超出 1 分钟，而这些算例精确求解则需要数百乃至数千秒。因此，该近似算法可以有效求解大规模问题。

表 7-4　近似算法求解结果的常见评价指标

算例	求得解的数目（近似 / 精确）	覆盖最优解的数目	运输成本与最优解的距离（%）	车辆个体风险与最优解的距离（%）
#1	3/5	1	0	19.4
#2	2/2	1	0.9	0
#3	3/2	0	3.8	27.5
#4	3/2	1	4.0	14.5
#5	3/3	1	22.6	8.1
#6	3/3	1	9.3	2.1
平均			6.8	11.3

表 7-5　求解时间与超体积

算例	精确算法的求解时间（秒）	近似算法的求解时间（秒）	超体积（精确解）	超体积（近似解）
#1	527	1	0.97	0.77
#2	359	1	0.99	0.98
#3	386	1	0.96	0.82
#4	483	1	0.96	0.92
#5	549	1	0.90	0.83
#6	676	1	0.86	0.81
#7		2		0.84
#8		3		0.86
#9		5		0.93
#10		20		0.82
#11		19		0.84
#12		47		0.79

7.4.3　灵敏度分析

本章的研究问题是基于实时装载量风险的双目标危险品运输车辆路径优化，在此将对比风险为固定权重以及基于实时装载量风险的区别。首先，基于上述精确算法测试中所用的 8 个算例，将每个算例中边的风险设为 $P_{ij}P'_{ij}\omega_{ij}Pop_{ij}s^{\lambda}\dfrac{Q}{2}$，即为边的固定权重；然后，求解这 8 个算例，并将结果同基于实时装载量风险的结果进行比较，如图 7-7 所示。

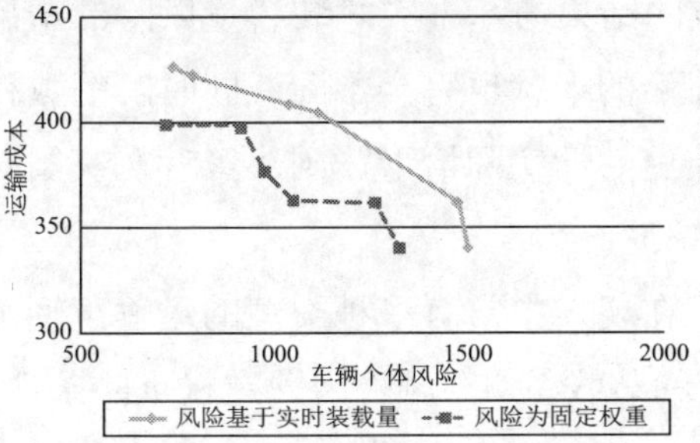

（a）算例1

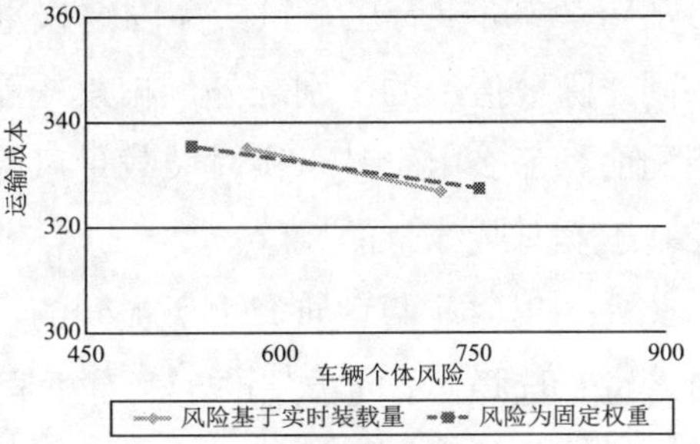

（b）算例2

图 7-7　风险为固定权重与基于实时装载量风险的结果

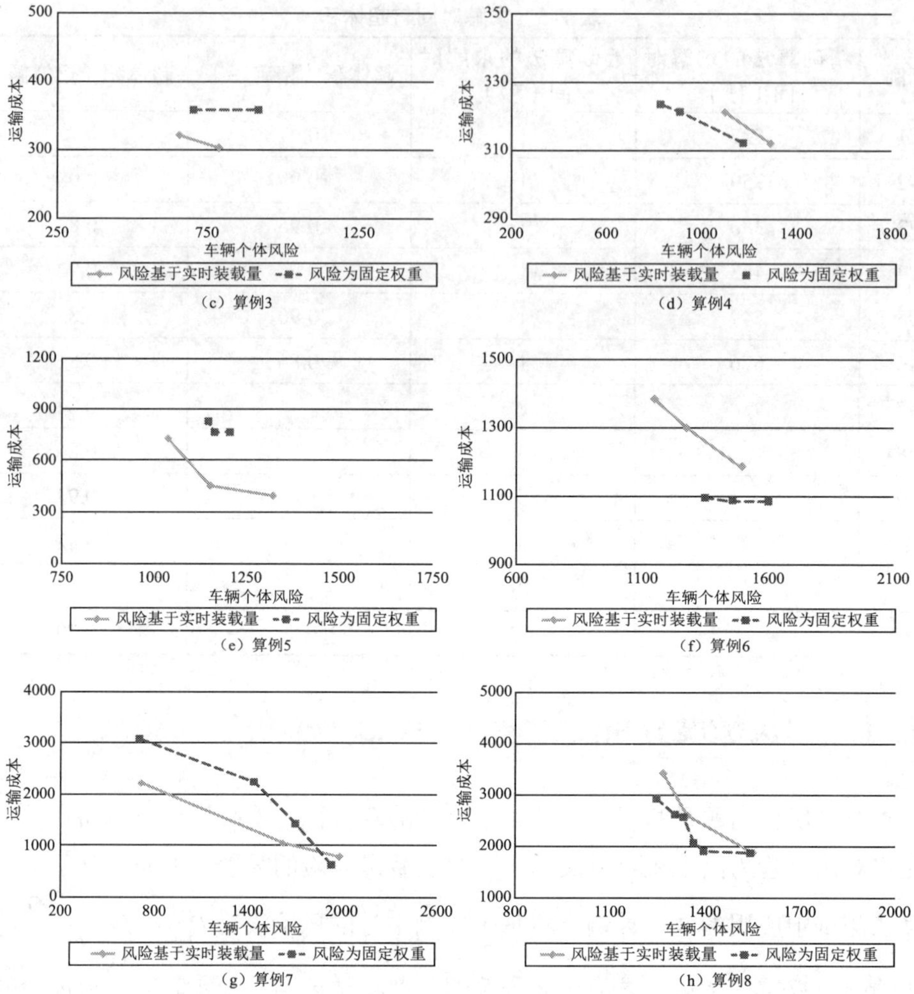

图 7-7 （续）

从图 7-7 可以看出，风险为固定权重的结果与基于实时装载量风险的结果显然不同。除数值上的区别之外，帕累托前沿的形状也完全不同，同时解的数目也是不同的。那么由于基于实时装载量风险更贴近实际情形，则决策者在决策时应考虑基于实时装载量的风险。

此外，正如前两章研究中所提到的，在现实中常有多种类型的运输车辆可供决策者进行选择，不同类型的车辆有不同的装载量。在风险为固定权重的条件下，随着车辆装载量增大，运输成本呈现出一定的下降趋势。在本章研究中基于实时装载量风险，那么结果是否会有所不同，将通过下述测试进行分析。

依旧基于上述精确算法测试中所用的 8 个算例，这些算例在生成时，车辆装载量 Q 设为 30，在此将车辆装载量分别设为 Q，$Q+10$，$Q+20$，由此产生 3 种不同装载量的车辆。将它们带入 8 个算例进行求解，所得结果如图 7-8 所示。

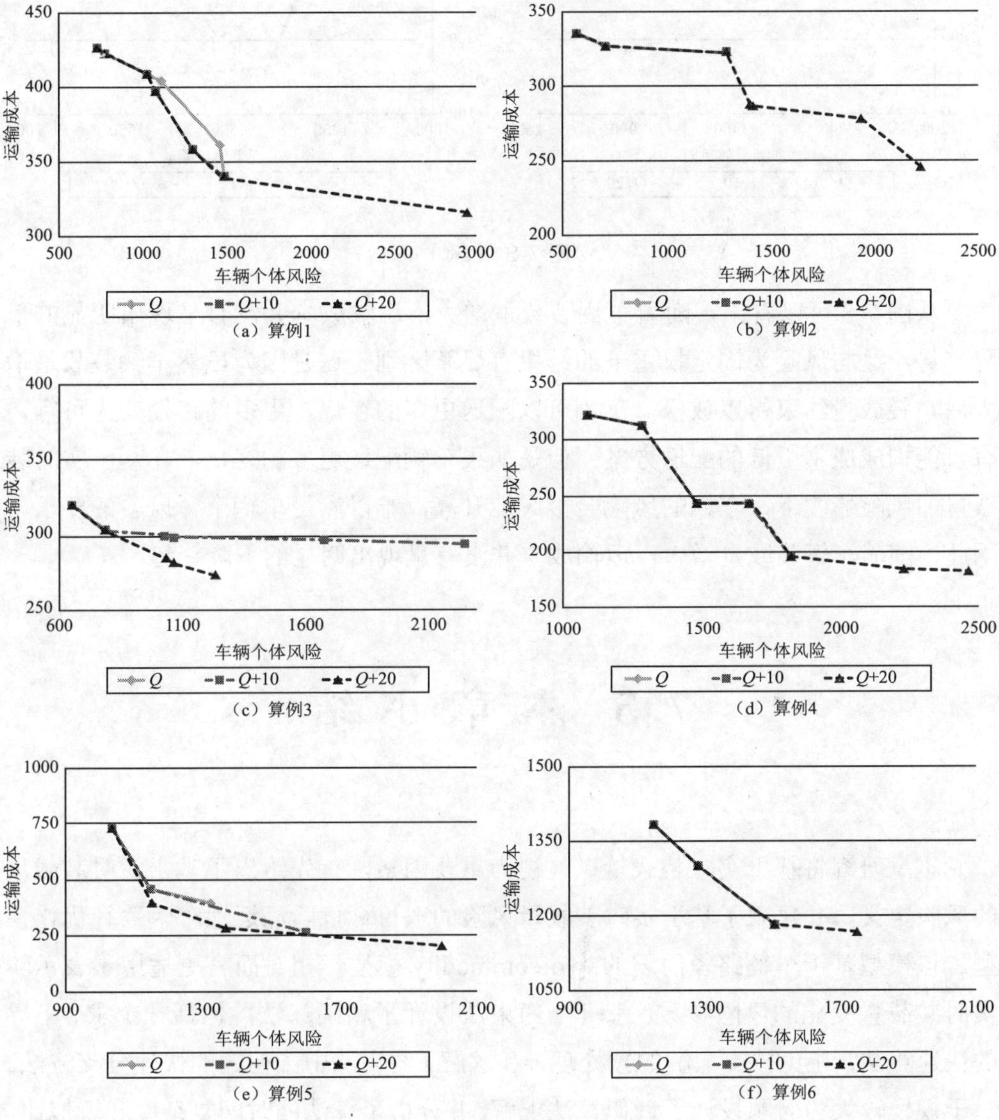

图 7-8　不同装载量的求解结果

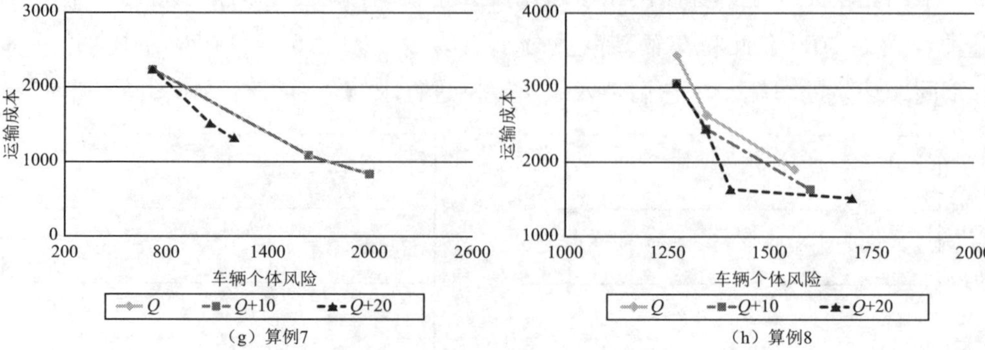

图 7-8 （续）

从图 7-8 可以看出，随着车辆装载量增大，运输成本并没有呈现出明显的下降趋势，这与风险为固定权重下的结果有显著区别。这是因为虽然车辆装载量增大后，装载量约束得以放松，车辆可以配送更多的客户，更多的路径变为可行，有可能构成成本更低的配送方案；但是如果车辆配送更多的客户，在基于实时装载量的风险影响下，车辆的风险会极大地升高，难以满足车辆个体风险的要求。因此，随着车辆装载量增大，运输成本并没有呈现出明显的下降趋势。

7.5 本章小结

本章研究将基于实时装载量风险视为重要因素，首先给出了基于实时装载量的风险定义，并建立了基于实时装载量风险的双目标危险品运输车辆路径优化模型。该模型基于车辆路径问题的 two-commodity 模型，相对而言更适用于表示随实时装载量变化的风险参数。基于 ε 约束法设计了精确算法，包括一个求 ε 下界的快速算法，避免被支配解的预处理，和求解 ε 约束法中子问题的快速分支方法。对于规模较大的问题设计了近似算法求解，并分析了算法的时间复杂度和近似比。

通过 8 个随机算例对所设计的两阶段精确算法进行测试，表明该算法可以提高求解效率。与相关研究中所采用的算例相结合，通过 12 个算例对近似算法进行测试，并计算了与最优解的距离、超体积等评价指标，结果表明近似算法可以有效求解大规模问题。最后，结合不同的车辆装载量进行了灵敏度分析，结果表明选用装载量较高的车辆进行运输，运输成本没有明显的下降趋势。这与风险为固定权重下的结果有显著不同，是因为即使车辆装载量增大后可以配送更多的客户，但是在基于实时装载量的风险影响下，车辆的风险会极大升高，难以满足车辆个体风险的要求。

第8章 重大事故规避的危险品运输车辆路径优化

8.1 引　　言

以往危险品运输车辆路径优化的相关研究中，常用事故概率与事故后果的乘积来表示风险（期望值），即最为常见的传统风险。然而一些学者认为用期望值表示风险违背事故规避原则，概率较低并不代表完全不可能发生事故。例如，某条路段的事故后果非常大，但由于事故概率较低，所以总体期望值不是特别高；然而概率较低并不表示完全不会发生事故，一旦危险品运输车辆在此路段发生事故，就会造成严重的危害。

针对这一问题，多位学者提出将风险定义为事故后果，并且最小化车辆路径上所有路段的事故后果最大者，然而他们的研究集中于优化 O-D 点对间的运输路径。例如，ReVelle 等（1991）以运输路线的人口覆盖表示风险、Bell 等（2008）以最坏情况尽可能好作为危险品运输车辆路线选择的目标、Bersani 等（2010）寻找 O-D 点对间最大事故后果最小的路径、Liu 等（2013）将断轨视为铁路危险品运输的最坏后果并以最坏后果影响最小为目标进行研究。

但是，这些研究集中于优化 O-D 点对间的运输路径。基于此重大事故规避的思想，本文将采用事故后果来表示运输风险及设置优化目标，并且事故后果将基于车辆的实时装载量，对危险品运输车辆路径优化进行深入研究。

8.2　重大事故规避的危险品运输车辆路径优化问题描述与建模

1. 问题描述

给定一个无向道路网络 $G=(V,E)$。$V=\{v_0,v_1,\cdots,v_n\}$ 为网络的节点集合，其中 v_0 表示危险品配送中心，$v_1,v_2,\cdots,v_n$ 表示客户。$E=\{e(v_i,v_j)\mid v_i,v_j\in V\}$ 为边的集合。l_{ij} 表示边 $e(v_i,v_j)$ 的长度，且所有长度满足三角不等式。c 为车辆行驶单位距离的运输成本。q_i 表示客户 v_i 的危险品需求量，Q 则表示车辆的装载量。现需安排车辆从配送中心出发，为每个客户配送危险品并满足他们的需求量，最后返回配送中心。以最大事故后果最小和运输成本最小为双目标，求各车的配送路径。

（1）假设条件。为完善问题描述，给出如下假设。

（a）配送中心有 K 辆危险品运输车辆，且数量足以满足配送需求。

（b）每辆车访问每个客户最多一次。

（c）不允许拆分客户的需求，即每个客户仅可由一辆车负责配送，且每个客户的需求量 q_i 不超过车辆装载量 Q。

（2）最大事故后果最小。为了便于下述讨论，首先给出建模所需的决策变量。

$$x_{ijk}=\begin{cases}1 & 车辆k通过边e(v_i,v_j)\\0 & 其他\end{cases}$$

$$y_{ik}=\begin{cases}1 & 车辆k为客户v_i配送\\0 & 其他\end{cases}$$

u_{ik} ：车辆k到达点v_i时的装载量

危险品运输与一般车辆路径问题不同，边的权重除运输距离这一常规权重外，还带有与风险相关的权重。一般来说，常用边 $e(v_i,v_j)$ 上受事故影响的人数 Pop_{ij} 来表示事故后果。在本章研究中，事故后果将基于车辆的实时装载量，令 s_{ij} 表示边 $e(v_i,v_j)$ 上发生事故后每单位危险品所产生的危害，则 $Pop_{ij}s_{ij}$ 为风险权重，即每单位危险品产生的事故后果。由于车辆 k 通过边 $e(v_i,v_j)$ 的实时装载量为 u_{jk}，则车辆 k 在边 $e(v_i,v_j)$ 发生事故的后果为 $x_{ijk}Pop_{ij}s_{ij}u_{jk}$。令 r_{ij} 表示边 $e(v_i,v_j)$ 的事故后果，则 $r_{ij}=\max\limits_{k} x_{ijk}Pop_{ij}s_{ij}u_{jk}$。那么，最大事故后果最小即最小化 r_{ij}。

2. 模型构建

（1）参数说明。上文以给出了决策变量，这里主要给出其他参数的说明。

f_1,f_2：目标函数1和2

r_{ij}：危险品运输车辆通过边 $e(v_i,v_j)$ 的风险

l_{ij}：边 $e(v_i,v_j)$ 的长度

c：单位距离的运输成本

q_i：客户 v_i 的需求量

Q：车辆的装载量

Pop_{ij}：边 $e(v_i,v_j)$ 上受事故影响的人数

s_{ij}：边 $e(v_i,v_j)$ 上发生事故后每单位危险品所产生的危害

（2）数学模型。综合考虑问题目标与约束条件，建立数学模型如下。

问题 P8：

$$f_1=\min\max_{i,j} r_{ij} \tag{8-1}$$

$$f_2=\min\sum_{i=0}^{n}\sum_{j=0}^{n}\sum_{k=1}^{K} cx_{ijk}l_{ij} \tag{8-2}$$

s.t.

$$\sum_{h=0}^{n} x_{hik}=\sum_{j=0}^{n} x_{ijk}\leqslant 1 \quad (i=1,2,\cdots,n;k=1,2,\cdots,K) \tag{8-3}$$

$$\sum_{i=1}^{n} x_{i0k}=\sum_{j=1}^{n} x_{0jk} \quad (k=1,2,\cdots,K) \tag{8-4}$$

$$y_{ik}\leqslant\sum_{h=0}^{n} x_{hik} \quad (i=1,2,\cdots,n;k=1,2,\cdots,K) \tag{8-5}$$

$$u_{0k}=0 \quad (k=1,2,\cdots,K) \tag{8-6}$$

$$u_{jk}+y_{ik}q_i-u_{ik}\leqslant(1-x_{ijk})M \quad (i=1,2,\cdots,n;j=0,1,\cdots,n;k=1,2,\cdots,K) \tag{8-7}$$

$$u_{ik}\leqslant Q \quad (i=1,2,\cdots,n;k=1,2,\cdots,K) \tag{8-8}$$

$$r_{ij}=\max_{k} x_{ijk}Pop_{ij}s_{ij}u_{jk} \quad (i=0,1,\cdots,n;j=1,2,\cdots,n;k=1,2,\cdots,K) \tag{8-9}$$

$$\sum_{i\in S}\sum_{j\in S} x_{ijk}\leqslant |S|-1 \quad (k=1,2,\cdots,K) \tag{8-10}$$

$$x_{ijk},y_{ik}\in\{0,1\};u_{ik},r_{ij}\geqslant 0 \tag{8-11}$$

目标函数（8-1）为最大事故后果最小，目标函数（8-2）为运输成本最小。约束条件（8-3）和约束条件（8-4）规定每辆车从配送中心出发，且完成配送任务后回到配送中心。约束条件（8-5）表示车辆只能为其路径上的客户进行配送。约束条件（8-6）和约束条件（8-7）表示车辆的实时装载量，M是一个足够大的正数。约束条件（8-8）为车辆装载量约束。约束条件（8-9）表示每条边的事故后果。约束条件（8-10）破除子回路，S为客户节点的任意子集。

8.3　重大事故规避的危险品运输车辆路径优化模型分析与求解

上节所建立的数学模型是双目标混合整数规划模型，由第 2 章的分析可知，ε约束法具有可求得完整的帕累托前沿的优势，因此在本节，将设计一个基于ε约束法的精确算法用于求得帕累托最优解；而后，针对大规模问题的求解设计近似算法。

8.3.1　基于ε约束法的两阶段精确算法

在本节中将针对本文问题设计基于ε约束法的精确算法。首先，根据ε约束法的基本思想，将原问题转化为单目标问题 P8-0，如下所示。

问题 P8-0：

$$f_2 = \min \sum_{i=0}^{n} \sum_{j=0}^{n} \sum_{k=1}^{K} c x_{ijk} l_{ij} \tag{8-2}$$

s.t.

约束条件（8-3）～（8-11）

$$\max_{i,j} r_{ij} \leqslant \varepsilon \tag{8-12}$$

此后将进一步给出对于经典ε约束法的 3 处改进，具体如下。

1. 确定ε的取值范围

ε约束法第1步是确定ε的取值范围。令ε^L和ε^U分别表示ε值的上下界，根据ε约束法的思想，$\varepsilon^L = f_1^I$，$\varepsilon^U = f_1^N$。其中f_1^I可通过求解如下单目标问题P8-1得到。

问题P8-1：

$$f_1 = \min \max_{i,j} r_{ij} \tag{8-1}$$

s.t.

约束条件（8-3）～（8-11）

同理，求得f_1^N也需求解如下单目标问题P8-2。

问题P8-2：

$$f_2 = \min \sum_{i=0}^{n}\sum_{j=0}^{n}\sum_{k=1}^{K} c x_{ijk} l_{ij} \tag{8-2}$$

s.t.

约束条件（8-3）～（8-11）

因此在经典ε约束法中，为确定ε值的上下界，必须求解上述的混合整数规划问题。本文不同于经典ε约束法，在求ε下界前，首先对原问题进行深入分析。由于本章研究中的ε约束对应最大事故后果最小，无法沿用前几章的相关性质，因此，通过分析和证明，得出如下性质。

性质 8-1：最大事故后果的下界为$\max_i q_i w(\mathrm{sw}p_{0i})$，其中$\mathrm{sw}p_{0i}$表示从配送中心$v_0$到客户$v_i$的边最大风险权重最小路径，$w(\mathrm{sw}p_{0i})$为路径$\mathrm{sw}p_{0i}$上边的最大风险权重。

证明：见附录4.1。

通过性质8-1可知，原问题最大事故后果下界为$\max_i q_i w(\mathrm{sw}p_{0i})$，结合式（8-12）可知$\varepsilon$的下界即为$\max_i q_i w(\mathrm{sw}p_{0i})$。则为获取$\varepsilon$的下界，需以风险权重为边权，求出边最大权重最小路径$\mathrm{sw}p_{0i}$。由图论可知，边最大权重最小路径必为最小生成树的组成部分，而最小生成树可由Kruskal算法求得，其时间复杂性为$O(n\log n)$。因此，可以通过多项式时间复杂性的Kruskal算法求得ε的下界，相较而言，经典ε约束法却需要求解一个混合整数规划问题。

2. 规避被支配解的预处理

在经典ε约束法的流程中，会生成一些被支配解，且在算法最后要删除它们。

这些被支配解不属于帕累托前沿，且需花费计算时间。在此给出一种预处理方法，可以规避一类被支配解的生成。该处理的基本思想与前几章类似，但由于本章研究着眼于最大事故后果，其略有不同，通过如下例子来进行说明。

假设一个解 x' 在 ε 约束法的求解流程中生成，其由 2 条路径 $p_1' = (v_0, v_1, v_2, v_0)$，$p_2' = (v_0, v_3, v_0)$ 组成，如图 8-1（a）所示，图中边上的数字为风险权重 $Pop_{ij}s_{ij}$。假设 $q_1 = q_2 = q_3 = 2$，则事故后果 $r_{01}, r_{12}, r_{20}, r_{03}, r_{30}$ 分别为 $16,4,0,6,0$，最大事故后果 $f_1' = 16$。

假设下一个生成的解 x 由路径 $p_1 = (v_0, v_2, v_1, v_0)$，$p_2 = (v_0, v_3, v_0)$ 组成，如图 8-1（b）所示。则事故后果 $r_{02}, r_{21}, r_{10}, r_{03}, r_{30}$ 分别为 $12,4,0,6,0$，最大事故后果 $f_1 = 12$。解 x 和 x' 对应的运输成本是相同的，但是 $f_1 < f_1'$，所以解 x' 被 x 所支配。

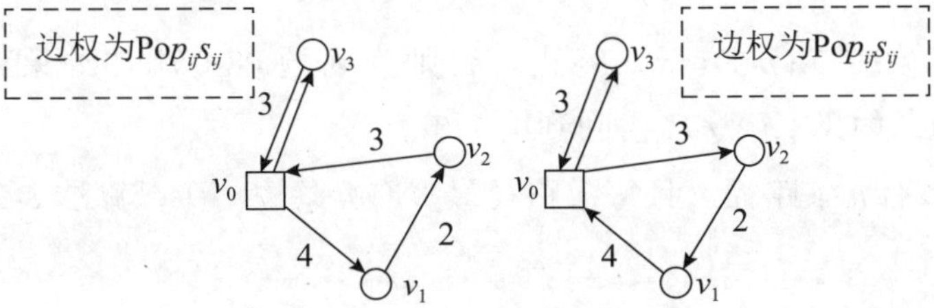

(a) 生成的解 x'　　(b) 生成的解 x

图 8-1　一类被支配解的例子

由于风险为事故后果，路径换向后，仅会因上述服务客户的顺序变化而产生事故后果的变化。每个解的生成都需要求解一次问题 P8-0，生成这类被支配解会浪费大量的计算时间，可以通过预处理来进行规避，具体步骤如算法 8-1 所示。

算法 8-1：

第 1 步，记录当前解中的所有车辆的路径 p_k 及其事故后果 $R(p_k)$ 和运输成本 $c(p_k)$，令 $k=1$。

第 2 步，调转路径 p_k 的方向并生成新路径 p_k'，如果 $R(p_k') \leqslant R(p_k)$ 且 $c(p_k') \leqslant c(p_k)$，则用路径 p_k' 替换当前解中的路径 p_k。

第 3 步，如果 $k < K$，令 $k = k+1$，回到第 2 步。

由于每条路径最多有 n 条边，且最多有 n 条配送路径，所以算法 8-1 的时间复杂性为 $O(n^2)$。

3. 不可行路径禁止约束

添加不可行禁止约束的思路与上一章相同，即在 ε 约束法中，需要在多次迭

代中求解对应不同 ε 值的问题 P8-0，上一次迭代生成的解 x' 由若干条配送路径组成，随着 ε 值降为 $f_1(x')-\delta$，会有一条或若干条路径由于 ε 值的下降变为不可行路径。在整个算法流程中，一旦某条路径变为不可行，则其在接下来的全部求解流程中均不可行。因此，对于一条不可行路径 p_{inf}，添加如下约束，其中 $E(p_{\text{inf}})$ 为 p_{inf} 的边集。

$$\sum_{e(v_i,v_j)\in E(p_{\text{inf}})} x_{ijk} \leqslant |E(p_{\text{inf}})|-1 \quad (k=1,2,\cdots,K) \tag{8-13}$$

添加不可行路径禁止约束的具体步骤如下。

算法 8-2：

第 1 步，对于当前解的所有路径集合 $\{p_k\}$，求出边最大风险权重最大的路径，记为 p_{inf}。

第 2 步，如果 $R(p_{\text{inf}})\leqslant\varepsilon$，终止。否则为问题 P8-0 添加约束（8-13）并从 $\{p_k\}$ 删去 p_{inf}；如果 $\{p_k\}\neq\varnothing$，回到第 1 步。

由于最多有 n 条路径，且每条路径最多有 n 条边，所以算法 8-2 的时间复杂性为 $O(n^2)$。

4. 整体算法

至此，已经给出了 3 处对于经典 ε 约束法的改进，改进后的整体算法如下。

算法 8-3：

第 1 步，通过性质 1 求出 f_1^I。

第 2 步，求解问题 P8-2 得到解 x^*，令 $Y'=\{(f_1(x^*),f_2(x^*))\}$，$\varepsilon=f_1(x^*)-\delta$。

第 3 步，通过算法 8-2 添加不可行路径禁止约束，求解问题 P8-0 并得到解 x。通过算法 8-1 进行预处理并返回解 x'，将 $(f_1(x'),f_2(x'))$ 并入 Y'。

第 4 步，令 $\varepsilon=f_1(x')-\delta$。如果 $\varepsilon\geqslant f_1^I$，回到第 3 步，否则转至下一步。

第 5 步，从 Y' 中删去被支配解，得到帕累托前沿 Y。

8.3.2 针对大规模问题的近似算法

上面设计了基于 ε 约束法的精确算法，由于问题 P8-0 和问题 P8-2 为 NP 难，且问题 P8-0 在整个流程中需要多次求解，处理大规模问题时求解速度会比较慢。因此，在本节将设计求解问题 P8-0 的近似算法。该算法同样也适用于问题 P8-2

的求解，因为问题 P8-2 可视为 ε 值非常大的问题 P8-0。

1. 近似算法

该算法与第 5 章的近似算法思路相同，但有诸多处需要特别处理。首先求出原问题的 TSP 路径，之后安排第一辆车沿 TSP 路径进行配送。该车将依次配送一个或若干个客户，如果车辆无法同时满足如下两个条件，则其返回配送中心，让下一辆车从配送中心出发继续进行配送。条件 1 是该车的剩余装载量足以满足下一个客户的需求。条件 2 是车辆如果为下一个客户配送，其路径上边的最大事故后果不超过 ε 值的限制。在求解时，第一辆车的装载量将被分别设为 $1,2,\cdots,Q$，以重复上述流程 Q 次。

需要特别处理之处在于车辆从配送中心到客户的路径，为 $v_0 \sim v_i$ 的约束最短路径 sp_{0i}，即此路径上边的最大事故后果不大于 ε。而从客户返回配送中心的车辆通过边 $e(v_i,v_0)$ 即可。

另一处需要特别处理之处即为如何表示车辆为下一个客户配送后，其路径上边的最大事故后果。如果事故后果与实时装载量无关，路径上边的最大事故后果即为风险权重最大边的权重。然而对于本文的问题，事故后果与实时装载量相关，因此通过分析并给出如下性质。

性质 8-2： 如将客户 v_b 添加在车辆 k 的路径 $p_k=(v_0,\cdots,v_a)$ 后并得到路径 $p'_k=(v_0,\cdots,v_a,v_b)$，则路径 p'_k 上边的最大事故后果为 $\max\{\max\limits_{e(v_i,v_j)\in E(p_k)} Pop_{ij}s_{ij}(u_{jk}+q_b), Pop_{ab}s_{ab}q_b\}$。

证明：见附录 4.2。

结合性质 8-2 与上述算法思想，给出近似算法的具体步骤如下，其中 U_k 表示车辆 k 需要配送的危险品量之和。

算法 8-4：

第 1 步，通过 Christofides 算法求出 TSP 路径，将 TSP 路径上的客户依次记为 $v_{1^*},v_{2^*},\cdots,v_{n^*}$。将各车装载量 Q_k 分别设为 $1,Q,\cdots,Q$，令 $\gamma=1$。

第 2 步，如果 $Q_1<q_{1^*}$，令 $k=2$，否则令 $k=1$。利用 Desrochers 算法求出约束最短路 sp_{01^*}，令 $p_k=sp_{01^*}$，$U_k=q_{1^*}$，$i=1$。

第 3 步，令 $i=i+1$。如果 $i>n$，转至第 4 步。否则，如果 $U_k+q_{i^*}\leqslant Q_k$ 且 $\max\{\max\limits_{e(v_i,v_j)\in E(p_k)} Pop_{ij}s_{ij}(u_{jk}+q_{i^*}), Pop_{i-1^*i^*}s_{i-1^*i^*}q_{i^*}\}\leqslant\varepsilon$，令 $U_k=U_k+q_{i^*}$，在路径 p_k 后

添加边 $e(v_{i-1^*},v_{i^*})$，转至第 3 步；否则在路径 p_k 后添加边 $e(v_{i-1^*},v_0)$，令 $k=k+1$，$U_k=q_{i^*}$，$p_k=sp_{0i^*}$，转至第 3 步。

第 4 步，在路径 p_k 后添加边 $e(v_{i-1^*},v_0)$，记录运输成本 $C_\gamma=\sum_{k=1}^{l}c(p_k)$。如果 $Q_1<Q$，令 $Q_1=Q_1+1$，转至第 2 步；否则，输出与 $\min\limits_{\gamma} C_\gamma$ 对应的各车配送路径。

算法第 1 步利用 Christofides 算法的时间复杂性为 $O(n^3)$。第 2 步利用 Desrochers 算法的时间复杂性为 $O(n^5)$。第 3 步中需要进行最多 n 次比较，所以时间复杂性为 $O(n)$。第 3-4 步循环的次数最多为 n，所以时间复杂性为 $O(n^2)$。第 2-4 步循环的次数最多为 Q，所以时间复杂性为 $O(n^5)$。综上，算法 8-4 的时间复杂性为 $O(n^5)$。

2. 算法 8-4 的近似比

上文设计了求解问题 P8-0 的近似算法，且已经分析了算法 8-4 的时间复杂性，在本节将分析算法 8-4 的近似比。近似比是近似算法求得的解与精确解的目标函数值之间的比值，其越接近于 1，说明算法求得的解越接近于最优解。

根据引理 5-1 可知，车辆路径问题最优解对应的运输成本下界为 $\max\left\{c\sum_{i=1}^{n}\frac{2l_{0i}q_i}{Q},cT^*(\text{TSP})\right\}$，其中 $T^*(\text{TSP})$ 是最优 TSP 路径的运输距离。由于问题 P8-0 相较于 VRP 问题，还含有额外的 ε 约束，则其运输成本必然不小于一般 VRP 问题，因此引理 1 给出的下界同样也是问题 P8-0 的运输成本下界。由此给出如下定理。

定理 8-1：求解问题 P8-0 的算法 8-4 近似比 α 为 $\dfrac{\sum_{i=1}^{n}ld'_{0i}}{\sum_{i=1}^{n}l_{0i}q_i}+a$，其中 d'_{0i} 表示配送中心 v_0 到客户 v_i 的约束最短路径 sp_{0i} 的运输距离，a 为求解 TSP 路径的近似算法的近似比。

证明：见附录 4.3。

求解大规模问题的整体算法与算法 8-3 的流程相同，只需在其中通过算法 8-4 求解问题 P8-0 和求解问题 P8-2 即可。

8.4 算法测试

在本节将通过算例对模型和算法进行测试。上文中的内容将通过 Visual Studio C++ 6.0 和 CPLEX（version 12.6）进行编程，所有测试均在同一台个人电脑上进行，该电脑具有 3.3-GHz 的 CPU、8.0-GB 的内存以及 Windows 7 操作系统。

8.4.1 精确算法的测试

配送中心和客户将在一个平面上随机生成，并用欧氏距离表示它们之间的运输距离。由于精确求解大规模问题会花费大量时间，为了保证可在合理的时间内得到结果，令第 1 ～ 4 组算例含有 10 个客户，而第 5 ～ 8 组算例含有 15 个客户。与事故后果相关的权重 Pop_{ij} 与 s_{ij} 均随机生成。不失一般性，可将单位运输成本 c 设为 1。客户的需求量 q_i 在区间 [1,30] 内随机生成，并将车辆的装载量 Q 设为 30。所有算例都通过上述方法生成。

应用本文设计的精确算法 8-3 对 8 组算例进行求解，同时也应用经典 ε - 约束法（即算法 5-1）进行求解并比较它们的计算时间，结果如表 8-1 所示。

从表 8-1 可以看出，应用本文设计的精确算法求得帕累托前沿所需的计算时间均小于经典 ε 约束法所需的计算时间，平均只需要经典 ε 约束法计算时间的 54.74%，并且其中结果最好的组只需要 48.33%。所以结果表明，本文设计的精确算法相较于经典 ε 约束法，求解速度更快，可以有效缩短计算时间。

表 8-1　算法 8-3 与算法 5-1 的计算时间

算　例	算法 8-3 的计算时间	算法 5-1 的计算时间	时间比（%）
1	372	535	69.53
2	378	636	59.43
3	344	711	48.38
4	390	790	49.37
5	679	1405	48.33
6	843	1625	51.88
7	821	1565	52.46
8	740	1265	58.50
平均			54.74

8.4.2　近似算法的测试

上节中设计了求解大规模问题的近似算法，并且分析了算法的时间复杂性和近似比。在此，将通过算例进行进一步测试。由于目前尚无基于实时装载量风险的标准化算例，因此将通过上述随机生成的 8 组算例进行测试，并与精确解进行比较，结果如图 8-2 所示。由于本文设计的近似算法是一个多项式时间算法，这 8 组算例的计算时间均小于 1 秒，远小于表 8-1 中求精确解所需的时间，在这里不再列出。

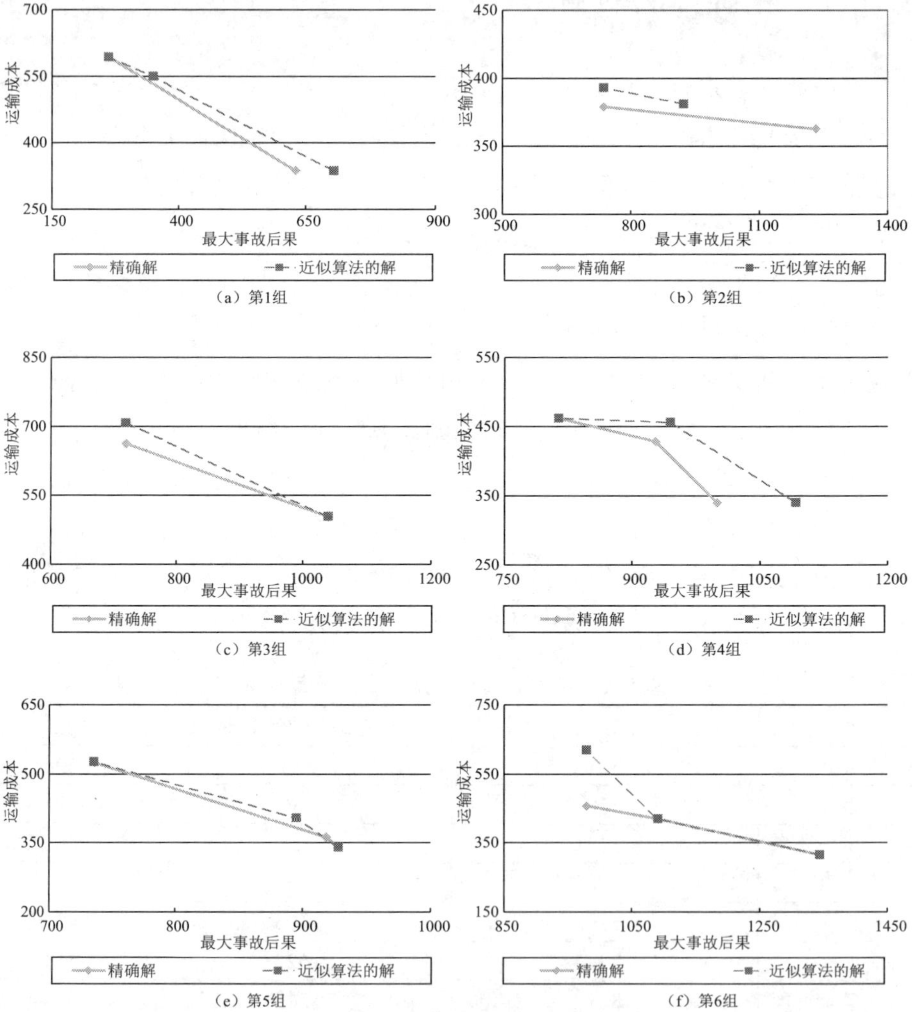

图 8-2　精确解与近似算法的结果

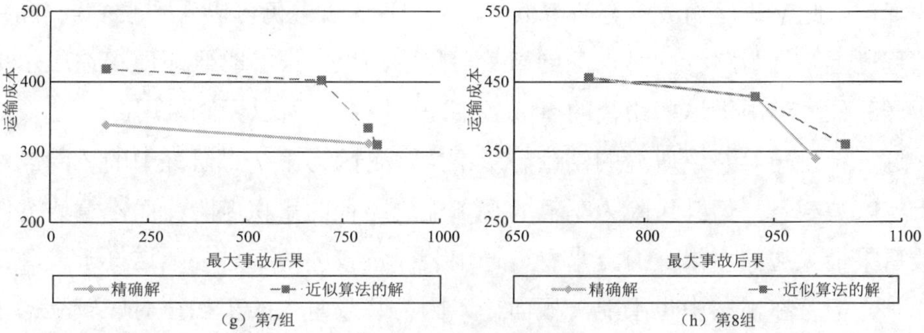

图 8-2 （续）

进一步选取多个指标来分析算法的效果，首先是近似算法和精确算法求出的解的数目，其次是近似解中包含精确解的数目，最后是在两个目标下所有近似解与最近的精确解间的最大偏离程度，结果如表 8-2 所示。

表 8-2　近似算法的分析结果

算例	解的数目（近似 / 精确）	近似解中包含精确解的数目	近似解的运输成本偏离（最大值）/%	近似解的最大事故后果偏离（最大值）/%
1	2/3	1	7.40	10.51
2	2/2	0	3.56	20.13
3	2/2	1	6.36	0.00
4	3/3	1	1.30	8.52
5	3/3	2	10.40	2.39
6	3/3	2	23.88	0.00
7	4/3	1	16.51	17.14
8	3/3	2	5.56	3.38
平均			9.37	7.76

8.4.3　灵敏度分析

在现实中，决策者往往有多种车辆可供选择，即具有不同装载量的车辆。本节将通过测试实验，分析车辆装载量对路径方案的影响。继续沿用上文随机生成的 8 组算例，并在每组算例中分别将车辆装载量设为 $Q, Q+10, Q+20$，求解结果如图 8-3 所示。

通过图 8-3 可以看出，随着车辆装载量增大，整体运输成本呈下降趋势。这是因为车辆装载量增大后，约束变得宽松，更多的配送路径随之变为可行路径可供选择，由此整体运输成本有所降低。此外，图 8-3 中仍可以看到很多重合的点，很大程度上是因为路径同时也受到事故后果的约束，很多时候即便存在成本更小的配送路径，但由于这些路径的事故后果超出限制，所以无法采用。

这一结论与第 7 章研究的结论有所不同，是因为第 7 章研究中的风险虽然也基于实时装载量，但其风险为车辆的整条配送路径的累积风险；而本章研究则为事故后果最大边的后果。综合来看，选用装载量较大的车进行配送好于装载量较小的车。但是在现实中也不能一概而论，因为装载量大的车往往对应较高的单位运输成本，所以决策者需要将可选车辆的装载量和单位运输成本带入模型并进行求解，参照结果进行权衡并选取恰当的车辆。

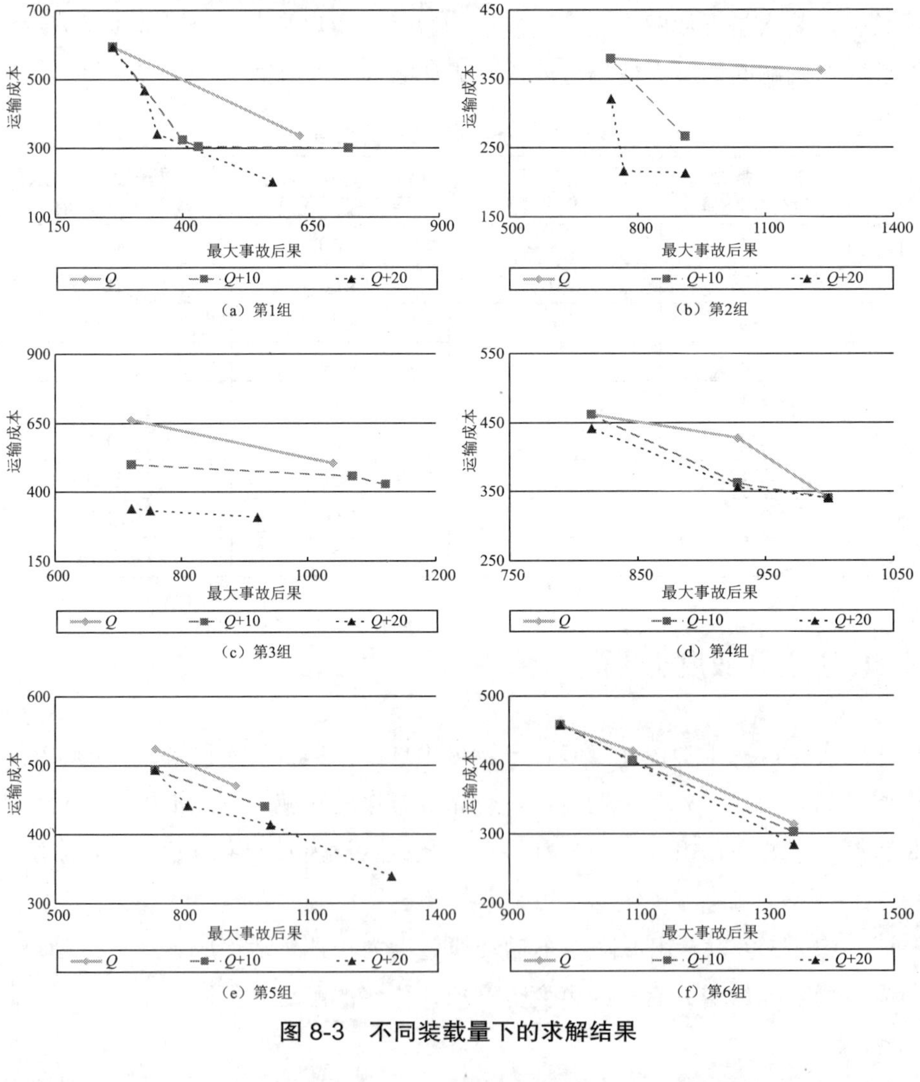

图 8-3 不同装载量下的求解结果

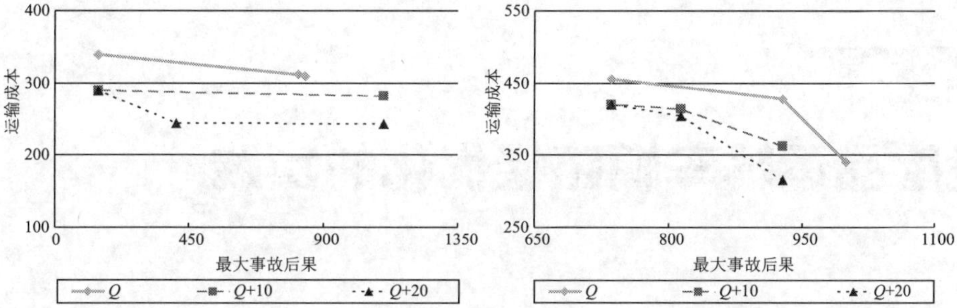

（g）第7组　　（h）第8组

图 8-3（续）

8.5 本章小结

危险品运输车辆路径优化的相关研究中，常用期望值来表示风险，但是概率较低并不代表完全不可能发生事故。基于重大事故规避的思想，本章研究采用事故后果来表示运输风险及设置优化目标，并且事故后果基于车辆的实时装载量，建立以最大事故后果最小及运输成本最小为双目标，且事故后果基于实时装载量的危险品运输车辆路径优化模型。基于 ε 约束法设计了精确算法，进一步设计处理大规模问题的多项式时间近似算法，并分析了算法的近似比。

通过 8 个随机算例对所设计的两阶段精确算法进行测试，表明该算法可以提高求解效率。进一步对近似算法进行测试，并计算了近似算法的解与最优解的距离，结果表明近似算法可以有效求解大规模问题。

最后，结合不同的车辆装载量进行了灵敏度分析，结果表明选用装载量较高的车辆进行运输，运输成本呈现一定的下降趋势，但也存在诸多成本不变的情况。因为路径同时也受到事故后果的约束，很多时候即便存在成本更小的配送路径，但由于这些路径的事故后果超出限制，所以无法采用。

第 9 章

危险品运输车辆路径优化的实践

危险品运输车辆路径优化研究的意义除弥补相关理论的空白之外，更重要的是为现实中的决策者提供理论依据和决策支持。本章注重危险品运输车辆路径优化的实践，基于理论联系实际的原则，从危险品运输事故的典型案例分析、危险品运输车辆路径优化的实例、管理启示与政策建议这 3 个方面进行论述。以下首先给出的是危险品运输事故的典型案例分析。

9.1 危险品运输事故的典型案例分析

危险品运输车辆路径优化的目的是给出有效的危险品运输车辆路径方案，尽可能避免出现事故或降低事故的危害。因此，有必要对现实中发生的危险品运输事故的典型案例进行分析，找出导致事故发生的原因，分析各类危险品运输事故的危害和救援关键，总结决策运输车辆的路径时需注意的关键点。本节内容还可为未来的危险品运输车辆路径优化研究提供现实依据。以下将对各个危险品运输事故的案例进行详细分析。

【案例 9-1】　　京沪高速江苏淮安段“3·29”特大事故

2005 年 3 月 29 日 19 时许，京沪高速公路南行线沂淮江段 103 公里 500 米处，一辆装运 40.44 吨液氯（核载 15 吨）的半挂式罐车因左前轮突然发生爆胎，方向失控撞毁中央护栏，冲入对向车道并发生侧翻，此后与对向车辆发生碰撞，罐式货车的液氯发生大面积泄漏。肇事车核载为 15 吨，事发时超载 169.6%；车辆违规使用报废轮胎，导致左前轮爆胎，并且该车辆没有办理危险品道路运输通行证，属于违法运输危险品。本次事故共造成29人中毒死亡，456人中毒后住院，1867人中毒并进行门诊治疗。

案例来源：搜狐网。

案例分析：事故罐车装载的是液氯，液氯为黄绿色液体，在常压下即会汽化成气体，吸入人体会导致严重中毒，有剧烈的刺激作用和腐蚀性；液氯不会燃烧，但可助燃，在日光下与其他易燃气体混合时会发生燃烧和爆炸。液氯对眼、呼吸系统黏膜有刺激作用，可引起迷走神经兴奋、反射性心跳骤停。轻度中毒者会出现黏膜刺激症状，如眼红、流泪、咳嗽等；中度中毒者会出现支气管炎和支气管肺炎表现，如胸痛、头痛、恶心、较重干咳、呼吸及脉搏增快等；重度中毒者会出现肺水肿，可发生昏迷和休克。决策运载液氯的车辆路径时，一定要注意发生事故后，有可能出现液氯泄漏的情况；一旦出现泄漏，会危害事故地附近人员的身体健康，并且可能因在常压下汽化成气体而扩散，进一步扩大影响范围。另外，由于液氯有助燃性，还需考虑其可能因接触其他可燃物而导致燃烧或爆炸的可能性。

【案例9-2】　　洛阳载有27吨危险化学品的运输车翻车事件

2009年12月9日22时39分，一辆装载27吨危险化学品的罐车行驶至洛阳市新安县南李村乡花沟村路段时发生翻车事故，整个罐体倾覆在路沟内，罐内27吨氯磺酸全部泄漏，流淌进附近农田。洛阳市公安消防支队调集两个消防中队，共计35名官兵到场救援，于次日凌晨5时55分救出两名驾驶员，其中1人死亡，1人受伤。周围的村民被紧急疏散，2亩多麦田也可能因受腐蚀而绝产。

案例来源：中国广播网。

案例分析：事故罐车装载的是氯磺酸，是一种强氧化剂，有强腐蚀性、强刺激性，皮肤接触液体可致人体重度灼伤。氯磺酸对黏膜和呼吸道有明显刺激作用，会造成气短、咳嗽、胸痛、咽干痛以及流泪、流涕、痰中带血、恶心、无力等症状；吸入高浓度氯磺酸可引起化学性肺炎，甚至可发展为肺水肿。氯磺酸遇水会产生大量的热和浓烟，甚至发生爆炸。事故后，救援人员需检查氯磺酸是否发生泄漏，并对周围的居民进行疏散。危险品物流公司在进行运输决策时，除考虑氯磺酸对事故地周边居民的人身伤害，还需考虑其对环境所产生的危害（如本案例中造成2亩多麦田因受腐蚀而可能绝产的情况）。

【案例 9-3】　　包茂高速陕西延安特大交通事故

2012 年 8 月 26 日 2 时 29 分，司机驾驶豫 HD6962 重型半挂货车从安塞服务区出发，违法越过出口匝道导流线驶入包茂高速公路第二车道。此时，一辆蒙 AK1475 卧铺大客车正沿着包茂高速公路由北向南在第二车道行驶至安塞服务区路段。2 时 31 分许，卧铺大客车在未采取任何制动措施的情况下，正面追尾碰撞重型半挂货车。碰撞致使卧铺大客车前部与重型半挂货车罐体尾部铰合，大客车右侧纵梁撞击罐体后部卸料管，造成卸料管竖向球阀外壳破碎，导致大量甲醇泄漏。碰撞也造成卧铺大客车电气线路绝缘破损发生短路，产生的火花使甲醇蒸汽和空气形成的爆炸性混合气体发生爆燃起火，大火迅速引燃重型半挂货车后部和卧铺大客车，并沿甲醇泄漏方向蔓延至附近高速公路路面和涵洞。事故共造成大客车内 36 人死亡、3 人受伤，大客车报废，重型半挂货车、高速公路路面和涵洞受损，直接经济损失 3 160.6 万元。

案例来源：安监总局网站。

案例分析：事故中重型半挂货车所装载的危险品为甲醇，甲醇蒸汽与空气混合能形成爆炸性混合物，遇热源和明火有燃烧爆炸的危险。本案例中重型半挂货车罐体后部卸料管破损，导致大量甲醇泄漏，并且甲醇蒸汽和空气形成了爆炸性混合气体；在事故中追尾事件使得电气线路绝缘破损发生短路，火花引燃了甲醇，大火烧毁发生事故的两辆车并沿甲醇泄漏方向蔓延至附近高速公路路面和涵洞。在危险品物流公司决策运载甲醇的车辆路径时，务必要考虑事故后甲醇泄漏的可能性，以及泄漏后甲醇燃烧所造成的人员伤亡和经济损失（包括烧毁路面等）。

【案例 9-4】　　晋济高速山西晋城段“3・1”特大事故

2014 年 3 月 1 日 14 时 45 分许，在晋济高速山西晋城段岩后隧道内 9 公里加 605 米处，两辆半挂货车在隧道内发生追尾相撞。这两辆车载有甲醇且碰撞致使后车前部与前车尾部铰合在一起，造成前车尾部的防撞设施及卸料管断裂、甲醇大面积泄漏，后车正面损坏。此时后车发生电气短路，引燃地面泄漏的甲醇，形成流淌火并迅速引燃了两辆事故车辆及隧道内的其他车辆。该事故共造成 40 人死亡，12 人受伤，烧毁 42 辆各式车辆，直接经济损失高达 8 197 万元。

案例来源：搜狐网。

案例分析：事故中两辆半挂货车装载的危险品均为甲醇，与 2012 年包茂高速事故中车辆所装载的货物相同，甲醇蒸汽与空气混合能形成爆炸性混合物，遇热源和明火有燃烧爆炸的危险。本案例中事故后甲醇发生大面积泄漏，电气短路引燃地面泄漏的甲醇，形成流淌火并迅速引燃了两辆事故车辆及隧道内的其他车辆。本案例中事故是由两辆危险品运输车辆追尾相撞引发的，在危险品物流公司进行危险品运输车辆路径决策时，有必要考虑多辆危险品运输车辆在同一处发生事故或因事故而引发其他危险品运输车辆出现二次事故的情况。

【案例 9-5】　　杭州桐庐化学品运输车侧翻事故

2014 年 5 月 18 日凌晨 3 点左右，杭州桐庐县境内 320 国道富春江镇俞赵村建德方向路段，发生一起化学品运输车辆侧翻事故，车上装载的有毒液体四氯乙烷发生泄漏，部分有毒液体流入当地溪流中。由于这条溪流距离富春江只有 2 公里左右，担心部分泄漏物可能因地表雨水原因渗入富春江，下游的富阳在中午 12 点紧急停水。多部门第一时间启动应急机制，事故现场从建德和临安调用了 1.5 吨活性炭，在进江口前 500 米的露天明渠部分，每隔 50 米，挖坑筑坝 5 道对污染物进行拦截，在进江口水面下，新建泥沙坝一道。截至 5 月 19 日，相关部门共筑坝 21 道，并对各坝体进行了维护和加固。根据监测，事发点下游沿线各水厂的水源地水质安全。

案例来源：钱江晚报。

案例分析：事故车装载的是四氯乙烷，四氯乙烷是一种无色液体，不燃但有毒性和刺激性，其对中枢神经系统有麻醉作用和抑制作用，可引起肝、肾和心肌损害；短期吸入可引起食欲减退、呕吐、腹痛、黄疸、肝肿大、腹水等症状；长期吸入可引起无力、头痛、失眠、便秘或腹泻、肝功损害和多发性神经炎等。事故后一旦出现四氯乙烷泄漏的情况，会导致事故危害和救援成本大幅度增加。例如，本案例中部分的四氯乙烷泄漏物可能因地表雨水原因渗入富春江，救援人员需筑坝拦截受污染的水源。

【案例 9-6】　　上海化学品运输车侧翻致危化品泄漏

2014 年 1 月 14 日凌晨 4 点 50 分左右，一辆满载有毒化学品的集装箱卡车沿 G1501 上海绕城高速东环外圈行驶，至距金海路 1 公里处，突发意外侧翻在道路旁绿化带中。事故车上装载的有毒化学品翻落破损，现场有化学品泄漏情况以及刺鼻的化学品气味弥散。事发后，为确保安全，龙东大道到金海路主线封闭了部分路段，交警在现场拉起了警戒线，禁止车辆行人通过。消防、公安、电力、安监等部门的有关人员赶到现场抢险，实施救援。截至当日上午 8 点 40 分，事故抢险施救完毕，道路逐渐恢复正常通行，事故中有 2 人不幸身亡。

案例来源：新民网。

案例分析：本案例中满载有毒化学品的集装箱卡车发生事故后出现了化学品泄漏的情况，有刺鼻的化学品气味弥散。在救援时需封闭路段，避免非救援人员靠近现场，由此导致出现交通拥堵的情况。同时，在决策车辆路径时需要注意的是，有些种类的危险品易发生气化或汽化而在空气中蔓延，导致受事故影响的范围扩大。

【案例 9-7】　　湖北秭归油罐车侧翻事故

2014 年 10 月 24 日 19 时左右，湖北省秭归县两河口镇土珠庙村四组，348 国道宜巴段 140 公里加 500 米处，一辆油罐车发生侧翻后爆燃致民房起火。据秭归县通报，截至 2014 年 10 月 25 日上午 9 时，事故已造成 5 人死亡 3 人受伤，伤亡人员包括两名司乘人员和 6 名村民。

案例来源：中国新闻网。

案例分析：本案例中事故油罐车发生侧翻后爆燃致民房起火，造成 5 人死亡 3 人受伤，伤亡人员包括两名司乘人员和 6 名村民。可以看出，具有易燃易爆特性的危险品在运输过程中一旦发生事故，极有可能发生爆炸等现象，导致事故后果扩大或二次事故。因此，在进行危险品运输车辆路径决策时，有必要将这一点纳入考虑范畴。

【案例 9-8】　　大余县一油罐车侧翻事件

2017 年 9 月 21 日 10 时许，位于大余县青龙镇 323 国道路段发生一起交通事故，一辆油罐车与一辆货车相撞。民警到达现场后，经勘查得知，事故车辆为泄完油的空罐车，车头严重变形，油罐车驾驶员被卡在驾驶室内。交警对事故现场实施警戒，消防官兵通过救援车牵引配合液压破拆顶杆解救被困驾驶人。随后，消防官兵利用喷雾水枪对油罐车罐体和周围空气进行稀释，防止电线短路产生火花，引发火灾。直至11时20分，油罐车安全转移，交通秩序恢复正常，险情彻底排除。

案例来源：中国江西网。

案例分析：本案例中事故油罐车为泄完油的空罐车，相较于满载的油罐车而言，可能不会出现剧烈爆炸的情况；但是空罐车也有可能因电线短路产生火花而引发火灾。本案例体现出事故车辆不同的装载状态对应不同的事故后果和救援方案，在进行危险品运输车辆路径的决策时，应对不同装载状态的车辆进行有区别的考量。例如，油罐车在完成运输任务的返程途中即为本案例中空罐车的状态。

【案例9-9】 危化品运输车侧翻致1.5吨硝酸泄漏

2017年7月8日凌晨4点30分左右，广西南宁横县209国道旺垌村路段，一辆运载31吨硝酸的运输车与一辆货车发生了刮碰事故，导致运载硝酸的运输车侧翻，1.5吨硝酸泄漏。所幸泄漏所在地为公路边旱地，没有农作物与水源。中午12点左右，广西来宾市木易运输公司人员用生石灰对泄漏的硝酸进行了中和处理，并且派出一辆罐车对未泄漏的硝酸进行转运，下午2点左右，硝酸转运完毕。

案例来源：光明网。

案例分析：硝酸是一种具有强氧化性、腐蚀性的强酸，其溶液及蒸气对皮肤和黏膜有强刺激和腐蚀作用。吸入硝酸烟雾和蒸气后可引起急性氮氧化物中毒，口服硝酸可引起腐蚀性口腔炎和胃肠炎，可出现休克或肾功能衰竭等。本案例中的事故车载有31吨硝酸，在事故后有1.5吨硝酸发生泄漏。对于载有硝酸的危险品运输车辆的路径进行决策时，需考虑可能发生泄漏的情况，以及泄漏后气体扩散和液体渗透所造成的危害。

【案例9-10】 载有34吨柴油的油罐车侧翻事件

2018年5月27日14时，一辆由新疆开往西藏的载有34吨柴油的油罐车，行驶至新藏公路库地达坂路段时，由于急转弯处理不当，致使油罐车发生侧翻，造成交通受阻，200余台车辆滞留于此。灾情发生后，正在该路段执行道路养护保通任务的武警部队立即派遣救援装备和人员赶赴现场实施救援。官兵们在事故现场拉起了警戒线，将滞留车辆和人员疏散至安全区域，并对油罐车受损情况进行查看。油罐车侧翻后严重变形、多处受损，导致罐体内柴油一直外泄不止，随时会引发现场火灾，甚至直接爆炸损毁该路段道路和引发山体塌方。官兵们在事故现场附近挖坑引流，用于汇聚流出的柴油，防止柴油流入沿新藏线走向的哈拉斯坦河污染下游生态环境；同时收集保管滞留群众的火源，避免可能引发的次生爆炸。截至当日 23 时 30 分，侧翻油罐车成功被拖出路面，恢复了该路段的交通通行。

案例来源：中国军网。

案例分析：事故油罐车所装载的 34 吨柴油是易燃液体，遇明火会发生燃烧或爆炸的现象。由于事故导致的交通拥堵，200 余台车辆滞留于事故地附近，一旦发生爆炸会造成重大人员伤亡。另外，事故地在沿新藏线走向的哈拉斯坦河附近，如果泄漏的柴油流入哈拉斯坦河，还会污染下游的生态环境。本案例的启示主要有两点：其一，有必要考虑事故后造成拥堵，使得疏散困难、受影响人数增加的情况；其二，在运输路径决策时需注意周边是否有生态区、名胜古迹等，泄漏的危险品有可能会损毁生态环境或名胜古迹。

【案例 9-11】 巩义市危险化学品运输车辆侧翻事件

2019 年 7 月 3 日 23 点左右，在巩义市新兴路与 S237 交叉口，一辆危险化学品运输车辆发生侧翻，造成装载的 30 吨甲醇微量泄漏。救援人员立即对现场周边交通进行管制，紧急调用三辆重型吊车进行吊装作业；同时对车辆侧翻现场进行清理、堵漏。经过救援人员的共同努力，7 月 4 日凌晨 2 点 40 分左右，侧翻车辆被扶正；4 点左右，事故车辆被成功拖离现场进行倒罐作业。经过 50 余名救援人员 5 个多小时的连续奋战，未造成人员伤亡和化学品大面积泄漏，成功排除险情。

案例来源：巩义市应急管理局。

案例分析：甲醇是一种有毒液体，甲醇经人体代谢产生甲醛和甲酸，常见的症状是头痛、恶心、呕吐以及视线模糊。由于甲酸累积在眼睛部位，会破坏视觉神经细胞，并且甲酸进入血液后，会使组织酸性越来越强，损害肾脏导致肾衰竭，因此甲醇严重中毒者会失明，乃至丧命。运载甲醇的车辆发生事故后，需进行交通管制并疏散附近人员，避免出现中毒或爆炸现象；还需关注甲醇是否发生泄漏，及泄漏后是否流入下水道、排洪沟等。危险品物流公司在考虑运输风险时，需注意运载甲醇的车辆发生事故后有可能因泄漏导致事故危害扩大，以及救援时会因交通管制而导致交通拥堵。

【案例9-12】　运载20余吨液化天然气的罐车侧翻

2019年11月04日清晨6时，一辆运载液化天然气的罐车行至兰海高速大寺收费站路段时撞上中央护栏后发生侧翻。在巨大的惯性下，罐车车头当即凹陷，罐车车身以及罐体被甩到了对向车道，约100米的护栏被撞坏，现场一片狼藉。交警、消防等部门迅速抵达现场进行处置，交警对事故路段进行临时交通限制，封闭事故现场；同时，消防队员对事故罐体进行了侦查，发现罐体未发生泄漏，于是决定对侧翻罐体进行吊车翻正作业。在整个起吊翻正的过程中，消防队员不断向罐车喷水，防止吊车在作业过程中，因摩擦产生静电而导致爆炸，直到中午12时，在两台吊车的合力下慢慢将侧翻的罐体托起扶正。截至当天中午12时30分左右，险情得以排除，高速公路恢复正常交通。所幸，事发时车上驾驶员以及随车人员都系着安全带，因此安然无恙。

案例来源：广西新闻网。

案例分析：本案例中罐车所运载的是液化天然气，主要成分是甲烷，是一种易燃易爆危险品。装有液化天然气的罐车在事故后发生泄漏，泄漏的天然气在常温常压状态下易变为气态天然气，遇明火或静电会发生燃烧和爆炸现象，导致事故危害进一步扩大。在事故后的救援中，为避免外界火源或静电，必须进行交通管制，封闭事故现场，由此会导致出现交通拥堵。此外，本案例中事故地为高速公路上，有必要考虑一旦发生爆炸会损毁道路，扩大事故损失。

【案例9-13】　怀化市一32吨油罐车深夜侧翻

2019年6月28日晚11点52分，怀化市223省道沙界坪牌坳（辰溪往沅陵方向，离县城约15分钟车程）一油罐车发生侧翻，油罐车载有32吨90号汽油，无人员被困。怀化市辰溪县消防中队接警后立即出动1个抢险救援编队（2台水罐车、1台抢险救援车）火速赶往现场救援。12点11分，救援人员到达现场，发现油罐车整个车身车翻到了公路边的近2米深的路坡下，旁边就是居民房屋。救援人员立即对周边居民房内居民进行疏散，并架设水枪对罐体进行冷却。经侦查发现，事故车辆油罐基本稳定，罐体无裂缝，未发现泄露情况。救援人员继续出水进行冷却，并设置警戒区域，禁绝火源。现场指挥部决定采取倒灌转移的救援措施，中石化调派两台罐车，由技术人员操作现场实施倒罐，倒罐完毕后，对事故车罐体进行泡沫覆盖和灌注，调集两台吊车对罐体起吊、扶正后拖离现场。

案例来源：腾讯网。

案例分析：本案例中罐车所运载的是90号汽油，是易燃易爆危险品。本案例中事故地旁就是居民房屋，一旦发生爆炸的情况，将会造成重大危害及产生重大损失。另外，本案例中采取倒灌转移的措施处理事故油罐车，此种应对方式需要额外调动其他罐车来到现场进行倒罐作业，危险品物流公司进行决策时有必要考虑需要调动其他罐车进行倒罐的情况。

【案例 9-14】　　一辆满载 30 余吨食用油的油罐车侧翻事件

2019年6月5日上午，浦东新区杨高北路靠近五洲大道入口处发生一起油罐车侧翻事故，导致车上装载的30余吨食用油泄漏至路面上，途经车辆通行受到严重影响。目击者称，这辆油罐车行至事发路段时，疑因车速过快，先是撞上路中央的隔离栏，随之骑上绿化带后，侧翻在一号车道上。事发后，罐车驾驶员自行从车内爬出，并拨打报警电话。接到报警后，公安、消防、道路养护部门第一时间到场处置。为防止现场发生意外，消防和养护人员在漏油区域覆盖黄沙，防止车辆打滑。与此同时，两辆大型吊车吊拉起事故车辆，并封堵了油罐泄漏口。由于事故处置时段横跨整个早高峰，而且现场仅有一条车道可供通行，因而也造成来往社会车辆及沿线公交车通行受到影响，多班公交出现晚点情况。截至昨天中午11时许，侧翻油罐车被牵离现场。该起事故造成经济损失约40万元，所幸事故未造成人员伤亡。

案例来源：搜狐网。

案例分析：本案例中罐车所运载的是食用油，是一种易燃危险品。食用油除具有易燃特性之外，一旦发生泄漏流淌至路面，会导致路面打滑，影响其他社会车辆，易造成连环事故。本案例的事故救援过程中，除因事故处置占用路段导致交通拥堵外，还需用黄沙覆盖因食用油泄漏而污染的路面，防止车辆打滑。在危险品物流公司决策运载食用油的车辆路径时，有必要考虑事故后发生泄漏会导致救援成本增大，以及因打滑而产生连环事故的可能性。

通过上述的典型案例分析可知，导致危险品运输事故发生的原因多样，并且事故车辆运载的不同种类的危险品也会产生不同的事故危害，总结如表 9-1 所示。从表 9-1 可以看出，导致危险品运输事故发生的原因中，主要是因驾驶员操作失误而引起的车辆侧翻，其次是追尾撞车等交通事故，此外还有超载、非法运输等违法现象而导致的事故。

表 9-1　各案例的事故原因和事故危害

案　例	事故原因	事 故 危 害	关 键 点
1	爆胎 超载	装载的液氯泄漏、人员中毒	液氯在常压下会汽化而扩散、有毒害性和腐蚀性、有助燃性
2	侧翻	装载的氯磺酸泄漏、麦田受腐蚀而绝产	氯磺酸有强腐蚀性和强刺激性、遇水会发烟甚至爆炸、对环境产生腐蚀性危害
3	追尾	装载的甲醇泄漏、起火并蔓延	甲醇及其蒸汽易燃、烧毁路面等产生经济损失
4	追尾	装载的甲醇泄漏、形成流淌火	追尾的两车均装载甲醇、防止事故扩大或连环事故
5	侧翻	装载的四氯乙烷泄漏流入溪流、有渗入富春江的可能	四氯乙烷有毒性和刺激性、泄漏入水流会增加救援成本
6	侧翻	装载的化学品泄漏、有刺鼻的气味弥散	在空气中扩散导致影响范围扩大
7	侧翻	爆燃致民房起火	危险品一旦发生燃烧爆炸会扩大事故危害
8	撞车	虽为空罐车但仍有起火的可能性	不同的装载量对应不同的事故后果和救援方案
9	撞车	装载的硝酸泄漏	硝酸有强刺激和腐蚀作用、硝酸蒸汽有毒性
10	侧翻	装载的柴油泄漏	泄漏的危险品可能会污染生态环境
11	侧翻	装载的甲醇泄漏	因救援导致交通拥堵
12	侧翻	未发生泄漏	装载液化天然气的事故车在救援时要避免火源或静电
13	侧翻	未发生泄漏	采取倒灌转移措施救援需额外调动其他罐车来到现场
14	侧翻	装载的食用油泄漏	食用油易燃、泄漏后导致路面打滑

事故所造成的危害因事故车装载的危险品特性不同而各不相同，其关键在于

事故是否出现危险品的包装（如油罐）破损而出现泄漏的情况。例如，易燃易爆危险品泄漏后遇明火或热源会出现燃烧或爆炸的现象，烧毁其他社会车辆及路面等，导致事故后果扩大。有毒危险品泄漏后会危及周边人员的身体健康，且有可能因气化或汽化成气体而扩散；此外，有毒液体还可能流入溪流、下水道等而扩大污染范围。另外，事故危害中除对生命安全和财产安全造成的直接损害外，还有一些其他方面需要注意。例如，危险品运输事故易损毁路段，或因救援需要而进行交通管制，均会导致事故地出现交通拥堵或事故路段完全无法通行的情况，从而对其他车辆的通行产生影响；多辆危险品运输车在同一处发生事故或因某些原因（如食用油泄漏导致路面打滑）而引起二次事故、连环事故的可能性，也有必要纳入考虑范畴。

9.2 危险品运输车辆路径优化的实例

本书此前部分介绍了危险品运输车辆路径优化的理论基础和相关研究综述，并给出了危险品运输车辆路径优化的基本模型；在此基础上，提出了基于车辆个体风险的危险品运输车辆路径优化，在禁止车辆并行、考虑事故后路段失效、基于实时装载量风险、重大事故规避这 4 个实际情景下进行了研究。为将理论与实际相结合，本节以西安市的局部路网为例，结合本书中的部分研究进行实际应用和分析。

西安市是陕西省会，副省级市，有 11 个市辖区，总面积 10 752 平方公里，截至 2018 年年末常住人口 1 000.37 万人。西安市二环路内的道路交通网络总体上看是方格式路网，即一种典型的城市道路网络结构。中国石油有限公司在西安的油库为大兴西路中油西安公司成品油库，位于西二环路西侧大兴西路上。首先，选取西安市的局部路网，包括中国石油在西安市的油库以及二环路以内的所有相关加油站。该局部路网如图 9-1 所示，路网上各相关设施的名称见表 9-2。将该路网转化为与危险品运输车辆路径优化研究相关的交通网络，以实际路网上各设施之间的实际距离表示路段的长度。由于西安市的局部路网是一个城市内的交通网络，一旦危险品运输车辆发生事故，势必会出现交通拥堵的情况，为此将应用考虑事故后路段失效的危险品运输车辆路径优化的研究成果进行实例分析。

为更贴近实际情况，在本实例中的危险品运输车辆发生事故的概率以及事故发生后路段失效的概率将参考陕西省交通厅网站上公布的数据。陕西省交通厅网站上以月为单位公布一般交通事故数和重大事故数，将这些数据与交通量的数据相结合，可以计算出一般交通事故率和重大事故率。在本例中，将以一般交通事故率作为危险品运输车辆发生事故概率的参考，以重大交通事故率作为危险品运输车辆发生事故后路段失效概率的参考；本例中与这两种概率的相关数据将在陕西省交通厅网站上公布的数据上下浮动 30% 的范围内随机生成。

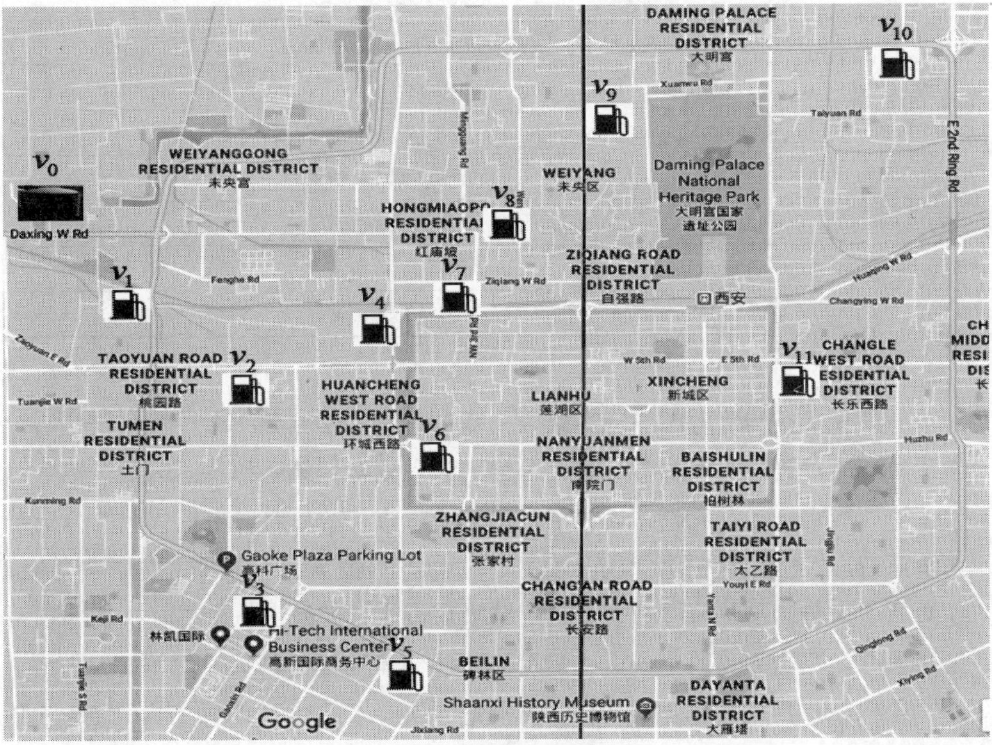

图 9-1　西安市局部路网

其他相关数据的生成方法如下：令本例中运载油品的油罐车装载量为 30，然后在 [1,30] 的区间内随机生成各个加油站的油品需求量。在本例中假设油罐车行驶单位距离的运输成本为 1。事故后果的相关数据也采用随机的方法生成。在获取和生成所有数据后，应用本书第 6 章所构建的数学模型和设计的求解算法进行计算。

表 9-2　西安市局部路网上各相关设施名称

节　　点	设 施 名 称
v_0	大兴西路油库
v_1	沣惠路加油站
v_2	团结东路加油站
v_3	高新加油站
v_4	西站街加油站
v_5	太白路立交加油站
v_6	西安西门加油站
v_7	自强西路加油站
v_8	龙首北路加油站
v_9	未央路加油站
v_{10}	二环北路加油站
v_{11}	环城东路加油站

本书第 6 章在构建考虑事故后路段失效的危险品运输车辆路径优化模型后，给出了两种针对路段失效的应对策略，分别为预先筹划策略和实时应对策略。对于预先筹划策略，需在危险品运输车辆出发前就将事故后路段可能失效的情况纳入决策范畴，经过全面考虑给出配送方案。而实时应对策略不同于预先筹划策略，在危险品运输车辆出发前不考虑事故后路段可能失效的情况。为更直观的体现两种策略下所得配送方案的不同，这里分别求出各策略下的结果，如图 9-2 所示。图 9-2 展示的是求出的帕累托前沿，取预先筹划策略下的一个详细展示具体的车辆路径方案，如表 9-3 所示。从图 9-2 可以看出，如果不出现路段失效的情况，实时应对策略的结果整体上比预先筹划策略的结果要好；反之，预先筹划策略的结果要好于实时应对策略的结果。这也印证了本书第 6 章所进行的理论分析及其结论。

表 9-3　预先筹划策略下的一个解对应的车辆路径

车　辆	车辆路径
1	$v_0 \to v_2 \to v_{11} \to v_0$
2	$v_0 \to v_5 \to v_0$
3	$v_0 \to v_6 \to v_3 \to v_1 \to v_0$
4	$v_0 \to v_7 \to v_4 \to v_0$
5	$v_0 \to v_8 \to v_0$
6	$v_0 \to v_9 \to v_{10} \to v_0$

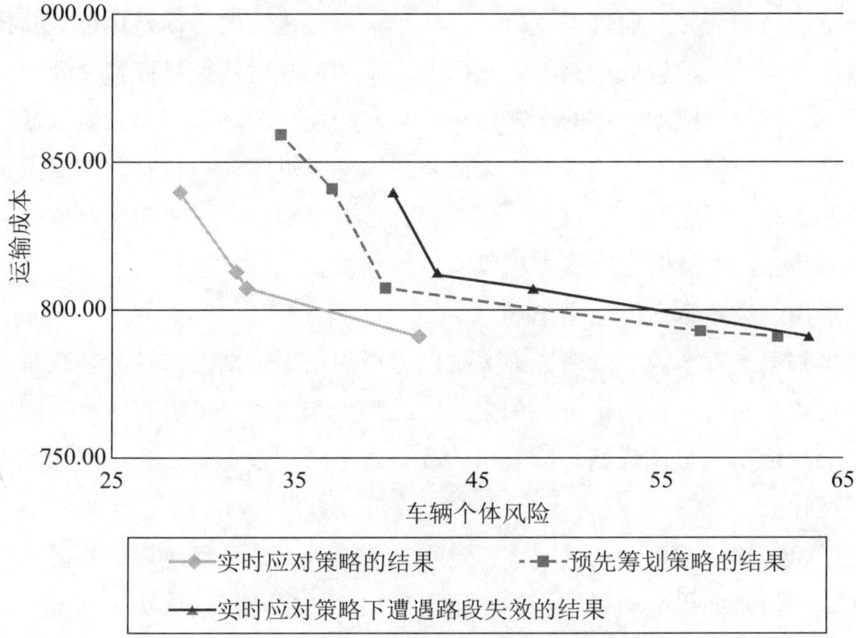

图 9-2　西安市局部路网实例的求解结果

9.3　管理启示与政策建议

尽管我国和全世界各国均高度重视危险品运输，力争避免出现危险品运输事故，以及尽可能降低危险品运输事故的危害；但是伴随着危险品物流的高速发展，危险品运输事故仍层出不穷，且其中不乏重大事故。本节将结合各项研究工作中的理论分析，以及上文中危险品运输事故典型案例的事故原因、事故危害、救援关键等，为危险品物流企业的决策者和政府相关部门提出若干管理启示和政策建议。旨在提升危险品运输的效率，并在一定程度上提高危险品运输的安全性、降低危险品运输事故的可能性以及事故危害。

9.3.1 对危险品物流企业决策者的建议

对危险品物流企业而言，危险品运输车辆路径优化的目标是尽可能选择运输成本较小且运输风险较低的路径。然而，成本和风险这两个目标常常处于相互冲突的状态，即运输成本较小的车辆路径往往对应较高的风险，而风险较低的车辆路径却往往对应较高的运输成本。因此，在进行车辆路径决策时，关键点是在运输成本和运输风险之间进行权衡，以选择合适的运输路径。本书针对危险品物流企业的决策者，就降低运输成本和风险方面，主要提出以下几点建议。

1. 选用装载量合适的运输车辆

由本书第 5 章至第 8 章研究中灵敏度分析的结果可知，车辆的装载量对运输成本和运输风险有一定的影响。如果危险品物流企业的决策者有多种不同装载量的危险品运输车辆可供选择，应选用装载量合适的运输车辆，在一些情况下有可能降低运输成本。

在单位运输成本不变的情况下，选用装载量较大的车辆可以起到降低运输成本的效果；但是如果装载量较大的车辆对应更高的单位运输成本，却不一定能够降低运输成本。此外，如果考虑事故危害随车辆的实时装载量而实时变化，选用装载量较大的车辆虽然可以降低运输成本，然而却可能导致车辆个体风险的增大。因此，针对不同的实际情形，决策者应选取对应的危险品运输车辆路径优化模型，代入实际参数并进行求解，确定较为合适的车辆装载量和最终的车辆路径方案。

2. 在度量风险时考虑更多的可能性

学者们在危险品运输的风险度量方面做了很多工作，其中最常见的风险度量方式是将风险定义为事故率和事故后果的乘积；事故率可从历史数据中获得，事故后果一般用事故地周围的人口数来表示。然而，由上述危险品运输事故的典型案例分析可知，现实中危险品运输事故的危害性复杂，并且往往会出现事故后果扩大或连环事故的情况。

危险品物流企业的决策者在危险品运输车辆路径规划时，应在风险中考虑更多的可能性。例如，易燃易爆危险品一旦在事故后发生燃烧或爆炸，有可能引燃民房或事故路段上的其他车辆，造成更多的人员伤亡和更大的财产损失；有毒性、刺激性或污染性的危险品在事故后可能出现泄漏的情况，危及附近人员的身体健康、损害周围的农作物、污染自然环境甚至对名胜古迹等造成永久性的损伤；有些危险品因自身的物理性质等可能会产生额外的威胁，如食用油导致路面打滑而影响其他社会车辆，易产生二次事故等。

3. 将事故损失和救援成本纳入总成本的范畴

绝大多数相关研究在成本目标中仅考虑运输成本，而忽略了事故损失和事故发生后因救援活动而产生的额外成本。例如，案例 2 中 2 亩多麦田可能因受到氯磺酸腐蚀而绝产；案例 3 中甲醇泄漏并发生燃烧，损伤高速公路路面和涵洞；案例 5 中因有毒危险品泄漏流入溪流，且因雨水有可能渗入富春江，需挖坑筑坝拦截污染物，并使用了 1.5 吨活性炭进行净化；案例 13 中采用倒灌作业方式救援而调动了 2 辆其他罐车来到事故现场；案例 14 中用黄沙覆盖路面上打滑的食用油等。这些特殊的救援活动都会产生非常高的救援成本，并且危险品运输事故本身也会造成一定的经济损失；在决策危险品运输车辆的路径时，应将上述成本和损失纳入总成本的范畴。

4. 加强培训，提升从业人员素质

由上述危险品运输事故典型案例的事故原因可知，大部分事故原因为驾驶员操作失误而导致的车辆侧翻。因此，加强培训、提升驾驶员素质可有效降低危险品运输事故的发生率。此外，还有因违规操作、超载等原因引发的事故，危险品物流企业应摒弃侥幸心理，对实际操作人员加强管理，严格按相关法律法规和标准进行危险品的运输活动。

9.3.2 对政府相关部门的建议

对政府相关部门而言，目的是尽可能降低危险品运输活动的风险；然而企业是以盈利为目的的组织，运输成本的最小化常被当做首要的目标，这一点给政府相关部门制造了诸多难点，也提出了更高的要求。政府相关部门需加强管理，从多个角度入手，规范危险品的运输活动，降低危险品运输事故发生的可能性和事故危害。本书针对政府相关部门，主要提出以下几点建议。

1. 强制手段与非强制手段相结合

现行的相关政策规范危险品运输车辆的路径主要依靠强制手段，如规定禁行路段或区域、提出限行政策等，强制手段的施行有很大的必要性和重要的现实意义。例如，从重大事故规避的原则出发，应禁止危险品运输车辆经过人口密集区（如学校、商业中心等）。但是，危险品物流企业的决策者并非完全理性，单纯的强制手段有可能起不到应有的效果。例如，危险品物流企业的决策者或危险品运输车辆的驾驶员抱有侥幸心理，为追求经济利益最大化，违规驶入禁行路段或区域。因此，除强制手段外，也应结合非强制手段引导危险品物流企业选择风险较低的运输路径。例如，在风险较高的路段，对危险品运输车辆收取较高的通行费，从而引导危险品物流企业选择风险较低的路线。通过强制手段与非强制手段相结合，可有效实现降低危险品运输风险的目的。

2. 统一各地禁限行标准

目前各地的禁限行标准没有统一，例如江西的高速允许 3 点至 6 点通行危险品运输车辆，山东的高速则允许 19 点至 5 点通行危险品运输车辆。各地的可通行时间不统一，并且无章可循，给危险品物流企业带来很大的困难，并且导致企业利润降低，生存压力增大。因此，急需统一各地的禁限行标准，或是建立危险品运输的行驶地图，标明各地的禁限行情况；方便危险品物流企业进行决策，缓解企业的生存压力。

3. 通过信息化手段管理危险品运输活动

目前，我国各省市已相继出台规定，要求危险品运输车辆必须安装定位系统，通过 GPS 定位，可监控危险品运输车辆的实时位置。除此之外，本书认为应进一步建立信息系统，通过信息化手段管理危险品运输活动，主要原因如下：

（1）关于危险品运输的禁限行规定一般是基于对历史数据和案例的分析而制定的，通常会考虑到事故率和事故后果。然而，现实中每天的实际情况各不相同，一些特殊情况会对事故率和事故后果产生影响。例如，恶劣天气会导致事故率上升；集市集会等活动会导致受影响人员数量激增，导致事故后果增大等。因此，在依照历史数据初步制定禁限行规定后，应基于每天的实际情况，对禁限行的情况进行实时调整。为实现这一目的，需建立信息系统，便于与危险品物流企业保持联系；如遇到需调整禁限行规定的情况，可通过信息系统及时告知危险品物流企业。

（2）建立信息系统后，也可提高危险品运输路线审批的及时性。现行的危险品运输管理办法一般是由危险品物流企业制定运输路径，此后报当地公安交通部门审批，运输车辆必须按批准路线行驶。如果在实际运输过程中遇到路段无法通行等突发情况，危险品物流企业有调整路线的需求，却无法及时进行审批，从而导致车辆必须在原地等待原路线恢复后通行，有可能给企业带来较大的损失。建立信息系统可解决上述问题，当危险品物流企业有调整路线的需求时，可通过信息系统进行路线调整的审批；并且政府部门还可以通过信息系统和 GPS 定位，监控运输车辆的实时位置，一旦出现车辆严重偏离批准路线的情况，也可及时进行处理。

4. 加强监督管理，防患于未然

防止危险品运输事故发生的重要性远高于事故后的救援处理，因此政府相关部门应加强监督管理，防患于未然。由于大部分危险品运输事故原因为驾驶员的操作失误，应对危险品运输车辆驾驶员的资质进行严格审核，可有效降低危险品运输事故的发生率。另外，还有很多事故中都存在违规的情况，如超载、违规运输、人货混载等，政府相关部门应严格监管，避免出现此类情况。

第10章

总结与展望

随着经济和社会快速发展，交通网络上运输着大量的危险品。危险品具有易燃、易爆、毒害、腐蚀、放射性等危险性质，在运输过程中一旦发生事故，会对事故地点附近的人员产生重大伤害并造成严重的财产损失。伴随危险品运输量的日趋增大，危险品运输事故频发，且事故危害极大，危险品运输问题成为社会和公众关注的热点之一，危险品运输车辆路径优化也是重要的研究问题。

本书针对危险品运输车辆路径优化，系统介绍其相关理论并梳理国内外研究综述。在此基础上，给出危险品运输车辆路径优化的基本问题，并提出基于车辆个体风险的危险品运输车辆路径优化问题。在禁止车辆并行、考虑事故后路段失效、基于实时装载量风险、重大事故规避这4个实际情景下研究基于车辆个体风险的双目标危险品运输车辆路径优化问题，对这些问题进行深入分析，建立数学模型，设计求解算法，并进行算例分析和灵敏度分析。最后，分析危险品运输事故的典型案例，给出危险品运输车辆路径优化的实例，并分别针对危险品物流企业决策者和政府相关管理部门提出一些管理启示和政策建议。

将本书的主要内容总结如下：

（1）介绍了危险品运输车辆路径优化研究所需的理论基础，包括图与网络的基本概念、最小生成树、最短路径问题、车辆路径问题、多目标优化问题及其求解、其他相关理论等方面。其中前3个部分为车辆路径优化研究的问题界定以及模型构建的理论基础，也是运筹学中图与网络分析的内容。对于车辆路径问题，给出了其定义与分类，以及一个基本的数学模型。对于多目标优化问题及其求解，介绍了相关定义以及几种常见的求解方法。最后，简要介绍了一些其他的相关理论。

（2）从危险品运输及其风险、危险品运输路径选择研究、危险品运输车辆路径问题研究、其他相关研究这4个方面对相关研究的发展历程和研究现状进行综述，整理和分类现有相关研究，梳理危险品运输车辆路径优化的研究进展，并且分析了现有研究存在的不足之处。

（3）给出了经典的危险品运输车辆路径优化问题，即一个运输成本和风险最小化的双目标危险品运输车辆路径问题。该问题是大多数研究所依据的基础问题，从问题描述与相关定义、决策变量与模型构建两个方面进行了详细论述。在此基础上，结合对车辆个体风险的考量，提出了基于车辆个体风险的危险品运输车辆路径优化问题。最后，结合基于车辆个体风险的危险品运输车辆路径优化问题，简要介绍了如何应用加权法、分层求解法、ε约束法这3种常见的方法求解多目标危险品运输车辆路径优化问题。

（4）基于危险品运输车辆并行容易导致连环事故的实际情形，以车辆个体风险最小和运输成本最小为双目标，建立了禁止车辆并行的危险品运输车辆路径优化模型。基于ε约束法，设计了一个两阶段精确算法，在该算法中，避免车辆并行而产生的等待时间在第二阶段通过一个多项式时间算法单独计算，有效节约了求解时间；此外，通过证明得到与ε下界相关的性质，并结合该性质设计了求ε下界的快速算法；进一步在算法流程中添加了预处理，可以规避一类被支配解的生成，节约求解时间。针对大规模问题设计了近似算法求解并证明了算法的时间复杂度和近似比。通过随机算例对所设计的两阶段精确算法进行测试，表明该算法可以提高求解效率。对近似算法进行了测试，并分析了近似算法的解与最优解的距离，结果表明近似算法可以有效求解大规模问题。最后，结合不同的车辆装载量进行了灵敏度分析。结果表明，在单位运输成本不变的条件下，选用装载量较高的车辆可以降低运输成本；但是现实中装载量较高的车辆通常对应较高的单位运输成本，在单位运输成本随装载量增大而提高的条件下，选用装载量较高的车辆进行运输，运输成本没有明显的下降趋势，不能简单地进行判断。决策者应在优化模型中代入可供选择车辆的装载量和单位运输成本进行求解，并根据求解结果进行比较，做出最好的选择。

（5）基于危险品运输车辆发生事故后可能会导致路段失效的实际情形，首先给出了两种应对路段失效的策略，分别为在车辆路径规划时将路段失效纳入考虑范畴的预先筹划策略，以及在车辆路径规划时暂不考虑路段失效的实时应对策略。分别建立了两种策略下以车辆个体风险最小和运输成本最小为双目标的危险品运输车辆路径优化模型。基于 ε 约束法设计了精确算法，在算法中加入了若干改进，包括一个求 ε 下界的快速算法，规避被支配解的预处理，以及不可行路径的禁止约束。对于规模较大的问题设计了近似算法求解，并分析了算法的时间复杂度和近似比。通过证明，比较了两种策略的运输成本和计算时间。通过随机算例对所设计的精确算法进行测试，结果表明该算法可以提高求解效率。进一步与相关研究中所采用的算例相结合，对近似算法进行测试，计算了与最优解的距离、超体积等评价指标，结果表明近似算法可以有效求解大规模问题。最后，结合不同的车辆装载量进行了灵敏度分析，结果表明选用装载量较高的车辆可以降低运输成本。

（6）将危险品运输车辆的实时装载量视为影响风险的重要因素，首先给出了基于实时装载量的风险定义，并建立了基于实时装载量风险的双目标危险品运输车辆路径优化模型。该模型基于车辆路径问题的 two-commodity 模型，相对而言更适用于表示随装载量实时变化的风险参数。基于 ε 约束法设计了精确算法，包括一个求 ε 下界的快速算法，规避被支配解的预处理，以及求解 ε 约束法中子问题的快速分支方法。对于规模较大的问题设计了近似算法求解，并分析了算法的时间复杂度和近似比。通过随机算例对所设计的精确算法进行测试，结果表明该算法可以提高求解效率。进一步与相关研究中所采用的算例相结合，对近似算法进行测试，并计算了与最优解的距离、超体积等评价指标，结果表明近似算法可以有效求解大规模问题。最后，结合不同的车辆装载量进行了灵敏度分析，结果表明选用装载量较高的车辆进行运输，运输成本并没有明显的下降趋势。这与风险为固定权重下的结果有显著不同，是因为即使车辆装载量增大后每辆车可以配送更多的客户，但是在基于实时装载量的风险影响下，车辆的风险会大幅升高，难以满足对车辆个体风险的要求。

（7）基于重大事故规避的原则，采用事故后果来表示运输风险及设置优化目标，并且结合基于车辆实时装载量的事故后果。建立以最大事故后果最小和运输成本最小为双目标，且事故后果基于实时装载量的危险品运输车辆路径优化模型。基于 ε 约束法设计了精确算法，进一步设计了处理大规模问题的多项式时间近似算法，并分析了算法的近似比。通过随机算例对所设计的精确算法进行了测试，结果表明该算法可以提高求解效率。进一步对近似算法进行测试，并计算了近似算法的解与最优解的距离，结果表明近似算法可以有效求解大规模问题。最后，结合不同的车辆装载量进行了灵敏度分析，结果表明选用装载量较高的车辆进行运输，运输成本呈现一定的下降趋势，但也存在诸多成本不变的情况。这是因为车辆的路径同时受到事故后果的约束，很多时候虽然存在成本更小的配送路径，但是由于这些路径的事故后果非常大，所以无法选用这类运输路径以降低运输成本。

（8）对现实中发生的危险品运输事故的典型案例进行了分析，找出导致事故发生的原因，分析各类危险品运输事故的危害和救援关键，总结决策危险品运输车辆路径时需注意的关键点。此后，以西安市的局部路网为例，应用考虑事故后路段失效的危险品运输车辆路径优化的研究成果进行实例分析，分别计算出两种应对事故后路段失效的策略下的运输方案，并进行了对比分析。最后，结合各项研究工作中的理论分析，以及上文中危险品运输事故典型案例的事故原因、事故危害、救援关键等，为危险品物流企业的决策者和政府相关管理部门提出了若干管理启示和政策建议。

危险品运输车辆路径优化是重要的研究问题，本书中涉及的研究工作主要是基于车辆个体风险的危险品运输车辆路径优化，包括在禁止车辆并行、考虑事故后路段失效、基于实时装载量风险、重大事故规避这 4 个实际情景下的研究。目前，危险品运输车辆路径优化研究仍无法完全解决决策者面对的实际问题，也有很多新的问题尚待解决，在未来仍有许多工作要做。希望本书的内容可为相关方向的研究者提供一些参考和启发，也希望可为现实中的危险品物流企业决策者和政府相关管理部门提供一些理论依据。最后，深切期望能够与广大研究者携手解决上述难题，在危险品运输车辆路径优化上取得新突破。

附 录

扫码此码

深度学习

参考文献

[1] Abkowitz M, Cheng P. Developing risk-cost frame work for routing truck movement of hazardous materials[J]. Accident Annul Prevent, 1988, 20：39-51.

[2] Abkowitz M, Lepofsky M, and Cheng P. Selecting criteria for designating hazardous materials highway routes[J]. Transportation Research Record, 1992, 1333：30-35.

[3] Akgun V, Batta R, and Rump C. Routing of a hazmat truck in the presence of weather systems[J]. Computers & Operations Research, 2007, 34（5）：1351-1373.

[4] Akgun V, Erkut E, and Batta R. On finding dissimilar paths[J]. European Journal of Operational Research, 2000, 121（2）：232-246.

[5] Alp E. Risk-based transportation planning practice：overall methodology and a case example[J]. INFOR, 1995, 33（1）：4-19.

[6] Altinkemer K, Gavish B. Parallel saving bases heuristics for the delivery problem[J]. Operations Research, 1991, 39：456-469.

[7] Androutsopoulos K N, Zografos K G. Solving the bicriterion routing and scheduling problem for hazardous materials distribution[J]. Transportation Research Part C：Emerging Technologies, 2010, 18（5）：713-726.

[8] Androutsopoulos K N, Zografos K G. A bi-objective time-dependent vehicle routing and scheduling problem for hazardous materials distribution[J]. Euro Journal on Transportation & Logistics, 2012, 1：157-183.

[9] Anne W, Said S. An ant system algorithm for the vehicle routing problem with backhauls[C]. Proceedings of 4th Metaheuristics International Conference, 2001：199-203.

[10] Baldacci R, Hadjiconstantinou E, and Mingozzi A. An exact algorithm for the capacitated vehicle routing problem based on a two-commodity network flow formulation[J]. Operations Research, 2004, 52（5）：723-738.

[11] Batta R, Chiu S S. Optimal obnoxious paths on a network：transportation of hazardous materials[J]. Operations Research, 1988, 36（1）：84-92.

[12] Bell M, Kanturska U, Schmöcker J, et al. Attacker–defender models and road network vulnerability[J]. Philosophical Transactions of the Royal Society A, 2008, 336：1893-1906.

[13] Bent R, Hentenryck P. A two-stage hybrid algorithm for pickup and delivery vehicle routing problems with time windows[J]. Computers & Operations Research, 20016, 33：875-893.

[14] Bersani C, Minciardi R, Tomasoni A, et al. Risk averse routing of hazardous materials with scheduled delays[J]. Security and Environmental Sustainability of Multimodal Transport, 2010：23-36.

[15] Bérubé J, Gendreau M, and Potvin J. An exact e-constraint method for bi-objective combinatorial optimization problems：application to the traveling salesman problem with profits[J]. European Journal of Operational Research, 2009, 194（1）：39-50.

[16] Bompadre A, Dror M, and Orlin J. Improved bounds for vehicle routing solutions[J]. Discrete Optimization, 2006, 3（4）：299-316.

[17] Bronfman A, Marianov V, Paredes-Belmar G, et al. The maximin HAZMAT routing problem[J]. European Journal of Operational Research, 2015, 241（1）：15-27.

[18] Bula G A, Gonzalez F A, Prodhon C, et al. Mixed integer linear programming model for vehicle routing problem for hazardous materials transportation[J]. IFAC-PapersOnLine, 2016, 49（12）：538-543.

[19] Bula G, Prodhon C, Gonzalez F A, et al. Variable neighborhood search to solve the vehicle routing problem for hazardous materials transportation[J]. Journal of Hazardous Materials, 2017, 324：472-480.

[20] Calvete H, Gale C, and Oliveros M. A goal programming approach to vehicle routing problems with soft time windows[J]. European Journal of Operational Research, 2007, 177：1720-1733.

[21] Christofides N. Worst-case analysis of a new heuristic for the travelling salesman problem[R]. Report 388 Graduate School of Industrial Administration, Carnegie Mellon University, 1976.

[22] Clarke G, Wright W. Scheduling of vehicles from a central depot to a number of delivery points[J]. Operations Research, 1964, 12：568-581.

[23] Clark R, Besterfield-Sacre M. A new approach to hazardous materials transportation risk analysis：decision modeling to identify critical variables[J]. Risk Analysis, 2009, 29（3）：344-354.

[24] Cordeau J, Laporte G. A tabu search algorithm for the site dependent vehicle routing problem with time windows[J]. INFOR, 2001, 39（3）：292-298.

[25] Cordeau J, Laporte G, and Mercier A. Improved tabu search algorithm for the handling of route duration constraints in vehicle routing problems with time windows[J]. Journal of the Operational Research Society, 2004, 55：542-546.

[26] Cordeau J, Gendreau M, and Laporte G. A tabu search heuristic for periodic and multi-depot vehicle routing problems[J]. Networks, 1997, 30（2）：105-119.

[27] Corley H, David Y. Most vital links and nodes in weighted networks[J]. Operations Research Letters, 1982, 1（4）：157-160.

[28] Cozzani V, Antonioni G, and Spadoni G. Quantitative assessment of domino scenarios by a GIS-based software tool[J]. Journal of Loss Prevention in the Process Industries, 2006, 19（5）：463-477.

[29] Cozzani V, Gubinelli G, Antonioni G, et al. The assessment of risk caused by domino effect in quantitative area risk analysis[J]. Journal of Hzardous Materials, 2005, 127：14-30.

[30] Current J, ReVelle C, and Cohon J. The minimum-covering/shortest-path problem[J]. Decision Sciences, 1988, 19（3）：490-503.

[31] Dadkar Y, Jones D, and Nozick L. Identifying geographically diverse routes for the transportation of hazardous materials[J]. Transportation Research Part E：Logistics and Transportation Review, 2008, 44（3）：333-349.

[32] Darbra R, Adriana P, and Joaquim C. Domino effect in chemical accidents：main features and accident sequences[J]. Journal of Hzardous Materials, 2010, 183：565-573.

[33] Desai S, Lim G J. Solution time reduction techniques of a stochastic dynamic programming approach for hazardous material route selection problem[J]. Computers & Industrial Engineering, 2013, 65（4）：634-645.

[34] Desrochers M, Soumis F. A generalized permanent labeling algorithm for the shortest path problem with time windows[J]. INFOR, 1988, 26（3）：191-212.

[35] Erera A, Morales J, and Savelsbergh M. The vehicle routing problem with stochastic demand and duration constraints[J]. Transportation Science, 2010, 44（4）：474-492.

[36] Erkut E, Alp O. Intergrated routing and scheduling of Hazmat trucks with stops en-route[J]. Transportation Science, 2007, 41（1）：107-122.

[37] Erkut E, Gzara F. Solving the hazmat transport network design problem[J]. Computers & Operations Research, 2008, 35（7）：2234-2247.

[38] Erkut E, Ingolfsson A. Catastrophe avoidance models for hazardous materials route planning[J]. Transportation Science, 2000, 34（2）：165-179.

[39] Erkut E, Ingolfsson A. Transport risk models for hazardous materials：revisited[J]. Operations Research Letters, 2005, 33（1）：81-89.

[40] Fan T, Chiang W C, and Russell R. Modeling urban hazmat transportation with road closure consideration[J]. Transportation Research Part D：Transport and Environment, 2015, 35：104-115.

[41] Fisher M, Jaikumar R. A generalized assignment heuristic for vehicle routing[J]. Networks, 1981, 11：109-124.

[42] Fu Z, Eglese R, and Li L. A unified tabu search algorithm for vehicle routing problems with soft time windows[J]. Journal of the Operational Research Society, 2008, 59：663-673.

[43] Gajpal Y, Abad P. Multi-ant colony system for a vehicle routing problem with backhauls[J]. European Journal of Operational Research, 2009, 196（1）：102-117.

[44] Gaskell T. Bases for vehicle fleet scheduling[J]. Journal of the Operational Research Society, 1967, 18：367-384.

[45] Gillet B, Miller L. A heuristic algorithm for vehicle dispatches[J]. Operations Research, 1976, 24：340-349.

[46] Golden B, Assad A, Levy L, et al. The fleet size and mix vehicle routing problem[J]. Computers & Operations Research, 1984, 11（1）：49-66.

[47] Golden B, Assad A. Perspectives on vehicle routing：exciting new development[J]. Operations Research, 1986, 34：803-809.

[48] Haimes Y, Lsadon L, and Wismer D. On a bicriterion formulation of the problems of integrated system identification and system optimization[J]. IEEE Transactions on Systems, 1971, 1（3）：296-297.

[49] Hashimoto H, Ibaralti T, and Imahori S. The vehicle routing problem with flexible time windows and traveling times[J]. Discrete Applied Mathematics, 2006, 154：2271-2290.

[50] Helander M E, Melachrinoudis E. Facility location and reliable route planning in hazardous material transportation[J]. Transportation Science, 1997, 31（3）：216-226.

[51] Jassbi J, Makvandi P. Route selection based on soft MODM framework in transportation of hazardous materials[J]. Applied Mathematical Sciences, 2010, 4（63）：3121-3132.

[52] Kand Y. Value-at-risk models for hazardous material transportation[D]. State University of New York, 2011.

[53] Kang Y, Batta R, and Kwon C. Generalized route planning model for hazardous material transportation with VaR and equity considerations[J]. Computers & Operations Research, 2014, 43：237-247.

[54] Kara B, Verter V. Designing a road network for hazardous materials transportation[J]. Transportation Science, 2004, 38（2）：188-196.

[55] Karkazis J, Boffey T. Optimal location of routes for vehicles transporting hazardous materials[J]. European Journal of Operational Research, 1995, 86（2）：201-215.

[56] Kazantzi V, Kazantzis N, and Gerogiannis V C. Risk informed optimization of a hazardous material multi-periodic transportation model[J]. Journal of Loss Prevention in the Process

Industries, 2011, 24（6）：767-773.

[57] Kima B, Kimb S, and Sahoo S. Waste collection vehicle routing problem with time windows[J]. Computers & Operations Research, 2006, 33：3624-3642.

[58] Kwon C. Robust routing for hazardous materials transportation with conditional value-at-risk on time-dependent networks[R]. Project No：49111-07-12. University Transportation Research Center, 2012.

[59] Liu X, Saat M, and Barkan C. Integrated risk reduction framework to improve railway hazardous materials transportation safety[J]. Journal of Hazardous Materials, 2013, 260：131-140.

[60] Marti R, Velarde J, and Duarte A. Heuristics for the bi-objective path dissimilarity problem[J]. Computers & Operations Research, 2009, 36（11）：2905-2912.

[61] Meng Q, Lee D H, and Cheu R L. Multiobjective vehicle routing and scheduling problem with time window constraints in hazardous material transportation[J]. Journal of Transportation Engineering, 2005, 131（9）：699-707.

[62] Miaou S, Chin S. Computing k-shortest path for nuclear spent fuel highway transportation[J]. European Journal of Operational Research, 1991, 53（1）：64-80.

[63] Minciardi R, Robba M. A bi-level approach for the decentralized optimal control of dangerous goods fleets flowing through a tunnel[J]. IFAC Proceedings Volumes, 2011, 44（1）：9788-9793.

[64] Mole R, Jameson S. A sequential route-building algorithm employing a generalized saving criterion[J]. Journal of the Operational Research Society, 1976, 27：503-511.

[65] Nardelli E, Proietti G, and Widmayer P. Finding the most vital node of a shortest path[J]. Theoretical computer science, 2003, 296（1）：167-177.

[66] Nelson M, Nygard K, Griffin J, et al. Implementation techniques for the vehicle routing problem[J]. Computers & Operations Research, 1985, 12：273-283.

[67] Paessens H. Saving algorithms for the vehicle routing problem[J]. European Journal of Operational Research, 1988, 34：336-344.

[68] Papadimitriou C, Yannakakis M. Shortest paths without a map[J]. Theoretical Computer Science, 1991, 84（1）：127-150.

[69] Pradhananga R, Taniguchi E, Yamada T. Ant colony system based routing and scheduling for hazardous material transportation[J]. Procedia-Social and Behavioral Sciences, 2010, 2（3）：6097-6108.

[70] Pradhananga R, Taniguchi E, Yamada T, et al. Bi-objective decision support system for routing and scheduling of hazardous materials[J]. Socio-Economic Planning Sciences, 2014, 48（2）：135-148.

[71] Reed M, Yiannakou A, and Evering R. An ant colony algorithm for the multi-compartment vehicle routing problem[J]. Applied Soft Computing, 2014, 15：169-176.

[72] ReVelle C, Cohon J, and Shobrys D. Simultaneous siting and routing in the disposal of hazardous wastes[J]. Transportation Science, 1991, 25（2）：138-145.

[73] Romero N, Nozick L K, and Xu N. Hazmat facility location and routing analysis with explicit consideration of equity using the Gini coefficient[J]. Transportation Research Part E：Logistics and Transportation Review, 2016, 89：165-181.

[74] Saccomanno F F, Chan A. Economic evaluation of routing strategies for hazardous road shipments[J]. Transportation Research Record, 1985, 1020：12-18.

[75] Samanlioglu F F. A multi-objective mathematical model for the industrial hazardous waste location-routing problem[J]. European Journal of Operational Research, 2013, 226（2）：332-340.

[76] Setak M, Habibi M, Karimi H, et al. A time-dependent vehicle routing problem in multigraph with FIFO property[J]. Journal of Manufacturing Systems, 2015, 35：37-45.

[77] Shorys D. A model for the selection of shipping routes and storage location for a hazardous substance[D]. Johns Hopkins University, 1981.

[78] Sivakumar R A, Batta R, and Karwan M H. A network-based model for transporting extremely hazardous materials[J]. Operations Research Letters, 1993, 13（2）：85-93.

[79] Stewart W, Golden B. A Lagrangian relaxation heuristic for vehicle routing[J]. European Journal of Operational Research, 1984, 15：84-88.

[80] Su B, Xu Y, Xiao P, et al. A risk-reward competitive analysis for the recoverable Canadian traveller problem[C]. International Conference on Combinatorial Optimization and Applications, 2008：417-426.

[81] Tao Y, Wang F. An effective tabu search approach with improved loading algorithms for the 3L-CVRP[J]. Computers & Operations Research, 2015, 55：127-140.

[82] Tarantilis C D, Kiranoudis C T. Using the vehicle routing problem for the transportation of hazardous materials[J]. Operational Research, 2001, 1（1）：67.

[83] Tian G , Ren Y , Zhou M C . Dual-Objective Scheduling of Rescue Vehicles to Distinguish Forest Fires via Differential Evolution and Particle Swarm Optimization Combined Algorithm[J]. IEEE Transactions on Intelligent Transportation Systems, 2016:1-13.

[84] Tian G, Zhou M, Chu J, et al. Stochastic cost-profit tradeoff model for locating an automotive service enterprise[J]. IEEE Transactions on Automation Science & Engineering, 2015, 12（2）：580-587.

[85] Tian G, Zhou M, Li P, et al. Multiobjective optimization models for locating vehicle inspection stations subject to stochastic demand, varying velocity and regional constraints[J]. IEEE

Transactions on Intelligent Transportation Systems, 2016, 17（7）：1978-1987.

[86] Toth P, Vigo D. A heuristic algorithm for the symmetric and asymmetric vehicle routing problems with backhauls[J]. European Journal of Operational Research, 1999, 113（3）：528-543.

[87] Toumazis I, Kwon C. Routing hazardous materials on time-dependent networks using conditional value-at-risk[J]. Transportation Research Part C：Emerging Technologies, 2013, 37：73-92.

[88] Verma M. A cost and expected consequence approach to planning and managing railroad transportation of hazardous materials[J]. Transportation Research part D：Transport and Environment, 2009, 14（5）：300-305.

[89] Verma M, Verter V. A lead-time based approach for planning rail–truck intermodal transportation of dangerous goods[J]. European Journal of Operational Research, 2010, 202（3）：696-706.

[90] Verma M, Verter V, and Zufferey N. A bi-objective model for planning and managing rail-truck intermodal transportation of hazardous materials[J]. Transportation Research Part E：Logistics and Transportation Review, 2012, 48（1）：132-149.

[91] Vidal T, Crainic T, Gendreau M, et al. A hybrid genetic algorithm for multidepot and periodic vehicle routing problems[J]. Operations Research, 2012, 60（3）：611-624.

[92] Wang N, Zhang M, Che A, et al. Bi-objective vehicle routing for hazardous materials transportation with no vehicles travelling in echelon[J]. IEEE Transactions on Intelligent Transportation Systems, 2018, 19（6）：1867-1879.

[93] Xie C, Waller S. Optimal routing with multiple objectives：efficient algorithm and application to the hazardous materials transportation problem[J]. Computer-Aided Civil and Infrastructure Engineering, 2012, 27（2）：77-94.

[94] Xu Y, Hu M, Su B, et al. The Canadian traveller problem and its competitive analysis[J]. Journal of combinatorial optimization, 2009, 18（2）：195-205.

[95] Yu B, Yang Z, and Xie J. A parallel improved ant colony optimization for multi-depot vehicle routing problem[J]. Journal of the Operations Research Society, 2011, 62（1）：183-188.

[96] Zachariadis E, Tarantilis C, and Kiranoudis C. A guided tabu search for the vehicle routing problem with two-dimensional loading constraints[J]. European Journal of Operational Research, 2009, 195（3）：729-743.

[97] Zhang M, Wang N, He Z, et al. Bi-Objective vehicle routing for hazardous materials transportation with actual load dependent risks and considering the risk of each vehicle[J]. IEEE Transactions on Engineering Management, 2019, 66（3）：429-442.

[98] Zhang X, Chen G. Modeling and algorithm of domino effect in chemical industrial parks using discrete isolated island method[J]. Safety Science, 2011, 49：463-467.

[99] Zografos K G, Androutsopoulos K N. A heuristic algorithm for solving hazardous materials

distribution problems[J]. European Journal of Operational Research, 2004, 152（2）：507-519.

[100] Zografos K G, Androutsopoulos K N. A decision support system for integrated hazardous materials routing and emergency response decisions[J]. Transportation Research Part C: Emerging Technologies, 2008, 16（6）：684-703.

[101] Zografos K G, Davis C F. Multi-objective programming approach for routing hazardous materials[J]. Journal of Transportation Engineering, 1989, 115（6）：661-673.

[102] 曹欢，范体军，刘丽萍．基于 CVaR 的危险品公铁联运路径选择研究 [J]. 运筹与管理，2017，26（6）：41-48.

[103] 柴获，何瑞春，代存杰，等．考虑时空相异的危险品运输车辆安全调度 [J]. 交通运输工程学报，2019，19（3）：145-156.

[104] 柴获，何瑞春，马昌喜，等．危险品运输车辆路径问题的多目标优化 [J]. 中国安全科学学报，2015，25（10）：84-90.

[105] 柴获，何瑞春，马昌喜，等．考虑风险公平的危险品运输车辆调度优化 [J]. 上海交通大学学报，2017，51（7）：855-862.

[106] 储庆中，张家应，谢之权．基于双层规划的危险品道路运输网络设计 [J]. 重庆交通大学学报（自然科学版），2010，29（4）：597-603.

[107] 代存杰，李引珍，马昌喜，等．考虑风险分布特征的危险品运输路径优化 [J]. 中国公路学报，2018，31（4）：330-342.

[108] 代存杰，李引珍，马昌喜，等．随机时间依赖路网中危险品运输路径多准则优化 [J]. 哈尔滨工业大学学报，2018，50（3）：156-164.

[109] 代文强，黄铮．有害危险废弃物运输网络优化选线模型研究 [J]. 运筹与管理，2010，19（6）：134-138.

[110] 邓思琪．基于风险控制的危险品多式联运网络优化 [D]. 华南理工大学，2018.

[111] 杜天松，郭海湘，潘雯雯，等．基于多目标演化算法的油田危险品物流系统选址——路径问题 [J]. 系统管理学报，2018，27（4）：739-752+768.

[112] 何磊．基于风险价值的危险品运输路径优化研究 [D]. 西南交通大学，2016.

[113] 何正文，贾涛，徐渝．基于禁止时间窗的应急物资调度车辆路径问题 [J]. 运筹与管理，2009，18（2）：1-6.

[114] 黄丽霞，帅斌．危险货物多式联运路径优化问题的多目标优化算法 [J]. 中国安全生产科学技术，2014，10（9）：10-16.

[115] 李萍，朱宗良，苌道方．基于多周期的危险品多式联运路径优化研究 [J]. 中国安全生产科学技术，2019，15（1）：151-156.

[116] 李双琳，马祖军，邹坤．危险品物流中的多目标定位——路径问题 [J]. 运筹与管理，

2014，23（3）：8-15.

[117] 刘亿鑫，朱小林．双重不确定条件下危险品运输的多目标优化 [J/OL]. 计算机集成制造系统：1-19.

[118] 吕品．基于改进 VRP 模型的危险品配送路径优化及其求解研究 [J]. 中国安全生产科学技术，2011，7（11）：87-91.

[119] 马昌喜，广晓平，吴芳，等．发达运输网络环境下危险品公路运输路径决策 [J]. 交通运输系统工程与信息，2009，9（4）：134-139.

[120] 麻存瑞，马昌喜．不确定环境中危险品运输路径鲁棒优化 [J]. 中国安全科学学报，2014，24（3）：91-96.

[121] 强永，牟瑞芳．考虑车辆限载的危险品运输车辆调度模型 [J]. 系统工程理论与实践，2017，37（1）：212-218.

[122] 乔联宝，朱华桂．危险品配送中心选址及路线选择问题研究 [J]. 物流科技，2013，36（4）：37-42.

[123] 秦军昌，张金梁，王刊良．危险品运输线路问题的鲁棒优化模型 [J]. 统计与决策，2009，20：25-26.

[124] 任常兴．基于风险分析的危险品道路运输路径优化方法研究 [D]. 南开大学 ,2007.

[125] 宋伟程，帅斌，陈钢铁．基于点危险源的危险品运输路径优化研究 [J]. 中国安全科学学报，2012，22（2）：116-121.

[126] 孙中悦．车辆路径问题的仿真优化方法研究 [D]. 北京交通大学，2012.

[127] 王伟．基于系统动力学道路危险品运输管理模式研究 [D]. 大连海事大学，2009.

[128] 王伟，张宏刚，丁黎黎，等．基于车辆限速的危险品运输网络优化研究 [J]. 安全与环境学报，2018，18（6）：2091-2095.

[129] 魏航，李军，蒲云．时变条件下有害物品运输的路径问题研究 [J]. 系统工程理论与实践，2006，10：107-112.

[130] 魏航，李军，魏洁．时变条件下有宵禁限制的有害物品运输最短路研究 [J]. 管理工程学报，2007，3：79-85.

[131] 薛翔，朱小林．不确定需求下危险品运输路径问题的多目标优化 [J]. 中国安全科学学报，2016，26（11）：93-98.

[132] 辛春林，冯倩茹，张建文．危险品配送选址——多式联运路径优化 [J]. 中国安全科学学报，2016，26（9）：73-78.

[133] 辛春林，冯倩茹，张建文．时变条件下多式联运危险品路径优化研究 [J]. 中国安全科学学报，2016，26（6）：104-110.

[134] 辛春林，张建文，张艳东．基于最小最大准则的危险品运输网络优化研究 [J]. 中国安全科学学报，2016，26（8）：84-89.

[135] 徐渝，贾涛 . 运筹学（上册）[M]. 北京：清华大学出版社，2005.
[136] 易玉枚，廖可兵，张佐钊，等 . 危险化学品物流网络选址——运输优化研究 [J]. 中国安全科学学报，2011，21（6）：135-140.
[137] 殷勇，刘杰 . 关于危险品运输安全性路径选择仿真研究 [J]. 计算机仿真，2017，34（8）：184-189+259.
[138] 袁文燕，王健，吴军，等 . 危险化学品车辆路径问题的一个新模型及算法研究 [J]. 系统科学与数学，2017，37（2）：393-406.
[139] 运筹学教材编写组 . 运筹学 [M]. 北京：清华大学出版社，2005.
[140] 张爱乡 . 谈危险化学品运输的安全监管 [J]. 青海交通科技，2012，4：58-59.
[141] 张萌，王能民 . 重大事故规避的危险品运输车辆路径优化研究 [J]. 运筹与管理，2018，27（8）：1-9.
[142] 张敏，杨超，杨珺，等 . 危险品集成物流管理系统选址——选线模型研究 [J]. 管理科学学报，2008，1：59-67.
[143] 种鹏云，帅斌，尹惠，等 . 基于连通可靠性的危险品运输路径选择问题 [J]. 中国安全科学学报，2014，24（5）：92-97.
[144] 周艳，白燕 . 危险品运输与管理 [M]. 北京：清华大学出版社，2016.
[145] 邹宗峰，张保全 . 带混合时间窗的多目标危险化学品运输路径优化 [J]. 中国安全科学学报，2012，22（4）：83-89.